用过程的观点看项目组织管理

HSE
Health Safety and Environment

国际工程 HSE 管理实用手册

HSE MANAGEMENT MANUAL FOR INTERNATIONAL PROJECTS

李 森 主编

中国建筑工业出版社

HSE  Health Safety and Environment

本书编写委员会

HSE Health Safety and Environment

主 编 单 位：中国寰球工程有限公司

主 任 委 员：魏亚斌

副主任委员：宋少光

委　　　员：黄勇华　高晓明　张来勇　范喜哲　王卓岩
　　　　　　刘　铮　张加珍

主　　　编：李　森

副 主 编：杨　柳　刘传刚　夏刚宁　林海涛　沈建峰

编 写 人 员：李　森　杨　柳　刘传刚　夏刚宁　林海涛
　　　　　　沈建峰　吴　琼　彭振河　程立允　郑永新
　　　　　　王　瑞　张学恭　孙复斌　周　晖　肖斌涛
　　　　　　武义民　闫　立　屈晓雪　孟辰卿　靳　波
　　　　　　李艳辉　郑　盛　孙　哲　张　军　李明双
　　　　　　王善杰　孙占星　马　民　王　炜　刘　洋
　　　　　　刘　昊　么莉莎　孙希华　邱飞雨　刘高霆
　　　　　　张庆杰　张　冰　张　涛　王　岩　陈　艾
　　　　　　李梦瑶　刘浩然　徐　锋　方一宇　崔月冬
　　　　　　国　滨　高乾宇　石晨飞　刘丹青　杨文静
　　　　　　于　江　郝　文　李广良　陆　江　张保存
　　　　　　胡　涛　孔令浩　王志会　张馨予　王　蕭
　　　　　　成栋星　马　力

HSE Health Safety and Environment

前　言

随着世界经济全球化的发展，国际工程市场需求不断增大，保持了良好增长势头。改革开放以来，我国工程企业积极"走出去"对外承包工程，深度参与国际工程市场竞争，在国际市场激烈竞争中不断发展壮大。特别是"一带一路"倡议提出以来，中国工程企业走出去的步伐明显加快，承揽的国际工程项目规模屡创新高，已成为全球工程建设领域的主力军。2017年，国务院组织对《对外承包工程管理条例》进行修订；2019年和2021年，相继出台《商务部等19部门关于促进对外承包工程高质量发展的指导意见》和《关于促进对外设计咨询高质量发展等有关工作的通知》，鼓励国有咨询和工程企业充分发挥引领作用，积极参与境外工程项目的勘察、规划、设计、咨询、造价、监理、项目管理等工作，加快与国际工程建设领域接轨的步伐，形成国际经济合作和竞争新优势，推动对外承包工程转型升级和高质量发展。近年来，我国对外承包工程量平稳增长，在2020年ENR全球最大250家承包商排名中，有74家中国工程企业入围，5家企业进入前10名。2020年，中国工程企业累计承揽的境外基础设施类工程项目5500余个，新签承包工程合同额超2500亿美元，对比1979年中国对外承包工程合同额3400万美元，40年间增长近8000倍。

国际工程市场的竞争不仅仅是单纯的价格竞争，更是信誉和品牌的竞争。信誉和品牌源于现代化的管理和有效的运作机制，健康、安全与环境（Health Safety and Environment，以下简称HSE）管理不仅是现代化项目管理和运作机制的重要组成部分，更是工程建设企业在国际市场竞争中信誉和品牌的重要支撑。在海外，DUPONT、BV等国际知名公司十分注重HSE管理体系建设，多年来，形成了较为完整的管理技术和系统的管理手段，创造了优秀的HSE管理绩效，被国际项目业主和工程公司普遍认可。对国内工程企业而言，由于起步较晚，加之实践不足，HSE管理已成为制约我国工程企业在国际工程市场竞争中站稳脚跟、发展壮大的重要瓶颈。对标国际先进工程企业HSE管理的做法，促进我国工程企业HSE管理水平不断提高，既是拓展国际市场的外在需要，也是提升企业管理水平、实现高质量发展的内在要求。

中国寰球工程有限公司作为全国首家"事改企"的设计单位，是国内最早走出去拓展国际市场的工程公司，先后在50多个国家和地区累计承包国际工程项目千余项，连续多年进入ENR全球最大225家国际承包商和全球最大的200家国际设计公司双排名。多年来，中国寰球工程有限公司不仅在工程项目管理和总承包运作模式上与国际接轨，也在国际工程HSE管理方面积极学习和借鉴国内外先进经验，结合自身实践、不断创新和转化，积累了较为丰富的管理经验。《国际工程HSE管理实用手册》是由中国寰球工程有限公司组织编写，抽调了公司参与《建设项目工程总承包管理规范》《建设项目工程总承包管理规范实施指南》《EPC 工程总承包全过程管理》等标准和图书主编参编人员及众多国际工程项目实践者，针对国际工程项目 HSE 管理所编写的一本实用性管理工具书。 全书共 5 章，内容包括：国际工程 HSE 管理基本要求；国际工程 HSE 技术要求；国际工程高风险作业安全管理；国际工程社会安全管理；国际工程项目部分 HSE 程序实例。 全书内容贯穿于国际工程项目全过程的 HSE 管理，系统阐述了国际工程项目 HSE 管理原则，涵盖了国际工程项目的 HSE 技术要求和相关实例，旨在与业界共同探讨国际工程 HSE 管理，为中国企业承担国际工程贡献绵薄之力。

本书在编写过程中，得到了中国石油和化工勘察设计协会理事长、中国勘察设计协会副理事长、建设项目管理和工程总承包分会会长荣世立，中国勘察设计协会副秘书长汪祖进、副秘书长兼《中国勘察设计》杂志社社长郝莹、行业发展部主任侯丽娟等相关领导、专家和学者以及业界人士的大力支持，在此表示衷心的感谢。

本书在撰写中，所引用的数据和表格只针对特定地区和特定项目，在执行具体国际项目时，还应以所在地区和雇主的要求为准。 同时，由于各位编者执行项目所在地域不同，加之对国际 HSE 管理标准理解角度不一致，难免存在疏漏和不完善、不确切甚至不妥之处，敬请广大读者予以指正。

中国寰球工程有限公司党委书记、执行董事

2021 年 5 月 18 日

HSE

Health Safety and Environment

目　录

CONTENTS

第3章　国际工程高风险作业安全管理
High Risk Work Activities Safety Management of International Projects ……… 068

第4章 国际工程社会安全管理
Social Security Management of International Projects

4.1 项目社会安全管理机构及职责（Project Social Security Management Organi-

第 1 章

国际工程 HSE 管理基本要求

Basic Requirements for HSE Management of International Projects

    在国际工程项目中，健康、安全与环境（Health Safety and Environment，以下简称 HSE）管理是项目雇主和承包商合同约定不可或缺的重要组成部分，全面把握项目所在国和项目雇主/项目管理承包商的 HSE 管理要求是项目顺利执行的前提与基础。本章主要介绍了国际工程 HSE 管理的特点、原则性要求、承包商 HSE 资格预审、承包商 HSE 管理体系要求、承包商 HSE 组织机构及人员职责，重点介绍了承包商在项目执行过程中 HSE 管理的基本工作内容和 HSE 检查、 HSE 奖惩、事故事件管理的相关要求，旨在使读者对国际工程 HSE 管理进行基础性了解。

1.1 国际工程 HSE 管理特点 Characteristics of International Project HSE Management

近年来，随着经济全球化，在"一带一路"倡议下，越来越多的中国工程企业走向国际市场并获得快速发展。承揽的长输管道、石油炼制、石油化工、油气储库、电站、民用建筑、交通等大型项目逐年增加，规模不断扩大。然而，在国际工程项目执行过程中，HSE 管理普遍是中国工程企业的短板，不熟悉国际通用 HSE 标准、管理要求和国际惯例；在项目执行过程中的 HSE 管理往往不能满足雇主/项目管理承包商或所在国政府（地区）的要求，这些问题常常导致项目建设工期滞后、费用增加。

项目 HSE 业绩直接影响中国工程企业的形象和国际市场竞争力，与国内工程项目相比，由于项目所在国（地区）在社会、政治、经济、法律、风俗习惯、地理气候、标准、施工工艺、管理惯例、安全文化等方面与国内均存在较大差异，并且国际工程项目的雇主/项目管理承包商（PMC）以及项目管理联合团队（IPMT）对 HSE 管理要求不尽相同，主要表现在以下几个方面：

安全理念意识更强。在国际工程项目中，"安全第一"理念深入人心，尤其在欧美及中东等地区， HSE 是其核心理念和企业文化，他们将良好的 HSE 业绩作为对社会、对当地社区和从业人员的责任和承诺，作为企业形象的外在体现。在执行工程项目时奉行"HSE 是开展任何工作的前提条件""安全绝不能妥协""隐患和违章零容忍""一切事故都可以预防""安全是每一个人的责任"等理念和工作原则，高度重视参与项目各方人员 HSE 能力、意识的培训教育和安全习惯的养成。

体系标准要求更高。国际工程项目的执行标准必须要满足所在国（地区）法律、法规及雇主/项目管理承包商 HSE 管理规范要求。当承包商自身的 HSE 标准与雇主/项目管理承包商、项目所在国家（地区）相关标准不一致时，一般采用要求更严格的 HSE 标准。国际知名跨国企业及为其服务的项目管理承包商都制定了严格的项目 HSE 管理体系和施工作业安全标准，在招标书中就详细列出了 HSE 管理标准和安保设施、设备的种类和规格要求，从现场安全防护用品、各类人员资质、施工机具设备的进场检查标准，以及营地、办公区和仓库的建设标准，诊所、医生、医疗设备和药品、救护车的配置等都做了详细描述，并要求承包商也要建立和实施与其要求相一致的 HSE 管理标准和管理体系。

风险管理范围更广。在一些经济欠发达或者落后的地区或者国家，各方面物资保证、道路交通、通信、医疗卫生资源等相对落后，承包商不仅要做好项目自身 HSE 风险管理，还需要综合考虑医疗卫生风险、传染病、当地治安风险、恐怖袭击风险等。人员心理健康也是一项重要的风险管控内容，很多海外项目现场营地实行封闭式管理，作业人员工作压力大，连续工作周期长，容易产生各种负面情绪。这种状况积累到一定程度，就会转化成心理不稳定因素，导致工作心不在焉，情绪喜怒无常、脾气暴躁等。

更加重视事故事件管理。国外工程企业非常重视事故事件管理，包括亡人事故、生产事件及事故隐患等，对各类事故事件严格进行记录、统计和分析。如果发生事故事件，必须及时记录并报告，由承包商开展事故事件调查并定期开展总结及经验教训分享。同时，国外工程企业普遍重视安全工时记录和管理，当承包商在工程项目取得足够高的安全工时时，雇主/项目管理承包商一般会颁发荣誉证书和物质奖励，以表彰其安全绩效。

更加重视医疗救治救护。国外工程企业一直把现场医疗救护作为国际工程 HSE 管理不可或缺的一项重要内容，国际工程项目现场一般在偏远地区，周边医疗资源社会依托普遍缺乏，需要建立完善的现场医疗处置分级管理系统，设置医疗救护部门，制定相关应急预案。包括联合当地专业医疗机构，外包医疗救护资源，配置现场诊所、医生、医疗设备和药品、救护车，并定期核对检查设施、设备和药品。

更加重视社会安全管理。社会安全管理是国际工程管理的一项重要内容，中国工程企业参与的国际工程项目一般建设在非洲、中亚、南美等一些经济不发达或者政治局势不稳定的国家和地区，这些国家和地区往往民族冲突不断，国内政治派别林立，政府与地方种族、部落存在利益冲突，造成社会治安环境恶劣，恐怖袭击、武装绑架、战争或者武装冲突、群体性事件、政治动荡、恶性治安事件等社会安全事件时有发生。国外工程企业普遍建立了完善的社会安全管理体系和相关制度规范，并与国际安保公司保持长期合作，从情报收集、人员培训、武装保卫等方面获得长期外部支持。

更加重视环境保护工作。环境是全球人类赖以生存的基础，在国际工程项目执行过程中，必须积极了解项目所在国（地区）的环境保护法律法规，保持与当地政府的沟通，避免在项目执行过程中因固废物处理、废水废油等液体排放导致的环境问题而受到处罚，或者给工程项目的正常执行造成影响。

鉴于以上国际工程项目的诸多特点，中国工程企业在国际工程投标报价前应组织到项目所在地进行实地调研和考察，深入了解掌握所在国（地区）的社会环境、建设环境、法律法规、地理人文、风俗习惯等基本信息，研究雇主/项目管理承包商招标文件中对 HSE 管理的标准和要求，充分理解各相关方的需求和期望，建立完善并严格执行项目 HSE 管理体系，健全 HSE 管理机构，组建专业的 HSE 管理团队，细化落实 HSE 职责，做好分包商特别是所在国（地区）的分包商管理，充分考虑其用工法律、法规要求，从而避免 HSE 合同风险，同时做好 HSE 监督检查及 HSE 沟通和培训等工作。

1.2 国际工程 HSE 管理原则性要求 Principles of International Project HSE Management

在国际工程项目中，承包商受雇主委托，按照合同约定对项目设计、采购、施工、试车、开车及运行等实行全过程或若干阶段工程承包，对所承包的工程质量、安全、进度及费用负责。

国际工程项目 HSE 管理体系是国外雇主和承包商合同约定不可或缺的重要组成部分，它是由实施 HSE 管理的承诺、目标、机构、职责、资源、程序、作业方法等要素构成的系统的、科学的有机整体，适用于国际工程项目所有产品、活动、工作、服务、设施以及工程项目所涉及的相关方。

国际工程项目应建立、运行并保持有效的 HSE 管理体系，充分识别可能存在的危害因素，组织开展风险评价，确定相关法律法规和要求，制定目标指标、管理计划，提供充分资源和信息，开展监测、检查、审核及分析，确保管理计划有效实施，管理绩效持续提升。

在项目执行过程中，一般需遵守以下原则：任何决策必须优先考虑 HSE；安全是聘用的必要条件；承包商必须对员工进行 HSE 培训；各级管理者对业务范围内的 HSE 工作负责；各级管理者亲自参加 HSE 审核和检查；员工参与岗位危害识别及风险控制；事故隐患及时整改，所有事故事件及时报告、分析和处理；承包商与分包商管理执行统一的 HSE 标准。

在组织施工作业时，承包商有义务在施工现场建立和保持必要的安全作业条件，致力于保护环境、营造安全氛围，创造健康的工作环境，防止社区以及相关方受到伤害。项目所有参与者均有责任保证实施有效的安全管理，确保其 HSE 绩效满足项目目标要求。

任何情况下，承包商均不可使其员工处于危险工作状态下，不可危及在项目现场工作的其他相关方人员的健康和安全。当发现违反 HSE 相关规定的行为，或可能危及现场人员、设备或设施安全及正常工作时，雇主/项目管理承包商有权立即停止承包商的相关工作。承包商需停止上述相关工作并对导致的额外工作时间所产生的费用负责。若承包商不纠正或拒绝纠正被发现的违规违章行为，雇主/项目管理承包商可直接解雇相关承包商人员，甚至可能终止承包商的项目合同。

1.3　承包商 HSE 资格预审 Contractor HSE Prequalification

通常情况下，在国际工程项目投标报价前，雇主/项目管理承包商会对参与项目投标的承包商进行 HSE 资格预审，通过综合评价承包商的 HSE 管理业绩和 HSE 管理水平，以确保潜在承包商在合同履约阶段能够满足其 HSE 管理要求。资格预审一般会以 HSE 资格预审问卷或要求的其他形式进行。承包商应在项目投标之前完成 HSE 资格预审工作，并承诺所有分包商均满足 HSE 资格预审要求。承包商应在与分包商签订合同或进行合作之前，要求其所有分包商完成调查问卷，并将其提交给雇主/项目管理承包商进行审阅并获得批准。

1.4　承包商 HSE 管理体系要求 Requirements for Contractor's HSE Management System

在国际工程项目中，承包商应建立符合雇主/项目管理承包商要求的项目 HSE 管理体系，并在工程项目正式启动执行前提交给雇主/项目管理承包商进行审批。同时，应编制专项 HSE 计划、方案、程序（包括工作要求和相应的表格），按照合同规定的时间提交给雇主/项目管理承包商进行审批并严格执行，确保符合适用于该国际工程项目承包工作范围的所有 HSE 法规和要求，包括项目所在国家（地区）以及相关国际组织的要求等。

通常情况下，雇主/项目管理承包商会给出 HSE 管理体系程序、表格样板及相关要求供承包商参考使用，承包商如确定使用雇主/项目管理承包商提供的 HSE 管理体系程序和表格，则需在等效声明中签字确认。承包商如使用自己的 HSE 管理体系文件，则需要经过雇主/项目管理承包商审阅和同意，且使用的自有 HSE 程序、表格应满足项目雇主/管理承包商 HSE 管理体系程序、表格及相关要求包含的全部内容。

承包商 HSE 计划、方案、程序报批后，雇主/项目管理承包商会进行批复。批复形式包括：

A——执行。无意见。

B——原则同意执行。按照雇主/项目管理承包商的意见进行修改，并重新提交。

C——不可执行。按照雇主/项目管理承包商的意见进行修改，并重新提交。

需要注意的是，雇主/项目管理承包商的批复不免除承包商的任何义务和责任，也不构成雇主/项目管理承包商需承担 HSE 计划、方案、程序的准确性或适合性的责任。

当因工作条件、工作环境、工作范围发生变化，需要对 HSE 计划、方案、程序或要求进行修订或增补时，承包商应在审阅雇主/项目管理承包商 HSE 标准、项目所在国法律法规、相关国际通用标准以及知名行业案例后，按合同约定进行修订、增补。如涉及合同之外工作内容，应及时提出合同变更。当雇主/项目管理承包商要求承包商使用更高的标准、规则或程序，并发布方案通告时，承包商应主动与雇主/项目管理承包商进行沟通，并严格遵守方案通告。

承包商需选择是否采用雇主/项目管理承包商提供的 HSE 管理体系和辅助表格，或上报自有 HSE 管理体系和辅助表格供雇主/项目管理承包商进行审批。

如承包商自有的 HSE 管理体系和辅助表格在工作开始前已通过雇主/项目管理承包商审批，则承包商可以使用经过批准的 HSE 管理体系和辅助表格。同时，在项目执行过程中，对表格的任何调整需在实施之前经过雇主/项目管理承包商的审批。

典型的国际工程项目 HSE 管理体系所执行的主要管理程序及作业文件清单见附录 1，相关表格见附录 2、附录 3 和附录 4。不同国家（地区）、不同类型的工程项目可根据雇主/项目管理承包商的要求进行适当调整。

1.5 承包商 HSE 组织机构及人员职责 Contractor's HSE Organization and Responsibilities

1.5.1 HSE 组织机构及人员配备 HSE Organization and Personnel Arrangement

（1）承包商应建立健全 HSE 组织机构，明确岗位设置、岗位职责及任职条件，并按规定上报雇主/项目管理承包商。

（2）承包商任命项目经理或现场经理作为项目 HSE 代表，作为 HSE 工作的第一责任人，对项目 HSE 管理体系的有效性负责。任命现场 HSE 经理，在项目经理或现场经理的领导下负责现场 HSE 综合管理和监督检查，组织对检查中发现的问题进行有效整改。

（3）雇主/项目管理承包商如有特殊要求，承包商还应任命一名专职的外方 HSE 经理，负责外方员工的健康安全管理和环境保护工作。外方 HSE 经理任职条件通常包括：有类似工程项目的工作经验和相应的工作资质；拥有一定年限 ISO 45001 标准工作经验和在项目所在国（地区）有一定年限的工作经验。

（4）承包商任命的现场 HSE 工程师应经雇主/项目管理承包商审核批准， HSE 工程师应有 5 年以上的现场工作经验。原则上，按照 50∶1 的比例配备 HSE 工程师，或以承包商在项目现场工作人员的总数为基础确定配备比例。上述比例包括承包商在现场办公室、材料库房和预制车间内工作的所有人员。在危险施工区域作业（如：集水坑、土方坑、高处作业、受限空间作业、热工作业等），一般按照每 15 名作业人员配备 1 名 HSE 工程师；夜间作业情况下，一般按照每 30 名作业人员配备 1 名 HSE 工程师。

（5）承包商按照工程项目现场工作范围，配齐配全相关技术人员，支持 HSE 工作，比如机械设备检查员、电工、脚手架工程师、土建工程师、射线工程师、高处作业及防坠保护工程师、起重吊装工程师等。

（6）承包商聘用有资质的 HSE 培训师，组织对承包商所有人员进行 HSE 综合培训和专项培训。同时，承包商的培训师可作为雇主/项目管理承包商整个项目 HSE 培训师团队的一部分。落实雇主/项目管理承包商的培训工作要求，开展承包商范围以外的 HSE 扩展培训。

（7）承包商任命有资质的环境专家，负责制定并执行承包商施工环境管理计划、环境方案和程序，对工程进行环境检查，定期与技术人员一起参加 HSE 会议，向雇主/项目管理承包商提交环境活动周报，汇报环境管理情况。

由于国际工程项目种类繁多、分布区域广泛，承包商的 HSE 管理人员应具备一定的英文听说读写能力。同时，在特定国家（地区）工程项目中，雇主/项目管理承包商可能会根据当地法律法规要求承包商配备其他专业的 HSE 管理人员。

1.5.2 承包商 HSE 经理任职要求 Requirements for Contractor's HSE Manager

现场人员动迁前，承包商应按照要求向雇主/项目管理承包商提交 HSE 经理姓名、资质、项目经验等相关信息，雇主/项目管理承包商审批同意前，可能会对 HSE 经理进行面试或书面考试。通常情况下，批复后 HSE 经理会有一个为期 90 天的试用期。在试用期内，如果其工作能力和工作效果未能达到雇主/项目管理承包商的要求，雇主/项目管理承包商可以随时要求承包商更换 HSE 经理，且无需为此承担任何费用。

现场动迁阶段，承包商必须在工作人员进驻现场的第一天，委派 HSE 经理进驻现场并确保其一直在项目现场工作，直至项目竣工。

需要注意的是，如果承包商在进驻现场时， HSE 经理未得到雇主/项目管理承包商的批准，雇主/项目管理承包商则有权委托其 HSE 代表执行项目 HSE 方案，费用由承包商承担，特殊情况下可能会停止承包商现场工作，直到被批准的承包商 HSE 经理到达现场。

1.5.3　承包商 HSE 人员职责 Contractor's HSE Personnel Responsibilities

（1）HSE 经理职责

主要职责包括：

1）制定 HSE 计划、方案和程序，保证 HSE 要求和程序全面落实；

2）定期组织召开安全会议，并向雇主/项目管理承包商及承包商管理层提交 HSE 活动工作报告；

3）开展风险管控和隐患排查治理，确保施工设备、工具和设施的使用、检查和维护能够按照 HSE 要求和相关法规进行；

4）开展 HSE 检查，对相关部门主管、工作人员和作业人员行为进行监督，纠正其违规行为，在紧急情况下或重复的 HSE 隐患一直未改正时，有权要求其停止工作；

5）开展突发事件预防，确保作业人员安全和现场施工设备的财产安全；

6）组织 HSE 考核，对安全隐患提出处罚建议并跟踪落实。

（2）HSE 工程师职责

现场 HSE 工程师根据分工配合现场 HSE 经理工作，工作内容包括但不限于教育培训、HSE 检查、隐患整改、事故预防等。

1.5.4　HSE 人员安全保障 Assurance for HSE Personnel

（1）在未取得雇主/项目管理承包商书面批准的情况下，承包商不可以从项目辞退任何 HSE 人员，或将其调到其他现场。

（2）在条件允许的情况下，承包商应为 HSE 人员提供独立住宿环境，消除现场 HSE 人员在住宿区被其他人员威胁的可能性。

（3）在某些特定环境下的项目现场，雇主/项目管理承包商往往会要求承包商应保证所有 HSE 人员均持有有效驾驶证或保证其在到达现场后的 30 天内取得驾驶证，并为 HSE 部门提供专用交通工具。

1.6　承包商 HSE 管理 Contractor's HSE Management

1.6.1　一般义务 General Obligations

（1）项目现场开工前，承包商应全面了解项目现场状况和 HSE 工作要求，并对项目现场进行踏勘，掌握现场的潜在危险。

（2）在施工作业活动开始前，承包商 HSE 经理应以项目合同和技术文件为基础，结合项目相关规定或其他要求，组织编制专项 HSE 工作计划、方案或程序，明确具体作业工作程序和相关责任人。

（3）承包商应向作业人员提供适当的安全防护装备、设备、工具和材料，保证项目现场工作环境和作业条件的安全。

（4）施工期间，承包商应如实向项目所在地政府机构、保险公司和雇主/项目管理承包商报告项目现场发生的事故事件。

1.6.2　文件提交 Documents Submission

在施工作业开始前，承包商及其相关分包商应制定并向雇主/项目管理承包商提交下列文件：

（1）工作安全分析（JSA）。

（2）有关人员资质和任命记录。

（3）项目现场使用设备的合规性书面证明。

（4）雇主/项目管理承包商批准的 HSE 通用方案、 HSE 专项方案和程序文件。

1.6.3　管理许可和方案 Permits and Programs

承包商应取得雇主/项目管理承包商要求的各项许可和方案，并在现场工作开始前，将所有许可和方案提交给雇主/项目管理承包商。如果工程项目施工不要求办理上述管理许可和方案，应在项目现场开工前，向雇主/项目管理承包商提交表明无需管理许可和方案的信函。

1.6.4　风险管控 Risk Management

通常情况下，雇主/项目管理承包商会向承包商明确合同范围中承包商所在施工区域及其周围已知和潜在的风险。但开工前，承包商还应在此基础上开展风险辨识、风险分析和风险评估，明确工作范围内已知和潜在的风险，制定管控措施，编制详细的工作安全分析报告，报雇主/项目管理承包商审核批准。分包商应根据每日工作计划，研究作业活动中已知的风险及其管控措施，形成工作安全分析表并在作业区域范围内公示。在上述区域工作的所有作业人员及其主管，包括承包商人员应每日熟悉表格内容并签字确认，并在每班结束时将其返给雇主/项目管理承包商的 HSE 管理部门。

1.6.5 培训 Training

（1）作业人员 HSE 培训

承包商应为从业人员提供工作指导并进行 HSE 培训。承包商培训包括但不限于以下内容：

1）作业人员入场培训，新雇用、提拔或抽调作业人员的专项 HSE 培训等；

2）安全工作分配（STA）、工作安全分析（JSA）工具使用方法的培训；

3）安全风险辨识、分析、评估和管控技能的培训。

培训工作应在作业人员入场前或相关作业前完成。

（2）风险意识合规培训

承包商应对管理人员、监督人员、分包商（包括班组长、队长、监督人员、施工经理、施工工程师、采购技术代表，以及项目经理和相同职位的人员）和所有从业人员进行风险意识教育及合规培训。

风险意识教育及合规培训应在相关人员进入项目现场开始工作后的一周内完成。

（3）管理人员培训

所有现场监管人员与班组长必须参加雇主/项目管理承包商批准的安全培训课程，并达到规定的培训时长。通常情况下，培训的主要内容以安全标准和要求为主。

此部分培训需在项目现场开工后的 60 天内完成。

（4）特种作业人员培训

承包商应对进行特殊作业、活动或操作特种设备的作业人员进行针对其作业、活动或设备的专项培训。

培训工作应在作业人员开始上述作业、活动前完成。

（5）操作人员技能培训

承包商应对作业人员开展针对其工作内容的专项安全培训，培训时间不少于 8h。如：焊工应接受焊工安全培训，钢结构安装工、脚手架装配工和其他需要高处作业人员应接受高处作业安全培训，受限空间作业人员应接受受限空间进出安全培训，起重机操作人员和起重工应接受起重机操作和吊装安全培训，驾驶员应接受驾驶安全意识和防御性驾驶培训等。

1.6.6 会议 Meeting

项目现场 HSE 会议包括但不限于以下几种：

（1）周安全会议。应形成正式的会议记录。

（2）安全工作分配（STA）会议。审阅评估当日工作适用的安全工作分配（STA），以及其他相关的 HSE 信息。

（3）每日班前会议。日班前会议应以日安全工作分配（STA）为基础，讨论当日的工作范围、安全工作程序和安全措施。会议由班组长或区域主管在工作区域组织召开，每日开工前进行，持续 10~15min。

1.6.7　记录管理 Records Management

承包商应收集项目所在地法律法规、保存好从业人员保险赔偿或国内相关法规要求的所有相关记录，包括但不限于：事故日志、年度总结等。

在工程项目作业现场应保存 HSE 活动、未遂事故、事故调查、从业人员培训、班前会等相关记录，并及时按要求提交给雇主/项目管理承包商。

1.6.8　工作安全分析 Job Safety Analysis

项目现场所有作业任务要采用适当的方法和工具进行工作安全风险分析，明确风险防控措施。工作安全分析（JSA）是现场作业前必须执行的规定内容，各级管理人员要将工作安全分析纳入现场日常工作中。在工作分配前，区域主管应对作业人员进行工作安全分析指导，所有作业人员必须理解并遵循最安全的工作方式。同时，承包商应培养作业人员的安全意识，使作业人员能够在对既定安全行为不理解、区域主管未向其解释最安全的任务完成方式时，积极与区域主管进行沟通，讨论工作中可能存在的危害因素。

需要注意的是，在国际工程项目中，承包商任何区域主管或班组长不按要求开展工作安全分析。不论是否发生事故，都将被视为违反承包商 HSE 管理体系最严重的行为。

1.7　HSE 检查 HSE Audit

承包商 HSE 经理应组织开展日常的 HSE 检查，如实记录检查情况，并将检查记录向雇主/项目管理承包商报备。同时，针对雇主/项目管理承包商或其他相关方在项目现场发现的安全隐患，承包商必须立刻组织进行整改。

通常安全检查形式包括但不限于以下几类：

1.7.1 日常检查 Daily Check

承包商应明确日常检查要求，作业人员在作业前应对所使用的工具、设备及所涉及的工作环境逐一进行检查，针对有缺陷的工具、设备予以标记并通知监管部门。同时，在每天交接班时，应检查其工作区内支护、通道、临时用电、基坑围护、与其他班组的隔离条件以及其他相关情况变化等，确保工作条件安全。

1.7.2 每周区域安全评估 Weekly Safety Assessment of Work Area

承包商应按照雇主/项目管理承包商要求，制定每周区域安全评估方案，组织开展每周区域安全评估。在开展安全评估时，雇主/项目管理承包商、承包商管理层、HSE 经理和现场 HSE 人员应积极参与，对所有工作区域进行安全评估检查，对评估结果进行量化评价。在评估检查中发现的不安全行为和隐患应立刻进行整改。

每周评估评分表应包含承包商及其分包商在项目现场开展的所有活动，并且应随着项目的工作进度随时更新。为确保每周的区域安全评估工作顺利开展，承包商每月应向雇主/项目管理承包商提交最新参与巡视检查活动的人员名单（管理层、监管主管和 HSE 人员），该人员名单将作为参与区域安全评估人员的依据。

承包商相关负责人和 HSE 管理人员必须全面掌握被评估作业的种类和评分机制，在开展区域安全评估时，区域 HSE 人员一般作为评估记录员，记录员需在评估检查表中记录在巡查中发现的所有偏差，每个偏差均应记录并且按照评分表上列出的项目进行扣分。检查结束后，检查组长和评估员应在检查表和区域评分表上签字。记录员应在巡查当天整理好检查表和评分表，提交给雇主/项目管理承包商。

承包商应在 24h 内尽快整改评估报告中的所有隐患，或就未整改上述隐患的原因向雇主/项目管理承包商进行书面解释并明确整改完成时间。在下次开展周区域安全评估时，同一个巡查组将评估同一个区域，确认上周巡查时发现的问题已经全部整改完成。

当安全评估得分率低于 80% 时，承包商应停止被评估区域现场所有作业活动，将作业人员从现场撤出，并在 24h 内制定书面整改方案，直到承包商与雇主/项目管理承包商共同确认所有发现的隐患均已整改后，被评估区域方能重新开始进行作业。三次区域安全评估得分率均为 80% 以下，将可能导致雇主/项目管理承包商按照合同约定扣押承包商进度款，甚至可能要求撤换承包商管理人员。

通常情况下，雇主/项目管理承包商会将区域绩效得分作为区域主管以及区域 HSE 人员安全管理水平和遵守项目安全方案的部分表现。因此，雇主/项目管理承包商会对承包商预定区域安全评估情况进行检查，一旦发现既定的参加预定区域安全评估的承包商管理层、区域主管和 HSE 人员未参加上述活动，且没有合理理由，雇主/项目管理承包商则会将上述问题纳入承包商对其项目安全方案遵守和支持方面的考核。

1.7.3　第三方 HSE 检查 Third Party HSE Audit

除了雇主/项目管理承包商或保险公司代表的巡访和 HSE 检查外，一般承包商会按照雇主/项目管理承包商的要求，聘请第三方 HSE 管理组织随时对项目进行检查。聘请的第三方 HSE 管理组织一般为雇主/项目管理承包商、保险公司和管理机构指定的组织。

1.8　HSE 奖惩 HSE Reward and Punishment

HSE 奖惩管理包括但不限于纪律处分、 HSE 处罚和安全激励等。

1.8.1　纪律处分 Disciplinary Action

承包商应严格遵守雇主/项目管理承包商的纪律处分程序。

（1）严重 HSE 违规行为纪律处罚

严重 HSE 违规行为是指违反项目 HSE 规章制度，极有可能造成死亡、严重人身伤害、设备严重损坏、严重财产损失或停工的行为。承包商应结合雇主/项目管理承包商的要求，制定并实施更为严格的纪律处分程序，当员工存在以下任何一项严重 HSE 违规行为时，应立即将该员工从施工现场解雇：

1）超出规定时速在施工现场驾驶车辆的；

2）高处作业未系挂安全带或未采取防坠落措施的；

3）将自己或他人的生命置于危险之中的；

4）不服从 HSE 管理的；

5）未经授权进入不安全区域或禁区的；

6）违反许可条件或未办理作业许可证而进行作业的；

7）未经授权擅自接通或断开电源的；

8）在车辆、办公室或其他禁止吸烟区域内吸烟的；

9）未经培训或未取得有效操作许可证而操作设备的；

10）未接受雇主/项目管理承包商规定的强制性培训而开展作业活动或操作的。

（2）一般 HSE 违规行为纪律处罚

一般 HSE 违规行为是指违反项目 HSE 规章制度不太可能造成死亡、严重人身伤害、设备严重损坏或停工的行为。存在一般 HSE 违规行为的作业人员，承包商应予以口头警告并记录。对于重复出现一般 HSE 违规行为的作业人员，承包商应对其进行书面警告。对于在一年内出现三次一般性 HSE 违规行为的作业人员，承包商应将其从施工现场解雇。

1.8.2　HSE 处罚 HSE Penalties

通常情况下，雇主/项目管理承包商的 HSE 审查机构对承包商连续两周在每周区域安全评估得分率低于 80% 的区域进行调查，确定导致安全性差的原因。当雇主/项目管理承包商审查机构确定连续性安全性差是由现场监督人员或 HSE 人员监管不足、管理力度不够导致的，雇主/项目管理承包商会要求承包商替换现场监督人员或 HSE 人员，或者要求增加现场监督人员或 HSE 人员。承包商应遵照调查结果，在接到书面通知后 7 日内替换或配备额外的现场监督人员或 HSE 人员。

在对雇主/项目管理承包商调查结果存在异议时，承包商可书面请求雇主/项目管理承包商审查机构重新审查是否有必要增加现场监督人员和 HSE 人员。当承包商连续两个月以上在每周区域安全评估得分率达到了 90% 以上，或者为防止安全水平不达标已成功实施了相关措施，经雇主/项目管理承包商同意，承包商可不必增加现场监督人员或 HSE 人员。

（1）违规处罚费用

在雇主/项目管理承包商审查机构发出第二次报告或通知后，如承包商仍未遵守项目安全规章制度，仍未纠正导致人身或财产危害的安全违规行为，或者仍未提高 HSE 水平，则会被雇主/项目管理承包商收取承包商违规处罚费用。

（2）罢免承包商人员

如承包商项目管理层拒不执行替换或增加现场监督人员或 HSE 人员的决议，雇主/项目管理承包商会通知承包商总部，要求罢免承包商相关项目管理人员。

1.8.3　安全激励计划 Safety Incentive Program

承包商应制定安全激励计划，提交雇主/项目管理承包商审查批准，以每周区域安全评估为基础，表彰良好的 HSE 绩效和安全行为，奖励 HSE 表现最好的管理人员和作业人员。承包商管理层应积极推动激励计划的执行，参与到表彰与奖励工作中。

1.9 事故事件管理 Accidents and Events Management

　　承包商应按合同要求做好事故事件管理，并按照当地政府、保险公司或者其他标准要求建立健全事故事件档案。事故事件档案应包括每起事故事件的调查报告及对相关人员的教育培训记录、工具箱会议上的事故事件分析讲解记录；事故事件台账；年度事故事件汇总、统计、分析记录；发布的事故事件案例简报等，并按照合同规定随时提供给雇主/项目管理承包商。

第 **2** 章

国际工程 HSE 技术要求

HSE Technical Requirements for International Projects

　　国际工程的作业标准、安全规范和管理标准等与国内的要求有很大差别，不同国家（地区）、不同项目所执行的标准也不尽相同，熟练掌握国际工程 HSE 技术要求是开展好国际工程 HSE 管理的关键所在。本章重点介绍了国际工程项目职业健康管理、设备和工具使用安全、移动类机械设备安全、挖掘安全、构筑物安全、消防安全、电气安全、危险品安全、交通与运输安全、物料搬运安全、作业许可管理、环境管理、应急管理等技术要求，旨在使读者系统掌握执行国际工程项目的 HSE 技术要求。

HSE Health Safety and Environment

2.1 职业健康管理 Occupational Health Management

2.1.1 基本要求 Basic Requirements

依据法律法规和 HSE 合同约定，应遵守以下管理要求：

（1）高温作业管理

高温作业管理应遵循以下原则和要求：

1）作业时，应落实相关措施，并配备相应个人防护装备，防止晒伤、高温中暑。

a. 提供日常饮用水和富含矿物质、电解质的饮用水；

b. 受限空间作业时，应设置通风设施，必要时设置降温设施。

2）作业前，应向雇主/项目管理承包商报送高温作业措施方案，经批准后方可作业。

（2）射线作业管理

辐射主要在可移动或便携无损检验设备通电后所产生的 X 射线或放射性同位素（核素）的自然衰减过程中产生。

1）一般要求

承包商应任命有相应资质的人员从事射线工作，包括但不限于放射源的储存、搬运，以及使用方面的工作。

a. 承包商的放射性同位素源的运输、使用和存储，应取得雇主/项目管理承包商和当地政府的批准，且应遵守相关机构的所有要求；

b. 所有放射性同位素和 X 射线工作均应提前告知并协调好现场其他项目参与方，以避免受到射线伤害；

c. 承包商应确保所有接触到辐射的人员能够接受日常医疗检查以及后续的医疗监测，并保存上述医疗报告，以供相关机构和雇主/项目管理承包商检查；

d. 承包商应提前 24h，向雇主/项目管理承包商提交带有工作区域平面图的辐射工作的许可文件，在雇主/项目管理承包商批准许可后，方可作业；

e. 承包商必须在运输放射性同位素源车辆顶部设置黄色旋转警示灯，在车辆两侧和后部标记"无损检测放射源"字样和辐射警识标志。

2）安全检查

承包商在开始射线作业前应检查并确认：

a. 进行射线作业的人员应具备相应资格证书以及当地政府颁发的有效证明；

b. 从事射线作业的人员应配备个人辐射剂量仪；

c. 工作区域内应设置带有声光警报的辐射检测仪，用于监测该区域辐射量和确定射线源位置；

d. 所有设备的检查和证明应在有效期内，并且遵守适用的当地政府标准；

e. 应妥善保管进入项目现场的每个放射源的详细记录，记录包括编号、型号、检定有效期、接收日期、存放地点、衰减图以及配套使用的无损检测设备或运输容器等；

f. 应在进行射线作业区域设置警戒，如路障、警示牌、警示灯和围栏等，无关人员不得进入；

g. 射线作业时，安全监管人员应在作业区域外进行巡检，避免非工作人员进入作业区。

（3）噪声管理

除非地方性法规及 HSE 合同另行规定，否则噪声管理应遵循以下原则和要求：

1）施工现场的噪声应控制在 85dB（A）以内，最高不准超过 115dB（A）。

2）施工现场的某项作业噪声超过 85dB（A）时，采取下列措施：

a. 隔离噪声源；

b. 设置消声装置；

c. 更换施工方案或设备。

3）采取措施仍达不到要求，可通过调整作业时间以控制作业人员在噪声中暴露的时间：

a. 85dB（A）＜噪声≤88dB（A），每个工作日允许接触噪声 4h；

b. 88dB（A）＜噪声≤91dB（A），每个工作日允许接触噪声 2h；

c. 91dB（A）＜噪声≤94dB（A），每个工作日允许接触噪声 1h。

4）HSE 部门应对现场噪声进行监控，并填写现场噪声监测记录，达不到上述要求的应为作业人员配备合格的护耳器、耳塞、耳罩等。

5）施工现场在居民区、学校、医院、政府机关等附近时，噪声对周围的影响应符合当地城市区域环境噪声标准。

6）下列活动的噪声对周围产生影响时，应调整作业时间以减少影响：

a. 设备、管线吹扫；

b. 混凝土搅拌及打桩作业；

c. 大型机组试车；

d. 大型风镐作业。

7） 调整作业时间的原则：

a. 将噪声作业安排在白天进行；

b. 将噪声作业安排在大多数居民上班时进行。

8）未经雇主/项目管理承包商事先书面批准，禁止爆破。

（4）粉尘控制

粉尘控制应遵循以下原则和要求：

1）粉尘应随时予以控制，包括工作和非工作时间；

2）定期对引起扬尘的道路、作业场所洒水降尘；

3）从事土方、渣土和垃圾运输应采用密闭式运输车辆或进行有效的遮盖，施工现场出入口处应采取保证车辆清洁的措施；

4）建筑物拆除、喷砂除锈、粉尘料填装、水泥搅拌、木材加工等引起较大扬尘的作业要采取降尘措施，设置围护或封闭作业；

5）水泥地面切割、墙体打洞、衬里拆除等采用湿法作业；

6）四级风以上禁止下列室外作业：

a. 建筑物拆除；

b. 喷砂除锈、保温；

c. 粉尘料填装；

d. 水泥搅拌；

e. 木材加工；

f. 其他易引起较大扬尘的作业。

（5）就餐和休息区管理

就餐、休息区管理应遵循以下原则和要求：

1）所有人员必须在指定的区域内休息就餐，该区域无有害物质或污染源；

2）就餐和休息区宜远离工作区域，以免影响正在进行的施工作业，在工作区域内禁止进食；

3）就餐和休息区应根据实际情况进行设置，有效隔离且具有防风、防晒、防雨、防冻等功能；

4）就餐结束后，应及时清理所产生的垃圾并投放到指定位置。

上述要求需经雇主/项目管理承包商批准。

2.1.2　个人防护用品 Personal Protection Equipment

所有人员必须严格按规定着装，正确佩戴必要的个人防护用品。

（1）防护服

防护服穿着应遵循以下原则和要求：

1）作业人员应穿着具有防静电功效的服装。特殊作业应按照作业要求，穿着具有阻燃、防冻、防烫、连体等功效的服装。

2）在移动机械和削磨机械附近工作的人员，不得穿着宽松服装或佩戴首饰。

（2）头部防护

佩戴安全帽应遵循以下原则和要求：

1）安全帽必须在有效期内，符合所在国标准或施工现场特定要求；

2）安全帽的帽檐必须朝向前面；

3）长头发必须盘束起来全部放入安全帽中；

4）佩戴安全帽时应将帽内环状帽箍系牢，人体头顶与帽体内顶部空间垂直距离不少于25mm，将调整带按头型调整到合适位置并在下颌处系牢，松紧适度；

5）定期检查安全帽，如发现裂痕、下凹等异常情况，应立即更换，不得继续使用。

（3）眼部防护

眼部防护应遵循以下原则和要求：

1）在焊接、燃烧、打磨、凿削、钻孔、驱动钉子或浇筑混凝土以及处理化学品、腐蚀性液体或熔融材料时，任何时候都需要佩戴眼镜和面部保护用品，如护目镜、面罩和焊接护罩；

2）隐形眼镜佩戴应遵循特定的安全处理原则；

3）参观者必须佩戴护目镜；

4）从事焊接的作业人员必须使用滤光镜或焊接面罩；

5）从事激光的作业人员必须使用适合激光束密度的激光安全护目镜，护目镜必须标明可见光的透射比（率）、激光波长以及它们的光密度。

同时，作业人员在眼部防护中还应注意以下事项：

a. 必须熟知最近的洗眼站和淋浴器的位置；

b. 一旦眼睛接触化学品，应立即用水冲洗眼睛15min，及时就医；

c. 严禁擅自清除眼中异物，若怀疑眼睛里有东西，应寻求治疗；

d. 出现任何事件，应立即向主管报告。

（4）耳部防护

耳部防护应遵循以下原则和要求：

在产生高噪声的机器、工具、设备附近必须佩戴经批准许可的耳部防护设备。当工作区域的噪声等级超过固定的安全界限 ［比如 80dB（A）］ 时应使用防护耳塞。承包商应测量并确定每个噪声区域的噪声等级，在噪声等级超过 80dB（A）的区域应张贴警示标识以及耳部保护标识。应保存测量记录，并按要求提交给雇主/项目管理承包商审阅。

（5）面部和颈部防护

在下列情况下，除佩戴安全眼镜外，还必须佩戴面罩：

1）在有危险化学品可能溢出的容器附近工作时；

2）在熔融金属、焦炭等附近工作时；

3）磨削操作时；

4）使用可能喷出固体或粉末、液体物质的工具或设备时。

同时注意：焊接可能导致电弧烧伤，应保持颈部和脸部受到适当保护，不得在运转的机械附近穿戴松散服装、领带、首饰等。

（6）手部防护

1）手套使用管理

作业时应根据不同作业佩戴适合的防护手套：

a. 使用前一定要检查手套的完好程度，绝缘手套除按期更换外，还应做到每次使用前做绝缘性能检查和每半年做一次绝缘性能复测；

b. 特殊工种使用塑料手套或橡胶手套（如溶剂和化学处理材料）；

c. 所有电气作业使用橡胶绝缘手套；

d. 处理金属板材或其他类似材料使用芳纶手套。

2）注意事项

a. 使用电动工具时应确保加工材料安全、稳固，尽量不依赖作业人员自身的力量控制材料；

b. 在工作中不得佩戴戒指和其他首饰；

c. 禁止直接用手触碰电线；

d. 不得把电线缠绕在手或身上。

（7）腹部防护

在使用台式摇臂锯、径向台式锯或类似动力机器进行取放材料时，必须佩戴保护围裙。

（8）背部防护

背部防护应遵循以下原则和要求：

在搬举重物时，请先考虑其大小、形状和质量，不得试图搬举超重物品，且应注意以下事项：

1）在可能的情况下，使用机械方法辅助搬举重物；

2）保持所搬举的重物贴近身体；

3）搬举时要用双腿力量，保持背部挺直；

4）搬举重物移动脚部时，不要扭到腰部；

5）经常伸展背部肌肉，并在搬举前进行背部肌肉热身。

（9）腿部防护

腿部防护应遵循以下原则和要求：

1）工作服不能有松散、撕裂，应合体并穿戴标准；

2）尖锐的工具应挂在皮带上的帆布或皮革工具套内，且必须将尖锐部分向下放置，严禁放在衣服口袋内；

3）使用特殊设备如链锯时，应防止被刮伤；

4）在踩到可以移动的部件之前，必须要考虑其稳定性。

（10）脚部防护

脚部防护应遵循以下原则和要求：

1）作业人员应穿着带钢头的安全靴，施工现场禁止穿凉鞋、球鞋或其他休闲鞋；

2）在进行化学危险品作业时，应穿戴带鞋头保护的橡胶靴；

3）进行特殊技术要求作业，必须穿戴带有特定防护的安全鞋。

（11）防坠落装备

防坠落装备使用应遵循以下原则和要求：

1）遵守 100%坠落防护规定和 100%系挂要求，当在高于地面 1.8m 及以上的区域或在危险区域作业时，员工应佩戴全身式安全带，配两条减振安全绳。其中安全绳应牢牢系在作业人员身上并始终保持 100%系挂在一个固定结构或生命绳上。在伸缩臂登高平台和载人吊篮中作业时，应佩戴含双减振安全绳的全身式安全带，吊带应满足 100%防坠落规定，并应系挂在固定护栏上（当在悬挂式脚手架上作业时应系在垂直固定的生命绳上）。

2）作业地点高于 3.0m 且在管廊下方时，若无法使用坠落防护装置时，应设置安全网。安全网在使用前，应由有资质的工程师检查并批准使用，并且该工程师应每周对安全网进行检查并记录。

3）高处作业时，应设置相应的安全网，避免杂物、材料或散料掉落。同时，应定期清理安全网上的杂物，防止杂物累积引发火灾。

2.2 设备和工具使用安全 Safe Use of Tools and Equipment

2.2.1 基本要求 Basic Requirements

（1）设备、工具应有安全操作规程。

（2）主要施工机械设备及工具必须定人、定机、定岗。操作人员应持证上岗，只有具备资质认证的操作人员方可使用相应工具和设备。

（3）新型机械设备及工具在试运和使用前，必须由设备管理人员将有关技术文件内容、机械性能及安全操作规程等向操作人员和相关人员交底。操作人员经过必要的培训并掌握操作技术后，方准上机操作。未经授权批准，禁止操作任何工具。

（4）使用前必须检查所用工具，确保工具和设备处于良好状态。

（5）工具应按照其设计功能使用。

（6）禁止使用自制工具或私自改装工具。

（7）在使用前，应确认所有电动工具已安装适当的防护装置，电动设备应有绝缘防护措施，防止漏电。

（8）不得使用不适当的工具和没有防护装置的工具。

（9）经培训合格的操作人员方可操作电动机，培训内容应包括基本操作原则和相关专业知识等。

2.2.2 调校与维修管理要求 Management Requirements of Equipment Calibration and Maintenance

（1）调校安全

1）设备启动之前，应开启所有防护装置；

2）关闭设备后，应采取必要措施以防止设备意外启动，应采取"上锁和挂牌"措施或直接断开设备电源。

（2）维修安全

1）设备和工具的维修检测应在检维修车间进行，严禁现场维修电动工具；

2）对于气动设备，应在维修或调校活动零部件之前关闭设备、切断气源，并排净系统中的剩余动力空气。

2.2.3 工器具管理要求 Management Requirements of Tools and Equipment

承包商应建立健全相关的管理制度、程序文件，并符合当地法律法规和标准，以及满足雇主/项目管理承包商的相关要求。

（1）基本要求

设备管理应遵循以下基本原则和要求：

1）设备进场前，由承包商具有相应资质的人员对设备进行检查。设备进场后，承包商具有相应资质人员定期对设备进行检查，由承包商保存相关检查记录，检查报告应按要求提交雇主/项目管理承包商。

2）承包商的设备操作人员应具有当地政府颁发的有效的设备操作员证，该证明文件应保存在现场，并按要求提供给雇主/项目管理承包商备案。

3）出现故障的设备应立刻停止使用，再进行修理或撤出场地。

（2）电动工具和气动工具管理要求

电动工具和气动工具管理应遵循以下基本原则和要求：

1）所有电动和气动工具均应保持安全状态；

2）禁止发放或未经允许使用不安全的电动或气动工具；

3）金属外壳的电动工具应设置接地线，上级开关箱内配置具有漏电保护功能的开关；

4）气动工具软管应固定，压缩空气软管接头应充分固定，确保所有的压缩空气软管接口处设置有防脱开装置；

5）只允许经过培训的人员操作电动工具，在工程施工期间，电动工具操作工许可记录、许可工作卡或等效许可文件由承包商保存；

6）所有磨床的使用应符合相关国际标准、当地法律法规和标准的要求，必须设置紧急停车开关；

7）电缆线、导线和软管应架设在距地面至少 2m 高的位置，以防止人员绊倒；

8）电源线、电焊把线、气带软管在使用时不得盘绕；

9）在受限空间使用的电动工具额定电压不得超过 24V。

2.2.4 通信工具管理要求 Management Requirements of Communication Tools

通信工具主要是指移动电话、对讲机等。国际工程项目对移动电话使用有着极其严格的规定，通常情况下，工作时间禁止使用移动电话接打私人电话或发送短信。

（1）在驾驶车辆时，驾驶员不得使用移动电话。在紧急情况下或者在车辆驾驶员必须接听和拨打电话时，驾驶员应当把车开到路边，安全靠边停车后，回拨或拨打电话。

（2）设备运行时，设备操作员不得使用移动电话或其他通信设备。

（3）易燃易爆场所禁止带入非防爆型的通信工具，必要时应配备和使用防爆型通信工具。

2.2.5　设备和工具检查管理要求 Management Requirements of Tools and Equipment Examination

国际工程项目中，燃料驱动施工设备、气动和电动工具、电气设备、载人电梯、载人吊篮、用于起吊的气瓶托架、吊索、吊臂和钩环、起重机等起吊设备、临时管架和制造车间使用的管架、临时配电盘、灭火器、焊接和切割设备、梯子、全身式安全带、速差防坠器等防坠落设备等工具和设备，应由具备资质的人员进行每月检查，每月进行颜色标识，如表2-1所示。所有设备应具有一个颜色标识贴纸或标签，贴纸或标签上注明承包商名称、设备标识号码（序列号）或厂商型号（序列号）、检验日期和设备检验人员签字等。未经有效检验以及未进行有效颜色标识的设备不得使用，且不得存放于项目现场。

月度设备检查颜色标识表　　　　　　　　　表 2-1

设备标识色	黄色	蓝色	橙色	绿色	红色	白色
时间	1月	2月	3月	4月	5月	6月
	7月	8月	9月	10月	11月	12月

2.3　移动类机械设备安全 Safety for Mobile Machinery and Equipment

移动机械设备主要是指各类起重机械、装载运输车辆、升降机、挖掘机、铲车等在作业过程中可以移动的工程设备。

2.3.1　基本要求 Basic Requirements

（1）操作人员应体检合格。无妨碍作业的疾病和生理缺陷，并应经过专业培训、考核合格并取得政府行政主管部门颁发的操作证或机动车驾驶执照后，方可持证上岗。

（2）操作人员在作业过程中，应集中精力正确操作，注意机械工况，不得擅自离开工作岗位或将机械交给其他无证人员操作，严禁无关人员进入作业区或操作室内。

（3）操作人员应遵守机械有关保养规定，认真、及时做好各级保养工作，应保持机械的完好状态。

（4）执行交接班制度，认真填写交接班记录；接班人员经检查确认无误后，方可进行作业。如发现机械设备存在故障，应立即通知上级部门和主管，并在设备上粘贴"危险-不安全-不可使用"的标签。

（5）在工作中操作人员和配合的作业人员必须按规定穿戴劳动保护用品，长发应束紧盘在安全帽中，不得外露，作业人员在高处作业时必须系挂安全带。

（6）为机械作业提供道路、水电、机棚或停机场地等必备的条件，并消除机械作业的不安全因素，夜间作业应保证充足的照明。

（7）机械设备进入作业地点后，施工技术人员应向操作人员进行施工任务和安全技术措施交底，操作人员应熟悉作业环境和施工条件，遵守现场安全规则。

（8）机械设备必须按照出厂使用说明书规定的技术性能、承载能力和使用条件，正确操作，合理使用，严禁超载作业或任意扩大使用范围。

（9）机械设备上的各种安全防护装置及监测、指示、仪表、报警等自动报警、信号装置应完好齐全，有缺损时应及时修复。安全防护装置不完整或已失效的机械设备禁止使用，并挂牌。

（10）机械设备不得带病运转。运转中发现不正常时，应先停机检查，排除故障后方可使用。

（11）凡违反操作规程的作业指令，操作人员应先说明理由后可拒绝执行。由于发令人强制违章作业所造成的事故，应追究发令人的责任，直至追究刑事责任。

（12）新机械设备、经过大修或技术改造的机械设备，应按出厂使用说明书要求和现行标准进行测试与试运转。

（13）机械设备集中停放的场所，应有专人看管，并应设置消防器材及工具；大型内燃机应配备灭火器；机房、操作室及机械四周不得堆放易燃、易爆物品。

（14）挖掘机、起重机、打桩机等重要作业区域，应设置警示标识并采取安全措施。

（15）在机械设备产生对人体有害的气体、液体、尘埃、渣滓、放射性射线、振动、噪声等场所，必须配置相应的安全保护设备和三废处理装置；在隧道、沉井基础施工中，应采取措施，将有害物限制在规定的限度内。

（16）停用一个月以上或封存的机械设备，应做好停用和封存前的保养工作，并应采取预防风沙、雨淋、水泡、锈蚀等措施。

（17）机械设备使用的润滑油（脂），应符合出厂使用说明书所规定的种类和牌号，并应按时、按季、保质更换。

（18）橡胶轮胎自推进式铲车、橡胶轮胎前端装载机、橡胶轮胎式推土机、轮式农工双用拖拉机、履带拖拉机、履带式装料机和机动平土机应配置双保护结构和安全带。

（19）车辆上破裂或被打碎的玻璃应在进场前更换。如果车辆上的玻璃在现场破碎或损坏，并且其损坏程度足以导致潜在安全问题，应将该机械设备撤出工作区，直到损坏部分修理完成后方可恢复使用。

（20）任何情况下，均不得遮挡或妨碍机械设备或车辆操作人员的视线。如果需要加装紫外线防护膜减少阳光照射，承包商应取得雇主/项目管理承包商的批准。

（21）交通车辆的座椅应安全牢固，座位和安全带应不少于运载人员的数量，所有乘客应正确就座，禁止在移动的车辆内站立，禁止超载。

2.3.2 特殊机械设备安全管理要求 Safety Management Requirements for Special Machinery and Equipment

特殊机械设备主要包括起重机械和升降机。起重机械和升降机应经第三方检测确认其处于安全运行状态，并提请雇主/项目管理承包商检查合格方可发现场通行证。主要检查内容包括：第三方检查证明、保险证明以及驾驶员和操作人员证件的真实性、有效性。同时，特殊机械设备还应由第三方进行年度检测，且将所有证明文件由使用人进行保管，并按要求提供给雇主/项目管理承包商备案。

（1）起重机操作安全管理

起重机是工程项目施工的关键设备，起重机操作室中必须放置制造商提供的操作手册和起重机性能参数表，并应注意以下事项：

1）必须拥有所在国或者被当地认可的国内相应机构对其所使用起重机品牌和型号发放的操作证。各类起重机应装有喇叭、电铃或汽笛等信号装置。在起重臂、吊钩、平衡配重等转动体上应标以鲜明的色彩标识。

2）起重吊装的指挥人员必须持证上岗。作业时应与操作人员密切配合，执行规定的指挥信号。操作人员应按照指挥人员的信号进行作业，当信号不清或错误时，操作人员可拒绝执行。

3）操作室远离地面的起重机，在正常指挥发生困难时，地面及作业层（高空）的指挥人员均应采用对讲机等有效的通信联络方式进行指挥。

4）在六级及以上大风或大雨、大雪、大雾等恶劣天气时，应停止室外起重吊装作业。雨雪过后，作业前应先试吊，确认制动器灵敏、可靠后方可进行作业。

5）起重机的变幅指示器、力矩限制器、起重量限制器以及各种行程限位开关等安全保护装置，应完好齐全、灵敏可靠，不得随意调整或拆除。

6）操作人员进行起重机回转、变幅、行走和吊钩升降等动作前，应发出音响信号示意。

7）起重机作业时，必须在起重机平衡配重旋转半径区域内设置安全围护和警示标识，禁止无关人员和设备进入。起重臂和重物下方严禁有人停留、工作或通过。重物吊运时，严禁从人上方通过。严禁用起重机载运人员。

8）操作人员应按规定的起重性能作业，不得超载。在特殊情况下需超载使用时，必须经过验算，制定保证安全的技术措施并编制专题报告，经雇主/项目管理承包商批准，并有专人在现场监护下方可作业。

9）起重机靠近架空输电线路作业或在架空输电线路下行走时，必须与架空输电线路保持 10m 以上安全间距。当需要在小于规定的安全距离范围内进行作业时，必须采取严格的安全保护措施，并经过批准。

10）严禁使用起重机进行斜拉、斜吊和起吊地下埋设或凝固在地面上的重物以及其他不明质量的物体。现场浇筑的混凝土构件或模板，必须全部松动后方可起吊。

11）起重工必须经过培训，并达到所在国家或当地标准要求的资质能力。

12）起吊重物应绑扎平稳、牢固，不得在重物上堆放或悬挂零星物件。易散落物件应使用吊笼栅栏固定后方可起吊。标有绑扎位置的物件，应按标记绑扎后起吊。吊索与重物的夹角宜采用 45°～60°，且不得小于 30°，吊索与重物棱角之间应加防护垫。

13）起吊载荷达到起重机额定起重量的 85% 及以上时，应先将重物吊离地面 200～500mm 后，检查起重机的稳定性、制动器的可靠性、重物的平稳性、绑扎的牢固性，确认无误后方可继续起吊，对易晃动的重物应拴拉绳。

14）重物起升和下降速度应平稳、均匀，不得突然制动。左右回转应平稳，当回转未停稳前不得做反向动作。非重力下降式起重机，不得带载自由下降。

15）严禁起吊重物长时间悬挂在空中，作业中遇突发故障，应采取措施将重物降落到安全地方，并关闭发动机或切断电源后进行检修。在突然停电时，应立即把所有控制器拨到零位，断开电源总开关并采取措施，使重物降到地面。

（2）物料提升设备操作安全管理

1）安装和拆卸单位必须取得政府行政主管部门颁发的拆装资质证书，操作和维修人员必须取得操作证，严禁无资质操作人员操作物料提升设备。升降机（卷扬机、滑车）需设双重制动闸，专用开关箱应设在底架附近便于操作的位置，开关箱内漏电保护开关容量应能够满足施工升降机的直接启动，漏电保护开关应同时具有短路、过负荷、漏电、过压及欠压保护功能。

2）升降机安装后，应经雇主/项目管理承包商会同有关部门对基础和附壁支架以及升降机架设安装的质量、精度等进行全面检查。并应按规定程序进行技术试验（包括坠落试验），经试验合格签证后方可投入运行。

3）升降机的防坠安全器，在使用中不得任意拆检调整，需要拆检调整时或每用满一年后，均应由生产厂或指定的认可单位进行调整、检修或鉴定。

4）作业前重点检查项目包括但不限于下列内容：

a. 各部结构无变形，连接螺栓无松动；

b. 齿条与齿轮、导向轮与导轨均接合正常；

c. 各部位钢丝绳固定良好，无异常磨损；

d. 运行范围内无障碍。

5）启动前，应检查并确认电缆、接地线完整无损，控制开关在零位。电源接通后，应检查并确认电压正常，应测试无漏电现象，应试验并确认各限位装置、梯笼、围护门等处的电器连锁装置良好、可靠，电器仪表灵敏、有效。启动后，应进行空载升降试验，检测各传动机构制动器运转正常，方可开始作业。

6）升降机在每班首次载重运行时，当梯笼升离地面 1~2m 时，应停机试验制动器的可靠性。当发现制动效果不良时，应调整或修复后方可运行。

7）梯笼内乘人或载物时，应使载荷均匀分布，不得偏重，严禁超载运行。

8）操作人员应根据指挥信号操作，作业前应鸣笛示意，在升降机未切断总电源开关前，操作人员不得离开操作岗位。

9）当升降机运行中发现有异常情况时，应立即停机并采取有效措施将梯笼降到底层，排除故障后方可继续运行。在运行中发现电气失控时，应立即按下急停按钮。在未排除故障前，不得打开急停按钮。

10）升降机在大雨、大雾、六级及以上大风以及导轨架、电缆等结冰时，必须停止运行并将梯笼降到底层，切断电源。暴风雨后，应对升降机各有关安全装置进行一次检查，确认正常后方可运行。

11）升降机运行到最上层或最下层时，严禁用行程限位开关进行制动。

12）当升降机在运行中由于断电或其他原因而中途停止时，可进行手动下降，将电动机尾端制动电磁铁手动释放，拉手缓缓向外拉出，使梯笼缓慢地向下滑行。梯笼下滑时，不得超过额定运行速度，手动下降必须由专业维修人员进行操作。

13）作业后，应将梯笼降到底层，各控制开关拨到零位，切断电源，上锁挂牌后锁好开关箱，闭锁梯笼门和围护门。

2.4 挖掘安全 Safety for Excavation

2.4.1 基本要求 Basic Requirements

（1）建立满足当地相关要求的制度文件，并存放在现场。

（2）挖掘作业必须配备合格作业人员，且经过开挖作业危害因素辨识培训。

（3）挖掘作业前，必须取得挖掘作业许可证。

（4）作业人员必须在交接班前，对挖掘的沟槽进行检查，在确保人员安全的情况下，作业人员方可进入沟槽内进行作业。

（5）在挖掘设备靠近开挖区域边缘时，严禁其他人员和设备进入挖掘区域。

（6）挖掘区域必须设有围护和警示标识。

（7）必须设置合适的挖掘区域出入口。

（8）在降雨后，应检查所有开挖区域有无塌方或滑坡危险。

（9）在天气湿度比较大时，应增加检查开挖护坡安全情况的频次。

（10）严禁人员乘坐挖掘设备的挖斗。

2.4.2 操作安全 Operation Safety

（1）一般规定：

1）可以将挖掘出来的土方堆在沟、渠的一侧作为围护使用。

2）弃土堆放必须离挖掘边缘至少 1m，作为围护时必须至少 0.96m 高。

3）在挖掘深度大于 1.5m 时，必须进行放坡或支撑。当泥土情况不稳定时，挖掘小于 1.2m 深度也应放坡或支撑。放坡斜率最小 1:1。最小沟宽应为 0.6m。

4）没有土壤分类的，最大放坡角度为 34°，或水平 0.46m 对应垂直 0.30m。

5）挖掘区域必须以 7.6m 为间隔设置用于人员出入的梯子，梯子上端必须超出挖掘边缘 1m 且必须固定。

6）放置止轮块或木楔，以防止车辆意外掉进开挖区域。

7）沟槽挖掘深度超过 1.2m，存在潜在有毒、有害气体、烟气聚积或缺氧风险时，必须每天在作业人员进入之前进行气体检测。

8）在作业人员有可能受到危险灰尘、气体、烟或缺氧环境的威胁时，承包商应提供适合的呼吸防护装备及使用说明，并要求作业人员立即使用。

（2）滑坡地段挖掘作业，应符合下列规定：

1）应事先收集并熟悉滑坡地段的水文、地质资料，了解地形地貌及以往滑坡情况；

2）不宜在雨天进行挖掘作业；

3）保护滑坡地段的植被和排水沟渠；

4）采用先治后挖的施工方案；

5）开挖前应先做好地面和地下排水，防止地面水渗入作业土层；

6）开挖顺序应先上后下，严禁先从坡脚处开始作业；

7）不得在滑坡地段及危险区内堆放器材或建临时设施。

（3）在含水率高或软土地区进行土方作业时，应符合下列规定：

1）做好地面排水和降低地下水位后，方可作业；

2）降低水位作业不得中途停止；

3）如遇停电或设备停车，作业人员应立即撤离；

4）挖掘相邻的坑（沟）时，应先深后浅；

5）施工机械行走的道路，应铺碎（砾）石等垫层；

6）挖出的土不得堆在坡顶上；

7）应做好边坡支撑和加固。

（4）人工挖掘作业应符合下列规定：

1）作业人员相互之间的安全距离应大于2m；

2）在深坑（沟）内挖、运土，应搭设牢固的转运台阶；

3）不得在坑（沟）壁的支撑上设置吊装工具；

4）作业人员应走通行斜道，不得攀登护壁支撑或在护壁支撑上作业；

5）用提升架垂直运土时，提升架下方不得站人；

6）挖土工具严禁上下抛掷；

7）在深坑（沟）内作业时，如发现坑、沟壁出现塌方征兆，应立即撤出作业人员；

8）在重夯、强夯作业影响区内，不得同时进行深度大于1m的坑、沟开挖作业。

（5）挖桩井时应符合下列规定：

1）挖桩井用的铁桶、筐、绳索等吊运工具，应牢靠，吊钩不得敞口使用；

2）严禁乘坐吊斗或手攀绳索上下桩井；

3）用绞车或手工提土时，严禁将装土器具向井下撒手溜放或投掷；

4）桩井周围应平整，场地不得坡向井口并应有足够的施工作业面；

5）桩井应挖成圆形，如必须挖成方形，应采取相应的支护措施；

6）雨天不宜挖桩井；雨后应检查桩井壁面是否有坍塌、裂纹等危险征兆，确保安全后方可继续作业；

7）桩井壁上的活动石块应及时取掉，井下挖土人员必须戴好安全帽；

8）停工时应将井口盖好，设置围栏及警示牌。

（6）出现滑坡或塌方预兆时，应采取下列措施：

1）立即停止作业；

2）撤出作业人员及设备；

3）悬挂有明显标识的警示牌，夜间设红灯；

4）画出警戒区，派专人夜间执勤；

5）通知雇主/项目管理承包商和有关部门，共同对险情进行检查，做出详细记录，并采取治理措施。

2.4.3 土方和沟槽开挖安全管理 Safety Management for Earthwork and Trench Excavation

土方或沟槽开挖安全管理应遵循以下原则和要求：

（1）工作前，承包商应通知雇主/项目管理承包商。承包商应确定是否存在污染土壤等地下施工危险因素，是否有水管、燃料管线、电气线路和通信光缆等设备，并确认其位置。

（2）承包商应派遣经过土壤分类以及沟槽和土方作业危害因素辨识培训并获得资质的人员开展工作安全分析（JSA）。

（3）现场应保存沟槽和土方开挖标准的相关文件。

（4）当无法确认是否有地下管道或电气电缆时，应进行手工开挖。

（5）应由检查人员对土方和沟槽进行日检，并在降雨后确定其是否安全。

（6）1.2m及以上的坑或沟槽壁应放坡34°，除非权威人员分析得出其土壤可容许更大的倾斜角，或者已进行充分支撑。

（7）在1.2m或更深的沟槽内应配备固定的梯子或台阶，梯子顶部应伸出沟槽壁顶部1m。

（8）土方应堆放在距离沟槽边缘至少1m的位置，并对土方进行防护，以防止土方落入沟槽中。

（9）所有沟槽和土方应用硬质障碍物（非胶带或绳索）设置路障，防止人员掉落。

（10）跨越或穿过土方的所有走道或坡道均应进行安全紧固，并配备标准护栏。

2.5 构筑物安全 Structures Safety

2.5.1 地面和墙体孔洞安全管理 Safety Management of Holes on the Ground and Wall

地面和墙体孔洞管理应遵循以下原则和要求：

（1）地面和墙体孔洞处应设置标准护栏，并对孔洞进行遮盖。

（2）护栏应有足够强度，应可支撑 90kg 作用于护栏中间位置且垂直于该护栏的作用力，并且在此作用力下护栏发生的变形不大于 50mm。

（3）孔洞盖板应充分固定，防止移位，并设置"危险"标识，进行警示。

（4）应及时完善工作进程中拆除的地板和墙体孔洞的保护设施。

（5）地面和墙体孔洞的所有施工作业或变更作业，均应严格受控于作业许可。

2.5.2 楼梯安全管理 Safety Management of Stairs

楼梯管理应遵循以下原则和要求：

（1）踏板超过 4 个的楼梯应设置标准楼梯护栏，在踏板和护栏安装之前，不得使用楼梯。

（2）楼梯、楼梯间或楼梯入口处不得堆放杂物或其他散料，一经发现应立刻清理。

（3）应制定管理程序，对楼梯间进行日、周检查并进行标识，且其所有维修或更改均应严格控制，经过审批方可实施。

2.5.3 梯子安全管理 Safety Management of Ladders

（1）管理原则

梯子管理应遵循以下原则：

1）所有梯子应遵守当地相关法律法规和标准要求；

2）由专业人员对梯子进行周检，检查是否有明显弯曲、破损、缺陷、磨损、裂纹；

3）梯子应贴与脚手架相同的检查标识，梯子应编号并登记在梯子清单中；

4）梯子应固定在地面上，其底部和顶部应捆绑固定；当梯子顶部未固定时，应充分锚定梯子底部，防止立足点滑落；使用梯子时，应有人扶稳梯子；

5）当梯子多次用于进入同一个地点时，应充分固定梯子顶部，并延伸至高于登陆点或工作面至少 1m 高度；

6）梯子禁止悬吊使用；

7）梯子使用时放置角度要适当，移动式梯子上端应有固定措施，与地面工作角度宜为 75°，允许偏差 ±5°，折梯使用时上部夹角以 35°～45° 为宜，禁止垂直放置使用；

8）当工作高度超过 10m 时，在梯子顶部必须设置防坠落设备。

（2）基本要求

使用梯子应遵循以下操作要求：

1）使用前，对梯子步阶及连接部位进行检查；

2）使用时，应始终保持人体面朝梯子；

3）禁止在梯子上乱涂乱画（有特殊要求除外）；

4）严禁将梯子用于其他用途，如用作支撑、工作台等；

5）在门口使用梯子时，应在门口设置路障并设置警示标识；

6）在梯子上攀爬时，禁止携带妨碍双手抓握的物品；

7）在梯子上攀爬时，应将双脚保持在梯子步阶上；

8）作业位置变化时应及时调整梯子位置，时刻保持双脚在梯子上，将安全带挂在可靠系挂点上，严禁将身体伸出梯子；

9）当离开梯子或高于工作表面 1.8m 工作时，必须使用安全带并与监护人员进行确认；

10）靠近电气线路作业或进行电气设备维修保养作业时，禁止使用金属梯子；

11）梯子使用完毕后应及时将梯子归还至存放区；

12）梯子损坏时，应及时报修或报废。

（3）直梯和伸缩梯安全操作

直梯和伸缩梯的使用应遵循以下原则与要求：

1）使用前，必须检查梯子安全性能和固定措施；

2）直梯子和伸缩梯与地面夹角以 60°～70° 为宜，且梯子每升高 1.2m，应将底部向外移动 0.3m；

3）使用时必须配备固定绳与防滑安全脚，以保证梯子底部充分固定；

4）梯子顶部必须高出支撑物至少 1m；

5）在延伸部分被升高至所需高度后，应检查安全卡或安全栓是否挂上，确认延伸绳是否固定在梯子底部的一个脚蹬横杆上；

6）伸缩梯必须至少有 3 个梯子步阶重叠；

7）严禁拆开伸缩梯单独使用其中任何一部分。

（4）人字叉梯安全操作

人字叉梯的使用应遵循以下原则和要求：

1）必须完全打开并放平撑挡，撑挡应锁住；

2）作业时应面朝梯子，并把双脚放在梯子步阶上；

3）严禁将人字叉梯作为直梯使用；

4）禁止使用梯子顶部平板作为脚部支撑，禁止站在梯子顶部平板上作业，禁止在梯子上部作业时身体伸出过长；

5）禁止在人字叉梯脚蹬或平台上放置工具或材料；

6）人字叉梯必须固定；

7）禁止使用有缺陷的梯子，禁止使用无法保证载荷和稳定性差的木质梯子。

2.5.4　钢结构安装安全管理 Safety Management of Steel Structure Installation

钢结构安装管理应遵循以下原则和要求：

（1）钢结构下料、组焊、翻转、吊运时，应防止构件大幅度摆动，作业人员应站在安全位置。

（2）钢柱、钢梁、屋架、管廊等构件吊装前，应预先设置爬梯、速差防坠器和作业平台等辅助高处作业设施，应在两层或 10m 高度内设置临时或永久性平台板，平台板应位于施工层下方。

（3）临时平台板应有足够强度、厚度和荷载能力，平台板应进行固定，防止移动。

（4）永久平台板的开口周围应安装标准护栏和围挡板。在钢结构安装期间，临时平台应使用脚手架钢管搭设护栏，执行脚手架规范进行安全护栏安装，并固定在所有临时平台板周围。

（5）当作业点离地面或平台板高度超过 1.8m 时，应使用脚手架、梯子、作业平台，作业人员应将安全吊带系到生命绳或其他固定物体上。

（6）应使用溜绳来控制吊装过程中的重物。

（7）安装钢结构所需的螺栓、紧固件、连接件等散件，应用箱子或者袋子存放并固定，防止掉落。当拆除格栅板、钢梁固定螺栓或者铆钉时，要采取防止格栅板、钢梁移位的措施。手动拆除作业时，作业工具应系上绳索，防止意外掉落。

（8）钢结构件安装就位后，每个连接处至少使用两个螺栓进行固定后，方可以解开吊索具。

（9）禁止作业人员在钢结构框架梁上行走。

（10）禁止使用攀爬和滑行方式进入工作平台。

2.6 消防安全 Fire Safety

2.6.1 基本要求 Basic Requirements

（1）火灾预防

承包商应做好其工作和施工区域的消防安全工作，包括生活营地、办公室、休息室、工具室和仓储区等。在所有可能发生火灾隐患的区域应配置数量充足的消防设备和设施，并对相关人员进行消防操作培训。

承包商应任命一名经过培训且具备一定消防知识和经验的消防经理，由消防经理组织制定并实施承包商整体火灾预防和消防方案及培训方案，定期开展消防应急演练。

承包商应定期向雇主/项目管理承包商提交火灾隐患排查治理（月）报告，报告内容应包括：

1）当月作业现场发生的所有火情；

2）当月作业现场存在的所有火灾风险，以及预防和纠正的措施；

3）政府官员和检查员的巡访和审计检查。

承包商还应遵循下列要求：

1）编制火灾预防培训方案，提交雇主/项目管理承包商审批后，按照方案对相关人员进行培训；

2）临时结构和永久设施之间应保持足够的消防安全间距；

3）在建筑物周围应尽量减少使用木质或可燃临时板房，所有临时板房应与建筑物的围墙保持至少 20m 的距离；

4）临时建筑以及仓库设施所用材料应使用阻燃材料建造；

5）存放重要文件应使用防火橱柜或其他耐火储存设施，并配备足够的消防器材；

6）在重要文件或者易燃材料储存区域，应配备自动喷淋灭火系统及火灾报警和烟雾探测器；

7）在进行焊接、燃烧或使用明火的作业10m范围内，应配备手提式灭火器或者安装永久灭火装置；

8）焊工在高处作业时，应使用焊接防护毯或接火盘，防止焊渣或火花飞溅；

9）在靠近建筑物门的地方，应安装至少一个永久灭火装置，同时应保证建筑物内任意一点20m范围内至少有一个灭火器；

10）存放燃料或易燃材料区域应设置消防装置，并保证区域内任意一点15m范围内至少有一个灭火器；

11）柴油或汽油发电机、电焊机应配备足够数量的灭火器；

12）定期对所有消防设施及设备进行检查，确保其处于良好工作状态，及时更换发生故障的设备，并做好检查记录；

13）承包商应与当地消防部门建立通信联系，以便从当地消防部门获得消防协助；

14）燃料运输车为设备加注燃料时，应关闭设备并保证设备接地；

15）氧气瓶应与可燃气体罐瓶分开存储，保持间距不少于6.1m，并使用至少高2m且防火等级至少为30min的防火挡板将两者隔开；

16）承包商应能提供满足火灾预防要求的临时设施平面图和消防疏散示意图。

（2）火灾预防、消防计划

承包商的现场火灾预防、消防计划包括但不限于以下内容：

1）消防组织机构及其职责；

2）开展风险评估、制定风险管控措施的情况描述；

3）对配置的消防设施进行描述；

4）工作现场临时设施之间应保证消防安全距离；

5）关键文件和防火措施；

6）临时建筑、永久厂房设施、生活营地和其他设施的临时防火措施；

7）防火监控、防火值班、警报、烟雾探测和其他预警措施；

8）消防队及其培训、出警系统；

9）防火培训方案；

10）防火检查安排和检查清单；

11）制定防火应急预案，明确消防人员和非消防人员动员要求、指挥站、与当地社区的通信程序、随机测试要求等。

（3）防火值班基本要求

承包商应配备切割、燃烧、焊接和其他明火作业的防火监护员，并对其进行培训，为其配备消防设备。防火监护员应穿着红色反光背心，方便辨识。每个防火监护员最多负责一个水平面上 8m 范围内的区域，所有动火作业均应有至少一名防火监护员监护。

（4）吸烟管理

在办公室、建筑物内或车辆内均不可吸烟。承包商应设置独立的吸烟区和火柴存放区，并提供烟灰缸，配备灭火器、防火沙桶等消防设施。承包商吸烟点设置的位置应经雇主/项目管理承包商的批准。

2.6.2 消防器材使用 Use of Fire-Fighting Equipment

（1）警报器使用

承包商人员应熟知最近火灾报警器的位置以及警报器打开方式，熟知所在区域的警报器、疏散及火警信号、应急通道和紧急集合地点。

（2）灭火器使用

承包商人员应熟知最近灭火器的位置以及操作方式，熟知灭火器灭火的火源类型。

在明火操作点 6.1m 范围内，应放有合适类型与大小的灭火器，使用后应立即将灭火器返回检修。

2.6.3 易燃物品管理 Combustible Material Management

（1）可燃物

1）可燃材料必须远离热源及高温物体，如蒸汽管道、散热器、加热器以及电源线。

2）靠近或在焊接与燃烧操作下方的可燃材料必须移至安全距离以外或用阻燃材料覆盖。若可燃材料不可移开或覆盖，应采用接火措施。

（2）易燃物

易燃物应储存在指定地点，并远离吸烟、焊接、燃烧或其他热源区域。

使用任何易燃液体前，应检查化学品安全技术说明书及产品标签，并编制完整的工作安全分析（JSA），应采取预防措施，配备呼吸保护器、通风设备和皮肤防护装备。

除非明确告知，否则严禁使用以下液体：石油燃料、溶剂、稀释剂、除油剂、保护涂层、酸、腐蚀剂。禁止将不同液体或化学制品混合。

2.6.4 焊接与切割作业安全 Welding and Cutting Safety

（1）防护装备管理

焊接防护装备使用和穿戴应遵循以下原则与要求：

1）焊接车间应配置排烟换气系统、鼓风机或引风机；

2）操作区域应配置屏障或屏风，以防止作业人员暴露在焊弧下造成闪光灼伤；

3）焊工在建筑物或维修区域以及存在危险的区域作业时，必须佩戴安全帽；

4）焊工安全帽滤片等级应不低于10级，在滤镜两侧配有安全防护玻璃片；

5）应根据焊接与明火作业要求，配备不同尺寸、性质的防护服；

6）焊接工作现场应穿棉质、羊毛或特殊耐火合成材料的衣服，且衣服上不应有油渍或油脂；

7）所有焊工必须佩戴耐火焊接手套；

8）长期暴露在辐射热下或有火花产生时，应使用耐火皮（或适合材料）围裙、防火护腿、长靴或类似工装。

（2）操作安全

焊接与切割操作应遵循以下原则和要求：

1）严禁未佩戴防护眼镜直视焊弧；

2）保持电焊机二次地线与气（割）焊把软管远离通道与门口，以防损坏；

3）作业前应检查所有电焊机二次地线、电焊钳、焊接机械、软管、计量器、气（割）焊把以及气瓶，确保所有接线连接牢固；

4）在密闭容器、水箱表面，以及容器或水箱未清理（打扫）的情况下，禁止进行焊接或燃烧作业；

5）在引弧或使用气（割）焊把前，应确认是否需要作业许可；

6）应做好火花、熔渣控制，及时清除易燃物，防止发生火灾；

7）在焊接或明火工作点6.1m区域内必须放有2.27kg以上规格的干粉灭火器，作业人员应熟知灭火器操作方法；

8）部分焊接作业需要防火监护员现场监护；

9）所有焊接作业必须有独立接地；

10）停止作业时，禁止将焊条留在电焊钳上；

11）严禁将焊条头随意丢弃；

12）在工作结束后，应及时关闭焊机；

13）禁止在金属梯子上进行焊接作业；

14）禁止在气溶胶罐或其他可燃物体附近或上方进行焊接、组对或燃烧作业。

2.6.5 动火作业安全 Hot Work Safety

（1）操作安全

动火操作应遵循以下原则和要求：

1）气割气焊的燃料气与氧气软管上必须安装阻火器；

2）将调节器连接到气瓶之前，应先稍微打开气瓶阀门，吹掉连接处的颗粒灰尘；

3）调节器连接后，应在保持调节器关闭的前提下，慢慢打开气瓶阀门；

4）保持燃料气瓶的阀门打开四分之一、氧气瓶阀门全部打开，且在使用时必须保持阀门扳手在气瓶旁边；

5）使用乙炔气时，切割炬侧压力表上的压力不能超过 0.1MPa；

6）气割气焊点火时，应先打开可燃气阀门，再打开氧气阀门；

7）禁止使用火柴、香烟、丁烷气体打火机，以及使用高温工件来点火割炬，应使用专用点火器；

8）作业结束之后必须关掉所有燃烧装置，卸下校准器并拧上压缩气瓶的瓶帽；

9）严禁将氧气设备与扳手、模具、刀具或其他沾有油脂的工具存放在同一室内；

10）应定期检查所有软管、计量器和割炬；

11）禁止将气焊把及输气软管留在容器、水箱或其他密闭容器中；

12）禁止使用氧气给容器加压；

13）禁止使用氧气进行吹扫作业或作为压缩空气或其他气体的替代品。

（2）气瓶安全管理

气瓶管理应遵循以下原则和要求：

1）禁止气瓶和软管暴露在燃烧操作的火花和熔渣落下的地方；

2）压缩气体气瓶在存储、运输或使用时，应垂直固定；

3）压缩气体气瓶在运输及使用中应使用气瓶小推车，或采取其他防倾倒保护；

4）禁止使用压缩气体来清洁衣服，吹扫锚栓孔或清洁工作区；

5）将气瓶提升至高处应使用固定支撑架，禁止使用吊带直接吊气瓶；

6）禁止在气瓶上引弧；

7）禁止滚动气瓶。

2.7 电气安全 Electrical Safety

2.7.1 基本要求 Basic Requirements

（1）电气施工用的安全防护用品，应设专人保管，并符合下列规定：

1）绝缘手套、绝缘靴鞋、验电器，每半年进行一次交流耐压试验；

2）操作棒每年应进行一次耐压试验；

3）上述试验应做好记录，试验不合格的严禁使用。

（2）绝缘手套使用前，必须检查并进行充气试验，发现漏气、裂纹、潮湿等严禁使用，绝缘靴（鞋）不得赤脚穿用。

（3）无关人员不得挪动电气设备上的警示牌。

（4）电气设备及导线的绝缘部分如有破损或带电部分裸露时不得使用，在运行中出现异常时应切断电源进行检修，严禁带故障运行。

（5）在地面、钢结构框架、脚手架的工作面上应使用橡胶绝缘电缆，遇棱角处应加绝缘套管保护。

（6）管内穿线时，作业人员头部应离开管口。

（7）电气作业时，必须两人同时作业，一人作业，一人监护。

（8）所有的电气工程均应遵守当地电气、职业安全与健康要求，并经过雇主/项目管理承包商批准。

（9）未经雇主/项目管理承包商批准，且未获得通电电气工作方案和工作许可，不得在通电电路作业。

（10）应依据当地相关法律法规和标准要求，编制接地方案和包括色标在内的接地检查方案。

（11）应建立并执行上锁挂牌程序，并定期监督该程序的执行情况。

2.7.2　电路与电气设备安全 Circuit and Electrical Equipment Safety

电路与电气设备安全管理应遵循以下原则和要求：

（1）在靠近带电线路或设备进行电气作业时，必须编制带电电气工作方案，并经雇主/项目管理承包商审查批准。

（2）电气作业必须采取必要预防措施，当在带电设备 1.2m 范围内作业时，应办理带电工作许可。

（3）具有资质的合格电工方可进行电气设备、电路作业。

（4）电气工程作业人员应穿戴保护设备和防护用具。

（5）电线和电缆架空敷设最大弧垂度距离地面应至少 2.1m。

（6）所有发电机与设备的端线以及工作支线或支路的分流点应做好标记。

（7）所有带电控制板与插座应设置防触电隔板。

（8）禁止将电缆或电线浸泡在水中。

（9）除具有双重绝缘或安全电压的电动工具，所有便携式电动工具必须把可触及的部件与地线连接在一起。

（10）在使用电动工具前，应检查、测试每个漏电保护器。

2.7.3 雷电安全 Lightning Prevention Safety

承包商应建立相关制度、开展相关培训，雷雨天气，作业人员应注意以下事项：

（1）避免在钢结构等高位结构处停留。

（2）避免人群聚集。

（3）避免在积水、流水的洼地停留。

（4）所有起重机臂架应下降收缩到最短、最低程度。

2.8　危险品安全 Hazardous Material Safety

2.8.1　有害化学品 Hazardous Chemicals

有害化学品管理应遵循以下要求：

（1）承包商应遵守危险和有毒物质告知要求、技术要求和管理标准。

（2）任何有害化学品被带入现场前，承包商应书面通知雇主/项目管理承包商，并提交相关有害化学品或物质的管理方案和化学品安全技术说明书（MSDS 或等效文件）。

（3）承包商应保证有害化学品相关信息的时效性，严格执行承包商有害化学品管理方案。

（4）由承包商负责有害化学品的合规储存、使用和现场废弃材料的处理。

（5）承包商应保护其员工，防止其吸入超过"允许界限和暴露界限"规定量的有害物质。

2.8.2　腐蚀性液体 Corrosive Liquid

从事腐蚀性液体作业时应遵循以下要求：

（1）拆开存有腐蚀性液体设备、容器、管道前，应做好防护。开始作业之前，作业人员应通过排气阀或排液阀检查内部是否有腐蚀性液体存在。

（2）接触腐蚀性液体作业，必须佩戴防酸碱装备。

（3）在工作区域应设置围护，设置警示标识，并准备好紧急情况下可以使用的水或者其他应急工具和物资。

（4）禁止直接往酸中注水。

（5）应在合适的容器内进行化学浸泡材料的处理。

（6）所有液体容器必须根据所盛装的液体进行标识。

2.8.3 有害废物 Hazardous Wastes

易燃性、腐蚀性、有毒材料以及高反应活性物质需要特殊处理，处理有害废物时，应按当地政府相关规定要求向其主管或专业的危险垃圾协调员报告并获取用于盛装这些物质的容器。

2.8.4 放射性物质 Radioactive Materials

所有现场无关人员应远离放射性物质及其工作的区域，放射性区域必须用带有黄色与红色的警戒带围护并设置辐射危害标识。

2.8.5 高压气体 High Pressure Gas

（1）运行管线管理

运行管线管理应遵循以下原则和要求：

1）进行蒸汽吹扫、化学清洗、气压测试、水压测试管线或向管线内加入介质时，承包商应保证参与作业的人员经过培训，了解工作任务、工作危险性以及需要采取的安全措施。承包商应取得雇主/项目管理承包商批准的工作许可。

2）承包商应标记所有运行线路、产品运载线路、测试线路以及压力线路产品介质和相关信息。

3）承包商应设置护栏，专人监护，防止无关人员进入，路障应设置在上述工作区域周围至少 20m 的安全位置上，并设置警示标识。

4）测试前应检查所有法兰、垫片和阀门是否泄漏，阀门和盲板是否锁定在正确的开启和闭合位置，工作中按时巡检。

5）承包商应在上述区域附近组建应急救援队伍，包括救护车、急救人员、消防员和消防设备，并建立应急联络渠道。

（2）气瓶管理

气瓶管理应遵循以下原则和要求：

1）气瓶应有瓶帽和防振胶圈，远离火花、热炉渣和火焰等热源存放，并进行充分保护，防止暴晒、烘烤。

2）禁止将气瓶放置在电气回路的位置。

3）气瓶上应粘贴储存气体理化特性说明的标签。

4）氧气瓶储存应距燃气储罐或可燃材料至少 6.1m 的位置，用耐火等级至少为一个半小时的挡板阻隔，挡板高度至少为 2m。空瓶应与满瓶以及储存类似物质的气瓶分开存放。

5）必须在气瓶储存区张贴禁止烟火的警示标识，警示标识上应注明气瓶内物质的危害特性。

6）在所有氧气和乙烷手阀根部应安装阻火器和止回阀，运行时阻火器应安装在稳压器一端，止回阀安装在气（割）焊把一端。

7）在未使用储存支架时，应使用链条将压缩气瓶直立固定，使用中的压缩气瓶应竖直放置在推车上，并用链子固定。

8）运输、移动和储存时应固定气瓶阀保护帽，直立固定，防止倾倒。

9）气瓶应使用符合标准设计的吊笼（吊篮）进行吊装。吊笼（吊篮）设计安全系数至少为最大载重的 1.5 倍，严禁使用磁性吸盘或链式吊索进行吊装。

（3）压缩空气安全操作

压缩空气管理应遵循以下原则和要求：

1）每次使用前，应检查软管与软管连接器；

2）只能使用指定软管传输压缩空气；

3）使用中禁止卷曲、连接或解开带压软管；

4）软管排气时，应先关掉阀门再进行排气；

5）所有与软管连接部位必须采取可靠锁紧措施；

6）清洁工作台与器械的压缩空气不得超过 0.2MPa；

7）软管经过通道、马路等时，应将软管进行防护或架空；

8）严禁随意乱用压缩空气；

9）软管内径超过 13mm 的应在压缩空气来源处配有安全装置，保证软管在失效时能够泄放压力。

2.8.6　物质滥用预防 Prevention of Substance Abuse

物质滥用预防应遵循以下原则和要求：

（1）承包商严禁占有、使用、制造、配送或分配任何违禁药物或买卖受控的物质。

（2）承包商应加强作业人员管理，确保其作业人员了解并遵守物质滥用预防方面的相关要求。在工作开展前，应按照雇主/项目管理承包商的要求对上述人员进行医学筛查，根据员工异常行为或者事故调查报告对疑似滥用药物员工进行尿检。

（3）承包商应组织作业人员接受周期性随机（尿检）检测，未达到检测要求或未通过检测的作业人员禁止进入作业现场。

（4）承包商应向雇主/项目管理承包商提交物质滥用预防方案，经雇主/项目管理承包商批准后遵照执行。雇主/项目管理承包商定期检查执行情况，确保承包商遵守相关要求。

（5）承包商违反物质滥用预防要求的行为，可能会被雇主/项目管理承包商认定为实质违反承包合同，进而会终止承包商工作。

（6）承包商应遵守雇主/项目管理承包商物质滥用预防政策，对相关药品及药物代谢物进行管理，不允许超过筛查阈值，超过确认阈值要实施备案管理，具体敏感度水平要求如表 2-2 所示。

物质敏感度水平表   表 2-2

序号	类 别	筛查阈值（ng/mL）	确认阈值（ng/mL）
1	苯丙胺	1000	500
2	甲基苯丙胺	1000	500
3	巴比妥类	300	300
4	苯二氮	300	300
5	可卡因代谢物	300	150
6	阿片类	2000	2000
7	苯环己哌啶	25	25
8	大麻代谢物	50	15
9	＊酒精浓度抽查	0.04%	0.04%

注：＊只用于进行意外/事故情况及合理怀疑。

（7）应在合理判断的基础上，对从业人员进行筛查，包括异常行为与事故调查。如果涉及导致设备损坏、财产损失的意外或事故，或医疗需要，承包商人员应接受药物检查，未通过此类检测的承包商人员将被立即驱除。

（8）承包商应向作业人员提供用来检查与批准的滥用药物预防项目文件。

（9）若承包商违反此要求，将被视为重大违约，将受到合同违约终止的惩罚，以及其他根据合同、法律的裁决。

（10）筛查应根据以下标准进行：

1）在样本的采集与运输中应严格监管，确保样本公正性。非合法医疗机构的检测结果应视为无效。

2）实验室应使用免疫分析筛查与气相色谱分析仪、质谱分析仪进行检测。

3）应明确筛查与确认标准。

2.8.7 油漆和喷砂 Painting and Sand Blasting

油漆和喷砂除锈作业管理应遵循以下原则和要求：

（1）承包商应保证操作人员使用的设备和机具符合要求。操作人员应通过专业培训，并按雇主/项目管理承包商要求提交培训记录。

（2）在进入现场作业前，应对供气的压缩机进行"D"级空气质量（未污染呼吸空气）测试；运行后，每月进行一次上述测试，确保工人健康不受威胁。同时，应在现场保留这些测试的记录，并按要求提交给雇主/项目管理承包商。

（3）空气压缩机的输送软管中应设置过滤器，用以除去水雾、油和小颗粒灰尘。过滤器应定期进行更换，并在过滤器外部标记更换日期。

（4）在压缩机以及呼吸器进气口之间应配置一个一氧化碳（CO）监测器，在供气式呼吸器的进气口设置一个140℉（60℃）高温警报器，没有涡流管时最小空气流量为6标准体积（SCFM）（170标准升/min），有涡流管时为25标准体积。

（5）空气接收器应按照相关要求进行安装，其安装方式应确保空气容易进入所有排水管、手孔和人孔，并配有显示计和泄压阀。

（6）软管的所有接头处尤其是快速接头处应安装防脱装置，压缩空气应降至0.2MPa，防止伤害。

（7）涂装作业前，应检查所用工具、机械及高处作业设施是否符合安全要求。

（8）作业人员必须按工作性质穿戴好防护用品。必要时，应佩戴防毒面具或防护面罩。

（9）仓库及作业场所空气中所含有害气体的最高允许浓度，不得超过表2-3的规定。

仓库及作业场所空气中有害气体最高允许浓度　　　　　表 2-3

有害物质名称	最高允许浓度（mg/m³）	有害物质名称	最高允许浓度（mg/m³）
二甲苯	100	溶剂汽油	350
甲苯	100	苯	40
丙酮	400	乙醇	1500
煤油	300		

（10）在设备、容器内进行防腐衬里作业时，应符合下列规定：

1）作业场地周围应架设围栏和设置警示牌，容器外应有专人监护；

2）作业人员不得穿易滑、易产生火花的钉子鞋和衣服，不得携带火种；

3）设备、容器接地良好；

4）设备、容器内不得有汽油、胶水、树脂、二氯乙烷等可燃有毒物品。

（11）喷砂罐、硫化锅应定期进行液压试验及气密性试验，所用的压力表、安全阀等应在校验合格期内。

（12）严禁在衬里作业的同时进行电火花检测及针孔检测。

（13）作业人员接触有毒、有害物质，出现恶心、呕吐、头昏等症状时，应送至新鲜空气场所休息或送医院诊治。

（14）作业场所应保持清洁，作业后应将残存的可燃、有毒物料及杂物清理干净。

（15）作业人员每隔半年应检查一次身体，不适合从事某项防腐工作的人员，应调离该作业岗位。

（16）喷砂作业时，严禁喷嘴与工件垂直，喷嘴的喷射角应在 30°～75°之间。喷嘴堵塞时，应关闭气源，不得带压或用弯折胶管的方法处理。

（17）喷砂作业应使用导电性能良好的胶管，并进行静电接地。

2.8.8　危险品安全培训 Safety Training of Hazardous Materials

进行危险化学品作业，或有可能接触危险化学品时，承包商必须对作业人员进行危险化学品相关知识的培训。培训包括但不限于以下内容：

（1）风险沟通的内容介绍；

（2）风险沟通培训要求的通知；

（3）风险沟通项目、地点及其位置的描述；

（4）适用当地监管标准的详细信息；

（5）危险化学制品位置的通知；

（6）危险等级标签系统的描述；

（7）化学品安全技术说明书（MSDS）、使用者及其位置的描述。

2.9　交通与运输安全 Transportation Safety

2.9.1　车辆运输管理 Management of Vehicle Transportation

承包商应遵守雇主/项目管理承包商关于作业场地和场地周边地区驾驶规程、路标和规定速度限制的要求。若承包商人员未遵守安全驾驶规程、交通标识和限速规定，雇主/项目管理承包商有权要求承包商替换驾驶员。

（1）车辆管理

承包商应遵守雇主/项目管理承包商的车辆消防与安全规程，确保客车、轿车、卡车、面包车和其他车辆满足以下条件：

1）车辆的使用年限不得超过5年；

2）根据制造厂家的建议进行定期维护和保养；

3）由雇主/项目管理承包商根据商定的检查表进行检验。

（2）驾驶员管理

驾驶员管理应遵循以下原则和要求：

1）检查座椅安全带；

2）在使用前检查车辆；

3）遵守所有限速和其他管制标识；

4）确保行人具有优先通过权；

5）倒车前观察后视镜并鸣笛；

6）车辆加油时，应熄火并关闭发动机；

7）车辆停稳后方可上车和下车；

8）保持手、手臂、脚、腿以及身体在车内；

9）所有人员必须坐在座位上，禁止超载；

10）在拥挤区域应由信号旗手来指挥倒车；

11）任何车辆前排不允许超过3人乘坐；

12）货车驾驶员必须在装卸作业时离开驾驶舱，除非车辆通过了驾驶室保护；

13）所有驾驶员应遵守当地驾驶规定；

14）所有承包商驾驶员应每年参加一项防御性驾驶培训课程；

15）所有设备驾驶员（操作员）必须是专职人员；

16）承包商应提供移动设备或车辆驾驶员（操作员）的简历、资质和认证证明以及当地政府相关许可证。

（3）行驶管理

行驶管理应遵循以下原则和要求：

1）遵守现场限速规定，在施工拥挤区域应以缓慢的速度驾驶；

2）所有进口和出口通道应予以标记；

3）行人比机动车辆有先行权；

4）为保证安全，在看不到对向来车的弯道处以及超车时应鸣笛；

5）使用转向信号灯；

6）承包商人员的车辆应停在指定的周边停车场内；

7）禁止使用两轮车辆运输货物；

8）在驾驶车辆或操作设备时，严禁使用手机、对讲机等通信设备。

2.9.2 标识、信号、路障和灯光管理 Management of Signals, Signs, Barricades and Lights

标识、信号、路障和灯光管理应遵循以下原则与要求：

（1）存在危险的区域应设置明显的标识、信号和路障。

（2）围栏应用足够强度的材料设置，禁止使用绳索、胶带等软性材料作为围栏材料使用。

（3）所有封闭交通的街道、道路、高速公路和其他公共街道应通过有效路障进行保护，路障应设置在封闭区域两侧的高速公路或街道的最近交叉口，并设置明显的警示标识。

（4）所有地面开口、明沟和其他土方应配置地面开口盖、围栏、标识和灯光警示，料堆和设备等障碍应设置明显的警示标识和警示灯。

（5）所有路障和障碍应全天候用警示灯进行警示，在公共道路或公路上堆放或沿道路堆放的材料应有序摆放，最大限度地减少对公共交通的阻塞时间。

（6）所有的路障、标识、灯光和其他防护装置应按照要求进行安装和维护，在铁路和高速公路上，应按照有关部门的要求进行。

（7）在夜间或光线被遮挡的区域施工时，应提供足够的人工照明，在上述时间内，进入工作地点的通道应有清晰照明，电灯和电源的布线尽可能远离电话线、信号线和用于爆炸的导线。

（8）当危险不再存在时，应拆除标识、信号和路障。

（9）在交通危险的区域工作的承包商人员应穿反光背心；应在沟槽和土方作业上方设置人行通道，通道按照脚手架标准中关于走道（平台）的规定进行搭设，其强度应能够满足至少10人的承重标准并每周进行检查，粘贴检查标签。

2.10 物料搬运安全 Material Handling Safety

2.10.1 基本要求 Basic Requirements

堆放、储存材料应放到适当位置，便于人工和设备搬运物料。

2.10.2 人工搬运 Manual Handling

人工搬运时，作业人员应注意以下事项：

（1）用双腿力量提起物品，保持背部挺直，不要使用背部肌肉力量。

（2）搬运前，根据物品说明书记录或预估所搬运物品质量。若物品过重、体积过大，应寻求帮助。

2.10.3 机械搬运 Mechanical Handling

采用机械搬运时，操作工应注意以下事项：

（1）在搬运前，注意听主管讲解关于索具的操作安全和注意事项。

（2）预估所搬运的重量。

（3）了解所要使用搬运设备（起重机、铲车等）的负载能力。

（4）索具绑扎牢靠，以免散落。

（5）无资质的人员严禁操作搬运设备。

（6）严禁人员站（坐）在搬运设备上。

2.10.4 备料操作 Material Preparation

备料时，操作工应注意以下事项：

（1）清洁粗糙金属边缘。

（2）除去或弯曲钉子和电线的伸出部分。

（3）应将备料进行支垫，便于搬运。

2.10.5 吊钩、卸扣、吊装梁和吊夹 Hooks，Shackles，Beams and Clamps

（1）吊钩、吊环

1）吊钩和吊环应按额定负荷标记选用，不得超载使用，无标记的吊钩、吊环不得使用；

2）在吊装作业时，必须保证吊钩上的防脱钩保险装置有效；

3）吊钩和吊环表面应光洁，无剥裂、锐角、毛刺、裂纹等；

4）吊钩和吊环上的缺陷不得补焊。

（2）卸扣

1）卸扣应按额定负荷标记选用，不得超载使用，无标记的卸扣不得使用；

2）卸扣在挂好后，应保证扣体和销轴能在被挂物上转动灵活、无卡阻；

3）卸扣只能承受纵向拉力，螺纹必须满扣并预先润滑；

4）卸扣使用前应进行外观检查，必要时应进行无损检测；有损伤时，不得以补焊等任何形式自行维修。

（3）钢板起重钳

1）钢板起重钳应按额定负荷标记选用，不得超载使用，无标记的钢板起重钳不得使用；

2）横钳必须成对使用；竖钳可单只使用，也可成对使用；单板钳必须与平衡梁配套使用，并以四只配套使用；翻转钳可单独使用，也可两只加平衡梁使用；

3）除单板钳外，钢板起重钳一般只允许一次吊装一块钢板，严禁吊装多层钢板或在钢板上放其他物体；

4）横钳和单板钳在吊起钢板后，应保持水平；当钢板与水平面夹角大于 7° 时，应重新调整钳口位置，尤其注意在没有平衡梁的情况下；若钢板与水平面的夹角大于 5° 时，必须重新调整安装；

5）使用多只起重钳时，必须对称安装，并依据钢板的重心位置选择合适的安装位置，且钢板的被吊部位表面不允许有油污；

6）吊运过程中，严禁吊运的钢板受到碰撞和冲击，吊运过程应保持平稳，严禁下面站人或在下面通过；

7）钢板起重钳要定期进行检查保养，保持销孔、钳口、钳舌以及锁紧机构的完好可靠。

（4）吊装平衡梁

1）平衡梁应按其设计进行制作和使用；

2）吊索与平衡梁的水平夹角应不小于 60°。

（5）绳卡

1）绳卡的夹座、U 形螺栓杆、螺栓、螺母等构件应无缺陷，装配良好；

2）绳卡应存放在干燥通风处，不得与酸性、碱性或其他腐蚀性物质接触，使用前后均要进行有效的防锈、防腐处理和润滑保养；

3）绳卡在安装时，U形螺栓扣在钢丝绳的短头，卡座扣在钢丝绳的长头同方向排列；钢丝绳用绳卡接长时，绳卡方向交错安装，数量加倍；

4）绳卡间的安装距离以等于6~7倍钢丝绳直径为宜；

5）绳卡螺母要依次均匀地旋紧，并以钢丝绳尾段直径被压扁1/3为宜，且不得损坏外层钢丝；

6）钢丝绳在首次受力后要将绳卡螺母再旋紧一次，并在此后的使用前后均要认真检查，以确定绳卡的可靠性和螺母的紧固程度；

7）绳卡经正确安装后，连接处强度能达到钢丝绳自身强度的80%；

8）必须按照绳径大小选择相对应的绳卡，不得以大代小或以小代大。

2.10.6 绳索和吊索 Ropes and Slings

（1）合成纤维吊装带

1）起重施工所使用的合成纤维吊装带应有极限工作载荷和有效长度的标识；

2）吊装带使用前应对吊装带表面进行检查，破损的合成纤维吊装带不得使用；

3）吊装带使用时不得受电火花和火焰灼伤；

4）吊装带应在无紫外线辐射及腐蚀的条件存放。

（2）钢丝绳、绳索及吊索

1）钢丝绳及绳索、吊索在绕过不同尺寸的销轴或滑轮使用时，应根据不同的半径按下述程序确定其强度能力：

a. 计算钢丝绳索比例系数：$R = D/d$

式中　D——销轴或滑轴直径，mm；

　　　d——钢丝绳直径，mm；

　　　R——钢丝绳比例系数。

b. 计算钢丝绳扣效率系数：

当 $R \leqslant 6$ 时　$E = (100 - 50/R^{0.5})\%$

当 $R > 6$ 时　$E = (100 - 50/R^{0.734})\%$

式中　E——钢丝绳扣效率系数。

c. 计算钢丝绳扣的强度能力：$P_n = n \cdot P \cdot E$

式中　n——钢丝绳扣承载股数；

P——钢丝绳破断力，N；

E——钢丝绳扣经弯曲后的强度能力，N。

2）钢丝绳及绳索、吊索使用安全系数 K 计算：$K = Pn/F$

式中　K——安全系数；

F——钢丝绳及绳索、吊索受力，N。

3）钢丝绳及绳索、吊索使用安全系数应符合表 2-4 要求。

钢丝绳及绳索、吊索使用安全系数表　　　　　　　　　表 2-4

序号	使用范围	安全系数
1	钢丝绳作拖拉绳（缆风绳）	≥3
2	钢丝绳作卷扬机走绳	≥5
3	用于载人吊篮	≥14
4	作系挂绳扣	≥5
5	作捆绑绳扣	≥6

4）绳索、吊索应在干燥、清洁和通风的室内存放，并符合下列规定：

a. 绳索、吊索存放不得打结或扭曲；

b. 定期涂抹防锈油，最少一年一次；

c. 室内不宜存放腐蚀性物质，否则，应采取有效的隔离防护措施。

5）钢丝绳不得与带电导线接触，当与带电导线交叉时应采取防护措施。

6）钢丝绳经过架空输电线上空时，应搭设竹（木）过线架桥；钢丝绳与架空输电线安全距离应符合表 2-5 要求。

钢丝绳与架空输电线安全距离表　　　　　　　　　表 2-5

输电导线电压（kV）	< 1	10	35	110	220	330	500
安全距离（m）	2	3	4	5	6	7	8.5

7）钢丝绳不得呈锐角折曲、扭结，也不得受夹、受砸而呈扁平状。当钢丝绳有断股、松散及扭结时不得使用。

8）使用中的钢丝绳应每周检查一次，发现磨损、锈蚀、断丝等现象时，应按规定降低其使用能力，并把折断的钢丝从根部剪去。

（3）麻绳索具

1）麻绳索具仅用于手动吊装中的绳扣和吊装作业中手拉溜绳，不得在机械驱动的吊装作业中作为索具使用；

2）应防止在尖锐的物件或沿地拖跑，避免与尖锐边角和粗糙表面直接接触使用，防止切割损伤；

3）严禁用打结或其他有损麻绳的方法调节长短；

4）被水浸湿的麻绳处于 0℃以下环境时不能使用；

5）旧麻绳的起重能力按其破旧程度，可为新麻绳拉力的 40%～60%，受潮麻绳强度应相对降低级别使用；

6）旧麻绳用于吊重时，须经过超载试验以确保安全。

2.10.7　捯链 Chain Block

使用捯链时，操作工应注意以下事项：

（1）捯链必须在额定负载能力范围之内使用。在使用时受力应合理，保证两吊钩受力在一条轴线上，不得多人强拉斜拉。

（2）吊钩挂绳扣时，应将绳扣挂至钩底。吊钩直接挂在工件的吊环或吊耳上时，不得使吊钩别劲和歪扭。不得将吊钩直接挂在工件上吊装。

（3）确保捯链上标记了负载能力。

（4）使用捯链时，人员可通过操作手动链，提起捯链可提升的最大负载物。

（5）在进行提升之前，必须对每一个捯链进行检查；目视检查吊钩的钩链是否存在磨损或损坏等任何问题，检查钩架和滑轮是否有使用不当造成的任何损坏痕迹。

（6）禁止站在悬挂在捯链上的负载物上或使身体任何部位在负载物下方。

（7）如需工作暂停或将工件悬停空中时，应将捯链的手动链封好。

（8）禁止使用起重链缠绕在所要提升的负载物上。

（9）在捆绑操作过程中，应使用防护垫保护索具以及正在捆绑的物料。

2.10.8　千斤顶 Jack

使用千斤顶时，操作工应注意以下事项：

（1）根据起重量的大小选用千斤顶，使用前应充分了解性能和操作方法，液压千斤顶的安全栓损坏、螺旋千斤顶的螺纹或齿条千斤顶的齿条磨损达 20% 时均严禁使用。

（2）千斤顶应设置在平整、坚实的支垫上，并与承载面垂直，顶升时必须掌握重心，防止倾倒。

（3）严禁超负荷使用，千斤顶顶升行程不得超过产品规定值或螺杆、活塞杆、齿条高度的 3/4。

（4）千斤顶与重物之间应垫防滑物，顶升时应随起随垫临时支撑物，以防止重物突然下降和长时间顶举损坏密封圈等零部件。

（5）严禁在无人看护的情况下长时间让千斤顶顶重。

（6）严禁在带负荷的情况下使千斤顶突然下降，应保持缓慢匀速下降。在确认重物支垫牢靠后，方可拆下千斤顶。

（7）千斤顶起升时要平稳均匀，重物稍起后要检查有无异常情况，如一切正常才能继续顶升，不得任意加长手柄或猛力操作。

（8）数台千斤顶同时作业时，不得超过允许承载能力的80%，并要有专人指挥，使起升和下降同步进行。相邻两台千斤顶之间要支撑木块，保证间隔以防滑动。

（9）应保持千斤顶各部位的清洁，定期对活塞杆、螺杆、齿条部位进行润滑、密封、紧固及防锈、防尘保养。

（10）液压千斤顶的工作介质为液压油，严禁使用其他液体代替，液压油应定期更换，并保持贮油腔（油箱）的清洁，工作温度低于－5℃时应使用锭子油或变压器油。

2.10.9　稳定性控制 Stability Control

搬运时，操作员工应采取以下措施，防止身体、材料、工具和设备发生坠落、滑倒、滚动、绊倒、吹倒或其他不受控制的移动：

（1）按要求使用防坠落装置。

（2）身体下方区域须有保护措施。

（3）在结冰的步行区撒盐或撒沙。

（4）在所有泄漏油脂上放吸收剂，然后进行清理。

（5）捆紧可能会被风吹动的轻质、表面积较大的材料。

（6）用楔子垫住所有物料和设备（如管子、圆桶、储罐、拖车和手推车），防止滚动。

（7）高处作业时，必须固定工具、设备和扳手，防止物品掉落。

（8）物料或工具不可放在重梁、管道、照明灯具、梁翼、吊顶或类似高位处。

2.11　作业许可管理 Work Permits Management

2.11.1　作业警示标识 Warning Signs for Operation

作业警示标识管理必须遵循以下原则：

（1）在必要时使用作业警示标识，不再需要时，应及时移除。

（2）可使用多种警示及指导性标识。

（3）将警示标识放在路障、路障岗或其他显著的位置。

（4）在开始作业之前，必须将警示标识放到最显著的位置，不再需要时必须立即收回。

2.11.2 上锁和挂牌 Lock-out and Tag-out

上锁挂牌必须遵循以下原则：

（1）使用"危险-不可操作"标签（通常在可能的情况下与锁定设备一同使用）来防止在开关、阀门或单件设备的操作中发生人员伤害或设备损坏。

（2）所有上锁挂牌操作中的作业人员必须经过培训。

（3）不得擅自给设备上锁和挂牌。

（4）应安排专人负责上锁挂牌，禁止代做。

（5）标牌上应包含签字、日期以及工号。

（6）应让电工为所有电气开关上锁和挂牌，所有由电工安放的标牌必须与锁的开关状态相对应。

（7）统一使用"危险-不可操作"字样标准标牌。

（8）在锁定和标定后以及开始工作前测试开关或者确定断电，以保证已经正确锁定。

（9）工作完成后及时摘除锁和标牌，恢复正常状态。

（10）严禁擅自移除其他人的标签或者操作由其他人管理的已挂上"危险"标牌的阀门、开关和设备。

2.11.3 作业许可 Work Permits

任何作业许可均需在作业开始之前办理，作业许可应张贴在现场指定地点。

（1）工作许可

承包商应及时将作业许可项目告知作业人员，作业人员工作前应与其主管确认该工作是否需要作业许可。此外，在国际工程项目中，对普通工作进行授权也很常见，应当培养作业人员工作确认意识，工作前应及时与主管确认是否需要授权或办理工作许可。

（2）受限空间作业许可

受限空间是指围挡结构（例如水箱、容器、箱子、筒仓、锅炉、深坑、化粪池、下水道、地下公共设施、管道以及存在有毒有害介质、存在或可能产生掩埋作业人员的深度超过 1.2m 的沟、坑、井、池等封闭、半封闭场所）。进入以上场所作业，应办理受限空间作业许可，未经许可禁止进入受限空间作业。

（3）动火作业许可

动火作业包括但不限于：电焊、气焊、火焰切割、使用喷灯、磨削和其他明火作业时等，应办理动火作业许可。

（4）电气作业许可

在通电电力设备 1.2m 范围内工作时，应办理电气作业许可。

（5）挖掘作业许可

在有潜在危险因素的挖掘、混凝土爆破或建筑物内外部钻孔操作区域内工作时，应办理挖掘作业许可。

（6）设备操作许可

使用移动设备及电力、燃油驱动工具时，应办理设备操作许可。涉及其他专项作业时，应办理相应作业许可。

（7）射线作业许可

使用放射性同位素或放射装置进行探伤作业时，应办理射线作业许可。

（8）脚手架作业许可

在进行脚手架搭设、拆除、改装作业时，应办理脚手架作业许可。涉及其他专项作业时，应办理相应作业许可。

（9）夜间作业许可

在自然光线不能达到正常标准的条件下进行作业时，应办理夜间作业许可。涉及其他专项作业时，应办理相应作业许可。

（10）其他

在进行临时性的、缺乏程序规定的作业活动，包括偏离安全标准、规则和程序要求的作业活动以及交叉作业时，应办理作业许可。

2.11.4 围护设施管理 Barricades Management

在建、构筑物顶部边缘区域、高架平台钻孔、开口作业周边应设置带有安全警示标识的围护。

（1）围护类型

通常情况，围护类型包括警示性围护和保护性围护。

"警示性围护"用于引起对危险的注意，但并不提供任何实体保护（例如合成带：黄色/黑色＝注意，红色/黑色或红色/白色＝危险，黄色/红色＝辐射等）。

"保护性围护"用于警示并提供实体保护（如钢管、彩板、型钢、木柱、木轨、缆绳或锁链等）。

（2）围护设置规范

围护设置应遵循以下原则：

1）挖掘作业时，应在开挖周围或挖掘方向延伸前方设置围护；

2）应及时将不再需要的围护拆除并送回存放处；

3）在同一区域进行多处挖掘时，应统一设置一组围护，将所有挖掘工作全部覆盖；

4）夜间的围护应设置信号灯；

5）应对围护进行管理，禁止无关人员跨过围护或随意穿越围护。

（3）孔盖安全管理

1）孔盖配置应遵循以下原则：

a. 必须为穿过地板或墙的所有孔和开口提供孔盖或标准护栏；

b. 严禁在孔盖上放置材料或设备；

c. 楼梯地面开口必须设置标准栏杆和踢脚板防护，入口处除外；

d. 降幅大于 1.2m 所有墙面开口必须设置防护，开口底部低于工作表面 0.96m 时，必须设置防护；

e. 高于相邻地面或水平面 1.8m 以上的所有无遮挡地面或平台必须设置标准栏杆或防护设施。

2）孔（封）盖管理要求。

a. 孔（封）盖应设置标有"警告！临时封盖，未经许可，严禁移动"字样的标牌或其他警示标语；

b. 封盖必须固定，防止脱落，如用绳子拴住、铁丝围住等；

c. 封盖必须超过孔边缘；

d. 当开口直径小于 457.2mm 时，封盖可采用厚度 76.2mm 以上的三合板；其他情况则需要使用厚度 50.8mm 以上的木板。

2.12　环境管理 Environment Management

2.12.1　基本要求 Basic Requirements

（1）垃圾清理

垃圾清理管理应遵循以下原则和要求：

1）承包商应确保其工作区随时保持整洁、干净和安全，并及时清理因作业产生的所有杂物和垃圾，按规定处置。

2）承包商应提供用以收集和分选垃圾、废物、有油污或用过的抹布以及其他垃圾的金属（大型垃圾桶）容器，并在装满前及时清理，垃圾和其他废物应按照雇主/项目管理承包商批准的方式定期予以清理处置。

3）未经雇主/项目管理承包商书面同意，承包商不得倾倒、填埋、焚烧或以任何方式处置施工现场的化学物质。

4）承包商应及时清理所有可燃垃圾，并将可燃垃圾运送到经许可的固体垃圾处置场，禁止在项目施工现场露天焚烧杂物和垃圾。

5）材料及物料的储存场所不得阻碍进出通道，并且材料及物料的储存布置应方便储存场所清洁。

（2）环境保护

环境保护应按项目所在国和当地相关要求，并遵循以下原则和要求：

1）承包商应将其预计在实施工程过程中产生的任何有害废物提前告知雇主/项目管理承包商，并直接负责对施工现场的废物进行相应管理，向雇主/项目管理承包商书面证实其已采用合法方式对这些废物进行了管理和处置。

2）承包商应提供有害废物操作人员认证和体检合格证。

3）承包商应制定污染防治计划并提交雇主/项目管理承包商审查通过。

4）承包商应制定废物管理计划，并确定预计废弃物料的数量和特性，以及用于管理、存放、运输和处置废物的方法。废物管理计划应涵盖固体废物、可回收废物、液体废物、有害废物和任何其他预计废弃物的处理，并将计划提交雇主/项目管理承包商审查通过。

5）承包商应确保其人员接受过环境保护培训，并将培训内容予以记录。

6）承包商应在作业开始时采取措施，通过有效的预防性和前瞻性环境保护措施，最大程度降低对环境的潜在影响。

7）承包商应将环保达标作业与工程范围相关的作业有效整合。

此外，承包商应确定并记录：

a. 施工现场的侵蚀性产品控制措施；

b. 与工程施工相关的气体排放源及其控制措施；

c. 雨水排放与控制措施；

d. 与工程相关的液体流出物来源及其控制措施。

（3）泄漏预防与控制

泄漏预防与控制应遵循以下原则和要求：

1）承包商应将任何观测到的泄漏、有害物质释放、未经许可排水或其他不符合规定或规章的事项告知雇主/项目管理承包商；

2）承包商应制定泄漏预防控制和应对措施计划，计划应涵盖承包合同使用的设备材料管理及应对活动等内容，并提交雇主/项目管理承包商审查通过；

3）在设备可能会漏油或对地表造成污染的区域，承包商应在设备与地面之间提供防火、防油、防渗的保护性隔离垫板进行维护，以避免油或油脂污染地面；

4）使用汽油和其他燃料时，应将使用方案（包括：使用区域、运输方法等）报雇主/项目管理承包商审查批准；

5）临时燃油或原油储罐周围应设置临时围堰；临时围堰高度和强度应满足雇主/项目管理承包商审查批准的方案；

6）作业人员应经过泄溢处置培训，做好培训记录，并提供给雇主/项目管理承包商备案。

（4）资源保护基本要求

施工作业应按照当地要求制定环境保护措施和程序，减少在施工或其他作业过程中可能造成的栖息地破坏或环境破坏。

进行环境保护的施工现场包括但不限于：现有道路和通道、濒危野生动物和栖息地等。

资源保护应遵循以下原则和要求：

1）未经雇主/项目管理承包商书面同意，承包商人员不得损毁、破坏、移除项目区域或周边地区的灌木、草丛或其他景观；

2）雇主/项目管理承包商应审查承包商提出的野外办公室和储存区地点，最大限度地降低对现有地貌的影响；

3）材料储存仅限于项目区或者经雇主/项目管理承包商批准的区域，施工作业仅限于在合同规定的区域进行。

（5）地貌保护

地貌保护应遵循以下原则和要求：

1）在交通和人员规划与管理方面，应坚持良好的现场行为规范，保护已移植生长的植被；

2）灌木不可用作锚定使用；

3）合理控制现场设备和交通设施的使用，必要时安装保护设施，防止对植被造成伤害；

4）利用沙包或类似材料防止土壤侵蚀，减少水土流失；

5）施工现场或附近不妨碍施工的构筑物、设备和植被应予以保护，禁止擅自移除；

6）应特别注意保护已存在的植被，只有在雇主/项目管理承包商书面授权的情况下才可移除；

7）未经雇主/项目管理承包商事先授权，只能使用原有道路或临时道路；

8）当需要穿过便道、路缘时，应保护其免受破坏，任何路缘、便道或道路受到破坏时，应由承包商立即予以修缮。

（6）水资源保护

承包商的水资源保护方案和措施应提交雇主/项目管理承包商批准，防止对施工区域及其周边的水资源造成不利影响，并针对以下方面予以控制：

1）废水应按要求进行排放；

2）施工作业尽可能不使用饮用水源；

3）地下水抽取和排放应根据要求予以限制和控制；

4）雨水排放应根据要求予以控制；

5）燃料油和有害材料应按规定进行管理。

（7）生活污水管理

生活污水管理应遵循以下原则和要求：

1）应建设临时污水处理系统，如果无法提供污水处理系统，应提供临时卫生设施；

2）临时卫生设施应与公众观景区隔离，并进行维护；

3）工程完工后，临时卫生设施应从现场移除，保持现场清洁。

（8）临时设施与工作区环境管理

临时设施与工作区环境管理应遵循以下原则和要求：

1）野外办公室、停车区、材料存放区和临时建筑物应设置在雇主/项目管理承包商指定和批准的区域，临时搬动或搬迁设施应经雇主/项目管理承包商批准；

2）废渣场应予以管理和控制，废渣应倒入指定的区域，防止流入附近水域；

3）废渣场应根据已批准的设计图纸进行建设；

4）工作区的临时开挖和填筑应予以控制，以防止邻近区域被破坏；

5）运料道路、工作区、构筑物、临时构筑物地基、剩余材料或废料堆等临时施工设施应在工程最终验收前完全移除。

（9）历史和考古资源

若遇到史前古器物、人类骨骸或其他文化古迹等历史或考古资源，应立即停止施工，并通知雇主/项目管理承包商。

（10）侵蚀与泥沙防治

应根据适用要求制定并采取以下侵蚀与泥沙防治措施：

1）在土壤中或开挖区域含有水的地方应采取合理预防措施；

2）因施工作业而裸露的土壤区域应最大限度地予以保护，恢复原貌；

3）平整采用的土方工程应根据工程要求完工；

4）边坡在初步土方平整完工时应予以防护；

5）土方工程的规划和实施应尽量减少无防护土壤的暴露时间。

（11）污染防治与废物最少化

施工作业应最大限度减少有害物质的使用，并消除或最大限度降低排放到环境中的污染物。国际工程项目中，提交雇主/项目管理承包商审查通过的有害污染防治和废物最少化计划的优先事项应包括：

1）源头减量；

2）包装废物最少化；

3）回收和重复利用；

4）按要求处置。

（12）建筑垃圾管理

建筑垃圾包括建筑材料、包装材料以及基础设施建造和维修产生的碎石等固体废物。这些无害固体废物是施工作业产生的主要废物。

建筑垃圾管理应遵循以下原则和要求：

1）无害固体废物应收集到废物产生点或附近的指定容器中；

2）工作区的垃圾碎片应及时清理，防止垃圾碎片在大风中飘散；

3）施工现场的固体废物应根据需要及时清除，以保持工地整洁；

4）严禁焚烧任何杂物或垃圾；

5）所有建筑和拆毁废墟应按照适用监管要求予以处置。

国际工程项目中，若承包商未能如上所述要求保持工作区整洁干净，并没有达到雇主/项目管理承包商满意的程度，或者在收到雇主/项目管理承包商书面通知后，未能及时进行清理或清除，雇主/项目管理承包商有权代表承包商清理或清除这些垃圾而不再通知承包商，并代表承包商将清除的垃圾储存在指定地点，风险和费用由承包商承担。承包商应立即补偿雇主/项目管理承包商垃圾清理、清除和储存费用，包括雇主/项目管理承包商产生的相关管理成本。

2.12.2 卫生与清洁管理 Hygiene and Sanitation Management

承包商应保持工作区干净整洁，督促作业人员形成卫生与清洁习惯。

（1）饮用水管理

1）保障饮用水的供应，并且定时检查、监测饮用水质量；

2）可移动的饮用水储存容器应配备水龙头，不可在储水容器中舀水饮用；

3）饮用水储存容器上应明确标注其盛装的是饮用水，不得他用；

4）在现场需指定人员专门负责维护饮用储水容器，并确保其他人员不得随意开启饮用储水容器；

5）非饮用出水口应设置明确的警示标识，其不适于饮用或用于清洗；

6）应定期清洗饮用储水容器；

7）每个饮用储水容器旁应备有一次性水杯，并提供足量的垃圾箱，用于丢弃一次性水杯。严禁现场人员直接从储水容器中饮水。

（2）厕所管理

1）厕所设施应根据计划人数，按照 20 人 1 个蹲位进行设置；

2）所有工作现场的厕所设施应使用水、化学品和洗涤剂进行维护和清洁，且根据厕所使用情况确定清洁次数，保证每日至少清洁一次；

3）现场的可移动厕所应进行科学合理布置，覆盖所有的有效工作区域；

4）多层建筑中，每个厕所最多两层共同使用。

（3）员工清洁管理

1）将工具和施工材料放在合适的容器中；

2）将垃圾、废物和废料放在合适的容器中；

3）安全妥善存放物资；

4）将烟头放在烟灰缸中；

5）将小件物品放在收纳盒或收纳箱中；

6）清除地板上的工具、焊条头和金属碎屑；

7）确保工作台仅有手边工作所需工具；

8）随着工作项目进展，及时清理工具和工作区；

9）将线缆和软管保持在头顶上方至少 2.1m 以上间距或者将线缆和软管在通道边放平；

10）所有材料、工具和设备保持在稳定位置（捆住、堆放、楔住），防止滚动或掉落；

11）保持工作区的通道畅通；

12）保持走道、楼梯干净整洁，并及时清除垃圾。

2.12.3 警示牌和路障 Signs and Barricades

在拖地或清洁地板前，应在所有可能的进出通道设置"小心地滑"的警示牌或路障，且在不需要时应立即将警示牌和路障移除。

2.12.4 草坪修整 Lawn Care

进行草坪修整时，操作工应注意以下事项：

（1）操作人员必须熟悉所使用的设备及工具，除操作人员外，严禁其他人员操作草坪割草机。

（2）在有人员靠近草坪时，应关闭除草设备。

（3）在使用肥料、除草剂和杀虫剂等化学产品前，应阅读标签或与其对应的化学品安全技术说明书（MSDS），做好个人防护。

2.12.5 通道管理 Access Management

所有工作区的进出通道不得有任何障碍物，应保持通畅。通道日常维护人员应注意以下事项：

（1）向主管确认进出基坑、设备区、建筑物和工艺区的通道或通路。

（2）及时清除走道和楼梯的障碍物。

（3）确保楼梯未被阻隔。

（4）确保紧急出口警示标识清楚，且无障碍物。

（5）严禁遮挡应急通道。

2.12.6　跌倒或滑倒 Slips or Trips

行走时应注意行走安全，尤其是在拥挤区，应注意以下事项：

（1）注意脚下。

（2）腾出双手以保持平衡。

（3）应特别注意不利的天气条件（如冰、雪、淤泥和闪电等）。

（4）清除道路上的溅洒物。

（5）上下楼梯紧握扶手。

（6）穿防滑鞋。

（7）在走道和指定通道通行。

（8）保持工作区干净敞亮。

2.13　应急管理 Emergency Management

2.13.1　紧急疏散 Emergency Evacuation

承包商应编制自然灾害和项目紧急疏散的应急预案，承包商应告知其员工及其分包商员工潜在的危险，紧急信号和主要疏散路线，并定期进行演练。

2.13.2　医疗急救和报告 First Aid and Injury Reporting

（1）急救人员和物资配备

1）承包商应按要求在施工现场建立医疗站并配备救护车和医护人员；

2）承包商应对受伤人员提供及时的医疗救助；

3）承包商应确保每15名作业人员中，至少有一人能够在施工现场实施急救，施救人员必须持有当地相关机构发放的有效急救培训合格证书；

4）承包商应提供足够数量的急救箱和急救物资，并使用单独密封包装的防水容器进行存放，确保在需要时，急救物资易得易取；

5）急救箱中的物品在送往施工现场之前，承包商应检查其完整性和有效性，并且在施工期间至少每周检查一次，并及时补充用尽或更换过期的物品；

6）承包商应提供合适的救护设备，以便将受伤人员及时运送至医疗服务机构，承包商应将医疗服务机构和救护车服务的电话号码和地址张贴在明显的地方。

（2）事故与医疗程序

1）承包商应每日记录经急救处理的所有人员信息。

2）承包商应确保其分包商遵守医疗人员、物资配备和管理的相关要求。

3）承包商应完成并存档符合雇主/项目管理承包商要求的初步工伤报告和事故调查报告，并在事故发生 24h 内向雇主/项目管理承包商报送。

4）承包商所有事故（包括未遂事故）立即通知雇主/项目管理承包商的 HSE 代表，并在报告后 24h 内提交一份调查报告。所有调查报告和支持文档应提交给雇主/项目管理承包商的 HSE 代表。

调查报告应包含以下信息：

a. 根据相关监管机构的要求，填写表格所需的与职业伤害或疾病有关的信息；

b. 事故原因分析和纠正措施；

c. 急救处理实施记录；

d. 医疗处置过程的原始文件资料。

5）承包商应遵守雇主/项目管理承包商重返工作岗位要求，保证因职业伤害或疾病而导致暂时或局部残疾的员工，在恢复正常工作能力之后重返工作岗位。

6）所有涉及工伤赔偿应立即报告给相关保险公司。

（3）救护

1）承包商作业人员应立即将职业疾病或伤害报告给承包商的急救服务部门；

2）承包商应将处理和报告的所有伤害和疾病（工作相关疾病）记录在日常急救日志上，日常急救日志应包含人员姓名、工号、班组长、伤害性质和原因、治疗方式、日期、时间和急救提供者姓名等信息。承包商应保留这些信息以便雇主/项目管理承包商审查。

（4）轻微伤员的管理

通常无需救护车服务的伤员为受轻微外伤、异物进入眼中、轻微扭伤等受到伤害的员工。

承包商应提供合适的救护设备，派一名代表驾车将受伤员工送至医疗机构处，并在医疗机构处等候员工返回工作岗位。如受伤员工当天可以返回作业现场，应带上医疗机构开具的一份证明，证明中应包含日期、人员姓名、重返工作岗位的日期、再次就医的日期（如适用）、诊断结论以及医疗机构的签字和地址等信息。如受伤员工当天无法返回作业现场，运送受伤人员的员工应将以上资料带回作业现场并立即报告雇主/项目管理承包商。

承包商应指定一名员工管理所有伤害、疾病案例相关文件并建档，并将所有相关证明（医疗证明或其他证明）保存在档案中，以便雇主/项目管理承包商检查这些文件。

（5）危重伤员的管理

需要救护车服务的情况一般为头部严重受伤、异物嵌入眼内、截肢和心脏病发作等。

需要呼叫救护车服务时，应遵循下列要求：

1）联系承包商急救医护人员或经过急救培训合格的人员到场；

2）在实施急救时，承包商应联系救护车服务；

3）在运送伤员途中，承包商应联系所要就诊的医疗机构；

4）应指定一名承包商代表陪同受伤员工去医疗机构，并在医疗机构等待最终诊断结论或其他相关资料；

5）应将所有涉及工伤赔偿要求报告给保险公司；

6）承包商应立即通知雇主/项目管理承包商。

（6）人员死亡或3名及以上人员住院治疗

承包商应立即通知下列相关人员：

1）当地职业安全与健康管理局代表；

2）警察局；

3）雇主/项目管理承包商现场经理；

4）雇主/项目管理承包商HSE经理；

5）保险公司；

6）项目所在地死亡人员国籍使（领事）馆。

第 **3** 章

国际工程高风险作业安全管理

High Risk Work Activities Safety Management of International Projects

　　风险管理是项目成功的关键所在，国际工程项目 HSE 管理只有坚持以风险管理为核心，以加强高风险作业安全管控为重点，才能保持和创造良好的 HSE 管理绩效。本章系统介绍了涉及起重吊装作业、脚手架作业、临时用电作业、挖掘作业、高处作业、受限空间作业、动火作业及射线作业等高风险作业的管理要求和安全技术措施。旨在使读者系统了解国际工程现场高风险作业安全管理的内容、方法和技术要求，做好预防预控，避免发生安全生产事故。

3.1 起重吊装作业 Lifting Operation

起重吊装作业是项目建设过程中的高风险作业，是项目建设安全管理的重中之重。起重吊装作业主要包括使用桥式起重机、门式起重机、汽车式起重机、轮胎式起重机、履带式起重机、塔式起重机、桅杆起重机、升降机、内爬起重设备、简易起重设备（捯链、千斤顶）和辅具（如吊篮）等。

承包商起重吊装作业人员和起重吊装管理人员必须严格执行吊装规定，保证起重吊装作业零事故。

3.1.1 相关定义 Definitions

（1）设备类

起重机是指在一定范围内垂直提升和水平搬运重物的多动作起重机械，主要包括起升机构、运行机构、变幅机构、回转机构和金属结构等。

1）起升机构是起重机的基本工作机构，大多是由吊挂系统和绞车组成，也有通过液压系统升降重物的。

2）运行机构用以纵向、水平运移重物或调整起重机的工作位置，一般是由电动机、减速器、制动器和车轮组成。

3）变幅机构只配备在臂架型起重机上，臂架仰起时幅度减小，俯下时幅度增大，分平衡变幅和非平衡变幅两种。

4）回转机构用以使臂架回转，是由驱动装置和回转支承装置组成。

5）金属结构是起重机的骨架，主要承载件如桥架、臂架和门架可为箱形结构或桁架结构，也可为腹板结构，有的可用型钢作为支承梁。

起重机按照行走、操作方式分为：固定式起重机和移动（流动）起重机。

1）固定式起重机：桅杆起重机、液压提升起重机、桥式起重机、门式起重机、塔式起重机、升降机等。

2）移动（流动）起重机：汽车式起重机、轮胎式起重机、履带式起重机、随车起重机等。

（2）吊装分类

1）常规吊装

一般来说，常规吊装是指一次吊起的重物少于起重机额定起重量 75% 的吊装。常规吊装分为以下两类：

A 类常规吊装是指吊装重物小于 5t，或 20t 以下且不超过起重机一次吊装额定起重量的 50% 的吊装；

B 类常规吊装是指吊装重物为 5~60t 且超过起重机一次吊装额定起重量的 50% 但不高于 75% 额定载荷的吊装。

2）关键吊装

关键吊装包括但不限于：

a. 吊物重量 60t 以上；

b. 新工艺或多台起重机抬吊同一工件（不含尾部起重机）；

c. 卧式安装直线长度大于 70m；

d. 立式安装高度超过 60m；

e. 被吊物结构特殊或薄壁、柔性结构；

f. 被吊物重量超过起重机额定起重量的 75% 或更多（除非重量标准变化）；

g. 在关键过程中需要取料、运移或卸载被吊物；

h. 在距通电架空电力线路 10.06m 以内或危险区域进行起重作业；

i. 多个起重机联合起升（不含尾部起重机）；

j. 涉及非常规的或技术难度高的起重作业。

3.1.2 基本要求 Basic Requirements

（1）相关人员职责

1）分包商职责

a. 编制吊装作业专项技术文件，组织专项技术文件审查、审批，开展工作安全分析（JSA），做好吊装作业前的安全交底；

b. 负责组织专家论证，根据论证意见完善专项技术文件；

c. 根据批准的专项技术文件配备所需资源；

d. 负责落实吊装作业的各项安全措施，及时组织整改存在的问题；

e. 负责按要求申请和审批吊装作业许可证；

f. 负责按批准的专项技术文件，实施吊装作业。

2）起重主管职责

a. 监督所有吊装操作的筹备和安全执行；

b. 需要时准备关键吊装计划；

c. 准备关键吊装许可证（按流程提供有关起重机和吊装的工作许可证）；

d. 为关键吊装作业准备吊装清单；

e. 确保所有的吊装符合相关规定；

f. 评估现场起重机指挥员和操作员的资格，确定其是否有资格执行所分配的工作；

g. 委派合格的现场指挥员和操作员。

3）吊装指挥（副指挥）职责

a. 按照吊装作业专项技术文件规定，使用规定的指挥信号进行指挥；

b. 及时纠正起重作业人员的错误；

c. 试吊中检查全部机具、地锚受力情况，发现问题应先将工件放回地面，故障排除后重新试吊，确认一切正常；

d. 指挥吊装时，应确保人员、设备的安全，重物就位前，不允许解开吊装索具；

e. 对可能出现的事故，应及时采取必要的防范措施。

4）驾驶员（操作员）职责

a. 按吊装指挥所发出的指挥信号进行操作；

b. 对紧急停车信号，不论由何人发出，均应立即执行；

c. 在制动器失灵、安全装置失灵、吊钩螺母防松装置损坏、钢丝绳损伤达到报废等级的情况下禁止起重操作；

d. 无法得到吊装指挥信号或起重指挥信号不明确时应停止操作；

e. 在停工或休息时，不得将吊物、吊笼、吊具和吊索悬吊在空中；

f. 在起重机械工作时，严禁对起重机械进行维修；

g. 禁止在有载荷的情况下调整起升、变幅机构的制动器；

h. 放下吊物时，严禁自由下落（溜），不得利用极限位置限制器停车。

5）起重工职责

a. 听从吊装指挥的指挥，并及时报告险情；

b. 根据物件的具体情况和起重作业技术方案的要求，选择合适的吊具并保证正确使用；

c. 吊物捆绑必须牢靠，吊点和吊物的重心应在同一垂直线，捆绑余下的绳头应紧绕在吊钩或吊物之上，多人绑挂时，由一人负责指挥；

d. 禁止在吊钩、吊物下停留，因特殊情况进入悬吊物下方时，必须事先与吊装指挥和起重机操作人员联系，并设置支撑装置，不得停留在起重机运行轨道上；

e. 吊挂工件时，起吊绳、链所经过的棱角处应加衬垫，吊运零散的物件时，必须使用专门的吊篮、吊斗等器具；

f. 不得绑挂与地面或其他重物相连、埋在地下或起吊重量不明的工件；

g. 人员与工件应保持一定的安全距离。

（2）相关人员任职条件

在现场工作开始之前，起重作业等相关人员均必须向雇主/项目管理承包商提交资质证明并得到批准。

1）人员任职条件

a. 起重主管：合格起重管理员必须由现场管理层决定，需具有起重方面的经验和知识，能够在项目中安全管理吊装作业，并得到第三方合格证书，证明其经过培训并具备检查起重计划的能力。合格证书必须提交雇主/项目管理承包商进行批准。

b. 驾驶员（操作员）：必须经过培训，顺利通过评估，并被授权操作相应型号和起重量的起重机，并掌握特殊机器、机械系统、工具的使用及性能，且必须根据当地政策要求得到许可证书。

c. 吊装指挥（副指挥）：经过雇主/项目管理承包商批准，具有丰富实践起重经验、技术水平较高、组织能力较强，且充分了解起重施工技术文件的规定。

d. 起重工：必须经过必要培训、具备安全操作经验，并由起重主管根据对其能力的评估指定为合格起重工，并取得当地政策要求的操作证。

e. 起重工程师：应经相关专业知识教育、具有大学学历及相关专业工作经验的工程师。

f. 安全检查员：是指有能力识别起重作业危险及潜在危险，以及预测起重作业危险引起周边环境的危险，且有权采取及时有效的措施来消除上述危险的人员。

2）吊装技术文件编制和审核人员条件要求

吊装作业应编制吊装技术文件，并按要求审核批准，关键吊装作业技术文件应报送雇主/项目管理承包商确认。吊装技术文件编制和审批人员的资格应符合表 3-1 要求。

3）吊装作业安全质量保证体系岗位职责

吊装作业准备和实施过程中，吊装作业安全质量保证体系应运转正常，以确保吊装作业安全。岗位职责应符合表 3-2 的规定。

（3）关键部位及吊装作业管理

1）吊耳管理

a. 吊耳的设计应符合：

文件编制和审批	常规吊装作业	关键吊装作业	职责
吊装方案编制	起重工程师 （工作经验 5 年以下）	起重工程师 （工作经验 5 年以上）	现场调查和吊装机具调查、选用； 编制吊装方案和吊装计算书； 吊装方案技术交底； 监督吊装方案的实施； 提出补充方案
吊装方案校核	起重工程师 （工作经验 5 年以上）	起重工程师 （工作经验 10 年以上）	校核吊装工艺； 校核吊装计算书
吊装方案审核	起重主管	起重主管	审核吊装工艺； 审核吊装机具选择及布置合理性； 审查吊装安全技术措施； 审查进度计划、交叉作业计划； 审查劳动力组织
吊装方案批准	项目技术负责人	单位技术负责人	吊装方案确认、批准

岗位职责 表 3-2

管理层级	岗位	职责	备注
决策层	吊装总、副指挥	全面负责吊装作业	
管理层	吊装责任工程师	吊装方案实施过程的监督和技术指导	
	机械责任人员	起重机械保养运行的技术指导	
	安全责任人员	安全监督和检查	
	质量责任人员	吊装作业质量检查	
	材料责任人员	吊装作业所需材料的检查和确认	
指挥层	起重主管	负责劳动组织、进度计划、安全、质量	
	吊装方案编制人	吊装方案编制及方案实施中的技术工作	
	专职安全员	吊装作业安全质量检查	
	吊装指挥	试吊和正式吊装作业指挥	
	吊装副指挥	试吊和正式吊装作业副指挥	
作业层	作业班、组长	组织岗位作业	
	起重机操作员	起重机操作	
	起重工	岗位作业	
	维修工、电工	起重机械维护保养	
	测量员	吊装方案规定部位监测	

a）吊耳自身强度和工件局部强度满足要求；

b）吊耳材质与工件材质相同或接近；

c）不锈钢和有色金属设备吊耳加强板材质与设备相同；

d）吊耳形式、方位及数量应满足吊装工艺要求。

b. 吊耳与吊耳加强板的材料必须有质量证明文件，且不得有裂纹、重皮、夹层等缺陷；

c. 吊耳焊接应按设备本体焊接工艺进行；需整体热处理的设备，吊耳须与设备一同热处理；

d. 吊耳与设备筒体连接焊缝需进行 100% 无损检测（MT、 UT）。

2）关键吊装作业管理

a. 进行关键吊装作业时，必须办理关键吊装作业许可。

b. 在进行关键吊装作业之前，经批准的关键吊装作业许可的副本、吊装方案以及相关起重图纸都必须放在起重机驾驶室中，原件放在现场。

c. 关键吊装准备工作完成后，应由雇主/项目管理承包商组织相关方面联合检查。必要时，要求承包商组织专家论证。检查主要内容：

a）作业人员已进行技术交底并熟悉其工作内容；

b）起重机械及吊装索具的选用和布置与方案一致；

c）起重机械的安全检验合格标识和吊索具的质量证明文件以及清洗、检查、试验的记录；

d）隐蔽工程（地锚、地基处理等）的记录；

e）工件摆放方位的确认；

f）备用工具、材料的配置；

g）一切妨碍吊装作业的障碍物已妥善处理；

h）吊装方案中所规定的施工道路及场地坚实平整；

i）其他必要的检查。

d. 关键吊装前必须进行试吊。联合检查完成后，起重机在指定位置，调整好作业参数后，设置吊装索具，确认达到吊装条件后进行试吊。主起重机及抬尾起重机将工件吊离地面 200mm 后，主起重机及抬尾起重机暂停作业，检查起重机受力后的情况：

a）检查工件吊点处、变径处、变厚处等设备、结构的危险截面应力情况；

b）观察细长工件挠度情况；

c）检查起重机支腿处地基变化情况；

d）检查起重机、索具受力情况。

3）特殊情况下关键吊装作业的安全管理

超过额定能力 95% 的移动式起重机开展关键吊装作业时需要起重工程师在现场进行观察。经雇主/项目管理承包商 HSE 经理批准，载重能力已根据当地政府或协会明确指示的架空桥式起重机或龙门式起重机的永久安装可免去此要求。

3.1.3　管理要求 Management Requirements

（1）基本要求

1）起重机以及吊装设备、索具必须符合适用的法规；

2）任何涉及起重机的活动（包括组装和拆卸）在 10m 范围内可能与动力电缆线相接触的部分，均需要制定和实施特殊控制，或参照架空电力线附近工作规定要求。

（2）吊装点管理

作为最低要求，每个重大设备均需要指定吊装点，并按如下要求进行操作：

1）确保必要的许可、规定和流程都已准备到位，并在吊装过程中执行到位；

2）确保所使用吊装设备都经过必要的检查；

3）确保从事吊装作业的员工都受过培训，并取得相应证书，而且进行了适当的记录；

4）明确吊装作业的类别和级别；

5）准备关键吊装计划；

6）按吊装计划执行所有的吊装作业。

（3）起重机械设备采购和租用管理

国际工程项目中，起重机械设备的采购和租赁必须具有使用材料质量证明文件、操作说明书（型号、规格、起重量、操作模式）。

（4）驾驶员（操作员）管理

汽车式起重机、轮胎式起重机（包括带随车起重机的卡车）的驾驶员应符合以下条件：

1）项目所在国家有效的驾驶执照；

2）思维敏锐，具备安全驾驶机动车的身体素质；

3）认真负责；

4）由项目经理或其指定人委派进行该操作。

驾驶证的管理应遵循以下原则和要求：

1）驾驶证的所有限制将自动适用于驾驶汽车式起重机、轮胎式起重机；

2）驾驶员在开车时必须随身携带驾照，并在授权人员检查时予以出示；

3）证件和签署文件必须在该员工的个人档案中留存；

4）HSE 经理必须知晓关于该证件和签署文件的所有变化（如吊销或暂停使用）；

5）驾驶证被暂停、吊销或受到其他影响时，不得再担任该项目驾驶员；

6）有起重操作合格证的驾驶员也可以是起重机操作员。

（5）吊装机具使用维护

1）吊装设备管理

吊装设备管理必须满足以下原则和要求：

a. 必须在吊装现场保留所有吊装设备的注册信息以及其检查和维修记录。

b. 必须在吊具和吊梁上清楚地标明其起重量，吊索、链条、吊钩以及钩环上也必须标记其起重量。

c. 吊装指挥应每天对吊装设备进行使用前检查；专业人员根据制造商的建议应至少每月一次对吊装设备进行定期检查。检查应记录在施工设备和轻型车辆的每月检验报告中。

d. 当吊装设备被磨损或损坏到一定程度，专业人员认为无法修复时，必须停用并按照要求切割销毁，并在吊装设备注册表中进行相应的修改。

2）起重机管理

起重机的组装、拆卸必须按照制造商的说明、限制和规范进行，组装后还应按照制造商的规定和对应标准对起重机进行负载测试。

起重机检查应遵循以下原则和要求：

a. 专业人员应对起重机进行日检和月检并记录。

b. 专业人员应对"经常使用的设备"和"不经常使用的设备（闲置 90 天或以上）"进行年度检查和记录。

c. 指定的检查人员和专业人员，必须按照雇主/项目管理承包商 HSE 规定记录在案。

d. 起重机抵达到现场时，必须提供一份定期检查结果的复印件。若最近一次检查在 1 年前进行的，或雇主/项目管理承包商的吊装主管有要求时，则应重新对起重机进行检查，且该检查必须按照标准的年度起重机检查模式和内容进行。

e. 操作起重机之前，必须对起重机进行检查，确保没有机械缺陷或安全隐患。若起重机需要维修，可拒收并返回给供应商。承包商项目经理和 HSE 经理应参与检查和作出返厂的决定，并将检查报告复印件提供给供应商。

f. 日常检查和月度检查报告中应详细记录检查发现的问题和整改措施。

g. 对于存在可能对操作员、驾驶员或地面工作人员的身体带来伤害等问题的起重机，必须贴上"危险！请勿使用"的标签，并禁止使用。

起重机测试：

负载测试和功能测试中，最大吊装半径、最大吊装负荷下的负载测试一般在雇主/项目管理承包商监督下进行，主要是检测以下内容：

a. 确保负载指示装置正常工作，且负载指示器的精度为实际负载的 100%±10%。

b. 确保起重机卷筒的过载功能工作正常，且当最大起重量达到最大半径时脱离（仅适用于有负载力矩系统的起重机）。

c. 确保吊臂在吊装物体时可以伸缩自由（如果供应商规定了其特定的臂长和吊杆的使用角度，那么可不具备伸缩功能）。

d. 确保平稳放开刹车，且能足够抓取负载物。

e. 确保在最大操作半径时，起重机必须稳定。

f. 确保起重机可以进行回转、提升和伸缩吊臂等多功能操作。

g. 确保操作员必须基础扎实、精通和熟悉机器和安全系统，并能读取和了解负荷图表。

h. 最大半径负荷试验必须选择在风险最低的地方进行。最大半径负荷试验应保持附着被吊物距离地面 0.3m 以上高度，直到达到起重机的最大限度，然后将吊臂收缩回原始状态。

i. 测试中使用的测试重量必须经过认证，并确保误差在 5%以内。

3）吊钩下的吊装设备管理

所有吊钩下的吊装设备必须具备证书，证明其已通过其额定负载 125%的载荷测试。

吊钩下的吊装设备必须贴上标签或进行标记。

4）吊环和附件管理

在吊装前必须检查吊环和附件，检查应包括以下内容：

a. 检查所有部件的大小和数量，确保角撑板和加强板等所有部件均已根据图纸安装；

b. 检查起重附件的位置和方向是否符合图纸和规定；

c. 检查吊耳的连接焊缝是否与图纸一致；

d. 发现任何损坏或不合格时，必须提请起重主管注意。

5）吊索管理

吊索管理应遵循以下原则和要求：

a. 所有吊索必须按照当地有关要求进行标记；

b. 所有吊索必须附带已通过工作载荷 200%的测试并标明安全的工作载荷、尺寸和标识的测试证明；

c. 所有吊索必须根据当地关于频繁和周期性检测的要求，周期性进行检测。不能满足最低要求时，应撤离现场。

6）维护和维修

设备维护和维修管理应遵循以下原则和要求：

a. 授权进行起重机维护和维修的人员必须持有相应资质；

b. 起重机和索具的维修以及部件的更换必须由原制造商、制造商代理或经相关方批准的制造厂进行；

c. 任何更换件必须与原件相同或等同；

d. 维修后的起重机必须经有资质的人员按年度检测的标准进行检测，并经重新认证后才能再次使用；

e. 索具设备维修或更换承力件须开展"验证载荷"测试，然后再进行彻底地检查，并必须获得标明工作承载限制、安全工作载荷和验证载荷的测试证明。测试证明和维修或更改记录应放在装配设备注册处。

7）改装管理

设备改装管理应遵循以下原则和要求：

a. 没有制造商的书面批准，任何个人不得对起重机车或索具进行可能影响性能或安全操作的改动或修改；

b. 不影响起重机和索具能力或安全操作的改装应根据国家或地区标准进行设计和制作，更改的设计需经专业领域设计权威批准；

c. 改装后，如果适用的标准需要进行验证测试，则必须提供说明工作承载限制、安全工作载荷和验证载荷的测试证明。

8）起重工管理

a. 起重工需经过培训（包括声音、电子通信信号及手势信号等）；培训后，由具有资质的第三方或雇主/项目管理承包商、有资质的评估方对起重工颁发资质认证，并负责做好新购买索具的标记、验证、载荷测试和检测，以及日常安全检查等工作；

b. 起重工在每班使用前应对钢丝绳和其他装配设备因延长使用或错误使用而造成的损坏或退化迹象、部件、标识或载荷测试信息、检测标签或标识符等进行彻底检查；一旦发现以上方面有缺陷或问题，必须在设备上张贴"危险标签-不准使用-返厂维修"标记；

c. 检查员需每月对所有钢丝绳及索具装备进行检查，并在月度检测的内容上进行检测标识或标签的标注。检测标识或标签内容需至少包括设备或零部件的描述或 ID 号码、检测员、检测日期等。

3.1.4 起重机与起重操作 Crane and Rigging Operations

（1）基本要求

1）起重机文件管理

操作时，必须在起重机内存放下列文件，包括但不限于：

a. 交接班作业前完成的检查记录；

b. 最近每月检查记录；

c. 最近年度检查记录；

d. 起重机工作区域检查报告；

e. 操作手册；

f. 载荷示意图；

g. 载荷传感器校准证明（如有）；

h. 特殊升降机工作许可以及任何适用的相关起重图纸。

2）起重机内标签（标牌）管理

承包商应制作符合当地法律法规要求的操作速度、特殊危险警告、操作提示以及特殊说明等标签（标牌），并张贴在控制室内操作员能看到的地方。

3）起重机周围路障设置

必须根据项目有关路障、信号与警示标识要求，在起重机旋转操作室的回转半径以内或起重机旋转上部结构平衡配重的回转半径以内可接近区域设置围护。

4）吊装方案要求

关键吊装应提供吊装方案，吊装方案应有标注影响吊装必须清除或在吊装作业完成后才可安装的基础与设备的吊装平面图与立面图，吊装方案必须包括以下内容：

a. 工件与起重索具在内的升降总重量；

b. 吊装平面图，包括起重机占位、工件摆放位置、标注影响吊装必须清除或在吊装作业完成后才可安装的基础与设备；

c. 吊装立面图，包括起重机吊臂、工件与潜在障碍之间的关系与最小间隙；

d. 吊点的连接，包括钩链、吊索以及平衡梁尺寸、长度以及能力；

e. 起重机型号及所使用起重机的工况；

f. 吊装平面、立面图中未标清的部分应有详细的书面描述。

5）人员管理

a. 起重机驾驶员、起重工必须经过培训且拥有工作经验，并拥有塔式起重机相应操作证书；

b. 每次起重机移动至新工作地点时，起重机驾驶员必须检查起重机即将工作的区域，并将结果记录在起重机工作区域检查报告中；

c. 起重机驾驶员、加油工不得佩戴娱乐耳机；

d. 禁止员工乘坐起重机正在操作的物体；

e. 在起重机作业时，不得对设备进行润滑，除非获得制造商指导说明允许；

f. 除被批准的特殊情况外只能安排一位起重机驾驶员，禁止起重机用作人员运输；

g. 专业工程师必须证明起重机地基与基础承载力足够支撑塔式起重机进行最大吊装作业活动；

h. 用溜绳控制载荷的摇摆；

i. 指挥起重机驾驶员的手势必须是国际标准规定的手势，且适用于任何起重机；

j. 所使用的手势说明必须醒目地张贴在项目现场；

k. 仅有一人可以履行信号指挥的职责。特殊吊装需要 2 个起重工的情况除外，严禁其他无证人员在吊装过程中进行吊装指挥。

（2）起重机操作安全

1）基本要求

a. 起重机（活节悬臂起重机除外）必须配备吊臂角度与半径指示器、转角指示器。

b. 可变吊臂角度的起重机必须配备驾驶员易于观察的吊臂角度指示器。

c. 载重能力表包括与起重机相关的配置信息，必须放在起重机内，确保随时可用。专业载重能力表与特殊起重机的表必须在表中显示配置与起重机序号，且正在使用的起重机配置必须与序号相符合。

d. 对于所有静态升降操作，原则上提起的总载荷（包括所有减除额）不得超过起重机载荷表中实际配置与升降机半径的 95%。对于所有起重机负重行走的升降操作，总提起载荷（包括所有减除额）不得超过起重机载荷表中实际配置与升降机半径的 90%。极端情况下，在经过承包商起重主管和起重工程师事先检查、同意，并且承包商起重工程师在现场时，可超过此限制。每次提升高于或等于最大能力 90% 的载荷时需要使用制动器，每次升降前，操作人员必须检查制动器。

e. 对于架设任何高于地面 60m，或者是在距机场 6.1km 范围内，高于地面 30.5m 的结构（比如起重机吊臂），要求提前 30 天向当地航空管理部门发送通知。

f. 吊装半径测量时必须使用卷尺，吊臂角度指示器仅用作参考。

g. 在超过起重机最大允许风力或者在风速 9m/s 以上时，禁止进行升降操作。

h. 工件与起重机吊臂，或其他特殊结构组成部分之间的最小间隙，在起重机行走时不得小于0.9m。

i. 在负重行走之前，工件必须以控制或最小化摇摆的方式被系紧或固定。

j. 起重机驾驶员必须充分了解起重机所有操作特点与能力以及关于"车载式起重机"与吊臂卡车等不同类型起重机的规章制度；必须使用吊臂锁簧，并仅在要求吊臂下降时放开。

2）多起重机联合升降额定重量

在多起重机联合吊装作业时，每台起重机起重量不得大于起重机额定载荷的30%，除非满足以下条件之一：

a. 使用平衡梁或其他批准载荷平衡方式；

b. 可以通过计算确定或证明，在任何操作中，均不发生任何可感知的起重机间的载荷传递；

c. 可以通过安全可靠方式计算确定或证明，各自载荷的监控与每个起重机的控制能够通过故障保护方式来保证安全操作吊装作业。

3）起重机支腿垫板使用安全

所有使用带有支腿的起重机（如汽车式起重机等）吊装作业时，必须使用支腿。支腿下地基应有足够的承压能力，否则必须采用垫板或垫木加强地基承压力。除非可以通过计算、地基承载力试验证明，起重机在没有支腿垫板的情况下对起重机支腿压力不超过地基允许承重量。

4）支腿管理

a. 起重机支腿必须完全伸开或者按照起重机载荷表说明来设置支腿伸出程度。在准备移动吊臂或者开始吊装作业前，起重机的重量应完全从车轮转移到支腿上。

b. 汽车式起重机作业前，支腿应全部伸出，并在支撑板下垫好道木或路基箱，支腿有定位销的应插上定位销。底盘为悬挂式的起重机，伸出支腿前应先收紧稳定器。

c. 汽车式起重机作业时，不得扳动支腿操纵阀。调整支腿应在无载荷时进行，并将臂杆转至正前方或正后方。作业中发现支腿下沉、起重机倾斜等不正常现象时，应立即放下重物，停止吊装作业。

d. 任何情况下都禁止使用压缩板来代替道木或者路基箱。

e. 所有吊装作业必须符合制造商的设计、使用程序及说明书要求，并保持对地面最小冲击载荷。

（3）起重设备与硬件管理

1）基本要求

a. 运输、起重与吊装设备的放置与使用必须符合制造商规定或相关标准；

b. 禁止在未得到制造商书面批准的情况下擅自修改或更换运输、起重与吊装设备；

c. 在制造商以及雇主/项目管理承包商现场主管批准的特殊情况下，可对设备进行重新核定或修改额定。重新核定的设备必须进行使用升降机重量125%的测试载荷的动载荷测试，除非另有指导，否则动载荷测试必须包括在实际吊装作业全距离范围，进行载荷的升降、旋转与放低。

2）设计和测试

所有的起重设备，例如平衡梁、横梁、链带以及其他运载所有或部分提起载荷的装置，必须满足以下要求：

a. 结构许用强度设计必须使用 1/3 屈服强度或 AISC 许用应力与 1.8 的载荷系数；

b. 根据相关标准测试，达到额定载荷125%的需记录在测试报告中；

c. 根据相关标准标记，包括制造商名字与地址、标识号、重量与额定载荷；

d. 所有卸扣必须情况良好，并且卸扣上有载荷的永久标记。

3）吊带标识

所有吊带必须状况良好，根据相关标准进行载荷测试，并标有永久指示以显示以下内容：

a. 制造商名字或商标；

b. 使用的挂接装置类型、额定载荷及其吊装夹角；

c. 直径或尺寸与长度；

d. 吊带材料的类型与等级；

e. 对于合成材料吊带，制造商代码或材料编号。

4）吊具操作安全

a. 如果一套中的一条钢丝绳（例如悬挂索）需要更换，必须更换整套。产生扭线、破裂、局部扭曲；其他导致绳子结构变形的损伤；以及可能存在导致热损伤等缺陷的钢丝绳必须立即销毁或更换。

b. 用保护垫或其他方式保护吊装索具免受损伤。

c. 在吊装作业中保护尼龙、钢丝绳或其他易受损伤的吊索不被锐边或棱角损坏。

d. 在吊装作业中，封住并固定用于升降小物品的容器，以防止容器里的物品掉落。

e. 未经雇主/项目管理承包商批准，禁止使用吊索来起重板材货物（例如金属板与锅炉壁板）或其他板状物品。

f. 在没有吊装作业时，必须将起重设备储存好。

g. 卸扣或起重索具的容量或尺寸不得小于起重图纸或计划中所规定的值。

h. 除非明确规定，否则销轴直径至少为吊耳孔直径的 90%。对于直径小于 90% 的销轴，必须重新审核吊耳，保证较小的销子可以使用。

i. 在销子、曲柄钩或其他物品周围弯曲的吊索的额定起重量必须减至符合相关钢索效率曲线。

j. 除吊耳的销轴处外，禁止与暴露在外或未保护的钢丝绳和起重设备、不锈钢、非铁工厂固定设备接触。

k. 禁止用合成纤维吊带（片状或圆形）直接捆住或缠住结构钢材或任何其他可能接触到的尖锐边缘。起重工程师应批准要求使用保护衬垫来保护合成纤维吊带的做法。

l. 必须用临时木材垫板或其他经批准的备选材料来保护被吊设备，以防止受到由集中支撑点以及起重重物的移动所造成的损伤。完成涂漆的表面需要进一步保护，防止褪色、刮花、与圆凿或其他由于与吊索和起重设备直接接触所造成的影响。

m. 起重装置（例如绳子、吊索、钩链、吊梁与挂钩）必须在每次吊装作业之前进行目测检查。破损或不符合要求的吊索具必须贴标签并移出现场。

（4）吊装安全操作

在进行关键吊装作业之前，必须召开雇主/项目管理承包商、承包商和分包商及相关方会议，并完成以下任务：

1）审查工作计划和图纸中规定的程序、要求和细节；

2）审查安全条件，如天气隐患、逃生路线、应急预案以及消防设备和个人防护用品的位置；

3）指定关键人员，如起重工和溜绳控制工；

4）填写并签署所有要求使用的检查表和安全许可；

5）检查所有标识和围护的位置，确定工作区的安全边界；

6）讨论并考虑参与者认为确保安全作业的其他措施。

吊装时，应遵循以下原则和要求：

1）禁止任何人员位于被吊物下方；

2）禁止机动车辆和无关人员靠近吊装作业危险区域；

3）未经批准禁止吊装过程中对吊物进行焊接，避免损坏连接索具；

4）未经雇主/项目管理承包商的书面许可，禁止对任何容器或工艺设备进行焊接或切割；

5）雇主/项目管理承包商的现场经理或其指定的代表应具有发现不安全行为或危险情况时随时停止承包商工作的权利，直到问题得到纠正后方可允许开工；

6）经雇主/项目管理承包商批准后，方能在夜间作业，且照明必须提供足够亮度，确保夜间工作安全有效地进行。

（5）载人吊篮安全管理

载人吊篮为非必备设备，只有在因结构设计或工地条件导致其他工作方式非常危险或不可行的情况下才使用载人吊篮。使用载人吊篮时，应由有资质的结构设计人员设计，且载人吊篮不得作为电梯使用并不能超过其安全工作极限。

1）培训和审批

a. 使用载人吊篮需要获得承包商项目经理和 HSE 经理以及雇主/项目管理承包商批准；

b. 在开始涉及载人吊篮的工作之前，必须填写相关许可申请表，并获得所需的批准；许可证的复印件必须和原件一起放置在现场起重机的驾驶室内；

c. 载人吊篮授权许可人的委派和培训与受限空间进入授权许可人相同；此外，他们还应具备准备和实施关键吊装方面的知识；

d. 所安装的负荷和悬臂起重机鼓式制动器、转盘制动器和制动爪等锁紧装置，在载人吊篮静止工作状态下必须打开；

e. 涉及载人吊篮的起重工作必须与存在"自由落体"的区域绝对隔离；

f. 载人吊篮落地前，员工离开时必须用双挂绳和固定系统将其固定在结构上；

g. 高处作业时，作业人员不得离开或进入载人吊篮，如果在高处作业时需要进入和退出载人吊篮，必须制定和批准特定任务的工作安全分析（JSA）。

2）设计要求

载人吊篮设计应遵循以下原则和要求：

a. 载人吊篮的设计必须符合雇主/项目管理承包商的要求。设计载人吊篮上的起重吊环时，必须确保其稳定性。

b. 人员平台（不包括护栏系统和全身式安全带固定装置），必须能够无故障支持自身重量和最大预期负载 5 倍以上。

c. 必需配有 1069mm 的高护栏，以保护载人吊篮内的作业人员。其必须是实心结构或拉制金属网，开口不超过 130mm；门仅能向内打开，并配有防止门不慎打开的装置。

d. 载人吊篮上必须配有标牌，标注空载人吊篮的重量、容纳人员最大数量、载人吊篮的额定载重且保证载人吊篮实际载荷不能超过该重量。

e. 载人吊篮必须便于通过颜色或标识辨认。

f. 必须在载人吊篮内部提供离护栏 52mm 远的扶手杆，且焊接必须按照设计规定的等级、类型和材料并由经认证的焊工焊接。当员工可能会受到高空坠物伤害时，还必须在上方提供防砸保护。

g. 裸露的尖锐棱角和毛边必须打磨光滑，以防止手部受伤。

3）载人吊篮升降安全操作

载人吊篮升降应遵循以下原则和要求：

a. 作业前，应组织起重机驾驶员、起重工、作业人员和作业负责人召开载人吊篮作业前班前会，检查并学习工作前安全分析、作业许可、载人吊篮相关说明要求等；

b. 必须由资格胜任的起重工来指挥吊装升降载人吊篮；

c. 吊钩的型式必须是可以关闭并锁定的，此种型式的吊钩可以从本质上避免脱钩现象的发生；也可以使用带螺纹销子的卸扣或者定位销代替；

d. 钢丝绳锁具的环眼应采用编插加套环压制型式；钢丝绳、卸扣、吊环或者其他起重用具的安全系数最少为 5；

e. 当使用钢丝绳吊索具将载人吊篮挂在吊钩上时，钢丝绳吊索必须连接在单个卸扣或者吊环上；用于吊挂载人吊篮的吊索及相关硬件不能用于其他任何用处；

f. 除非使用牵引绳会导致更大的危险，否则必须使用牵引绳。

4）起重机设置和操作

起重机布置和操作应遵循以下原则和要求：

a. 起重机必须保持在 1% 的水平度内，并位于牢固的基础上。如有起重机支腿，吊装人员一定要根据制造商的规格使用。

b. 在载人吊篮悬空时，起重机操作员必须时刻保持发动机运转，且禁止起重机行驶。

c. 在吊升悬空的载人吊篮时，必须使用支腿垫片。

d. 被吊载人吊篮和相关索具的总重量不得超过起重机一次吊装额定起重量的 50%，且升降速度不得超过每分钟 30.5m。吊装钢丝绳的安全系数不小于 14。除非使用转动阻力绳索，否则绳索必须至少能无故障支撑最大预期负载的 10 倍。

e. 负载线起重鼓轮必须有控制（提供动力）负载降低的能力；禁止载人吊篮上部有自由落体，且必须绝对隔离。

f. 伸缩臂应进行标记或配备一个装置，以确保操作人员在任何时候都清楚地看到悬臂的延伸长度。

g. 必须使用工况正常的起重机，防止吊篮与起重机负载区或检修球和悬臂顶端（防碰撞装置）之间接触。

h. 在碰撞事件导致的损伤发生之前停止上升动作（"防止碰撞伤害"功能）。

5）检验和测试

起重机设置和操作应遵循以下原则和要求：

a. 应由专业人员对所使用的起重机和载人吊篮进行检查。起重机用于任何超过其额定起重量 50%的吊装时，应在作业人员进入载人吊篮吊装前，对起重机和载人吊篮进行检查。

b. 每个新位置首次吊装作业人员前，必须进行一个完整的吊装操作测试，且测试重量为吊装预期负载总量的 125%并持续测试 5min 以上。吊装操作测试完成后，应马上对起重机、载人吊篮和基础支撑进行目视检查，确定测试是否对部件或结构产生不利影响。

6）安全工作规程

a. 在提升、下降和放置过程中，作业人员必须保持整个身体都在载人吊篮内。一旦出现任何危险的天气条件或其他即将发生危险的迹象，必须马上停止吊装作业。

b. 作业人员进入载人吊篮之前，应将载人吊篮提升至略高于地面，检查其是否安全和平衡。

c. 必须保持被吊起的作业人员时刻在起重机操作员的视线内，并保持通信畅通。当操作人员无法看到手势信号或无法听到无线传播信号，必须马上停止所有操作，直至可以接收信号。

d. 进入载人吊篮的作业人员必须佩戴安全带，安全带挂钩必须连接在载人吊篮内指定的固定点或合适的结构件上。

e. 载人吊篮提升到高处时，起重工必须在载人吊篮内。

f. 仅需要执行特定功能的工具和材料才可放置于载人吊篮内吊装。

7）提升操作安全管理

每次提升操作时，操作员需确认：

a. 卷扬机无故障，操作安全；

b. 卷扬机应安装护罩；

c. 提升操作区域应有合理防护。

吊装方案中应包括如下起重操作的关键信息：

a. 提升物的重量；

b. 绞车配置时的提升能力；

c. 吊装物及索具总重占绞车能力的百分比；

d. 定期进行监督，保证吊装日志的准确性。

（6）直升机操作安全

1）直升机升降计划

在升降进行前，承包商项目现场主管、 HSE 经理应按照与直升机使用规则以及与物料处理起重设备所在国的要求，为工作实施制定详细的起重计划。计划应提交给项目现场主管批准，与永久记录一起在项目现场存档。

每次起重必须制定工作计划与飞行计划。当工作计划明确说明在一个常规计划工作日（8h 或 10h 轮班）中有多次吊装作业，则可仅编制一个起重计划，且在每次吊装作业之前至少有一次简单协调会议，提出对于飞行人员、管理员以及地面人员操作的持续计划。

此外，准备起重计划时，应包括但不限于以下内容：

a. 雇主/项目管理承包商批准的实施起重书面许可；

b. 书面飞行计划；

c. 直升机飞行人员执照与熟练度检查记录的副本；

d. 化学品安全技术说明书（MSDS）或航油安全数据页；

e. 直升机的保险凭单；

f. 供应商合同实施升降的副本；

g. 天气情况报告；

h. 飞行许可证；

i. 直升机飞行员必须具有驾驶外部负重直升机的资格。

2）升降操作安全

直升机起重应遵循以下原则和要求：

a. 飞行员决定起重载荷的尺寸与重量以及固定方式；

b. 承包商项目现场主管与飞行员共同依据天气情况决定是否可以进行起重、继续起重或是否取消吊装作业；禁止在危险天气（例如雷电、冰雹或大风）中进行吊装作业；

c. 吊装作业必须在白天进行；

d. 直升机装配工与信号员必须经过培训；

e. 承包商现场管理应采取防护措施来防止由直升机旋翼下洗流引起的危险;

f. 所有作业人员均应参加工作安全分析以及吊装作业前的联合会议,以建立良好的沟通程序;

g. 当要求作业人员为钩住或解开载荷而在悬空直升机下方工作时,应为作业人员提供安全接近方式来接近起重吊钩扣,安全将载荷连到吊货索上或从吊货索上解开;

h. 吊装作业区域的工作人员应按要求穿戴个人保护设备(PPE);

i. 工作人员应佩戴完整眼部保护设备以及由颌带固定的安全帽;

j. 不得穿宽松服装,以防被下洗气流绞住或被起重绳缠住;

k. 在吊装作业区域应有良好的内务管理;

l. 所有在吊装作业地点 30.5m 以内以及所有其他易受下洗流影响的区域内的散放材料,必须移走或固定,以防止产生位移;

m. 接触之前,必须使用接地装置去掉悬浮载荷上的静电;或者所有接触悬浮载荷的工作人员必须佩戴防护橡胶手套。

(7)变更管理

如果承包商现场经理确定吊装方案的要求会导致不必要的困难,可以通过其他方案安全完成工作,现场经理或指派人将采取以下措施:

1)发表一个声明和解释,说明暂停原有方案的具体要求,解释为何不适合,将采用何种方法来确保索具操作的安全性;

2)需获得项目现场 HSE 经理、现场吊装主管和雇主/项目管理承包商吊装主管的书面批准。

3.1.5 装卸运输工艺要求 Loading, Unloading and Transportation Process Requirements

(1)工艺要求

1)设备装卸可采用顶升法和吊升法:

a. 顶升法

a)平板拖车自顶升装卸;

b)液压千斤顶机械装卸。

b. 吊升法

a)流动式起重机装卸;

b)桅杆装卸,包括单桅杆、双桅杆和龙门桅杆装卸;

c）龙门式起重机和桥式起重机装卸；

d）浮吊装卸。

2）顶升法装卸至少应使用两台顶升机械，各顶升机械应同步作业（平板拖车自顶升装卸除外）。

3）吊升法装卸应计算出设备重心位置，根据设备重心位置选择设备吊点位置。吊升过程中应保持设备平衡。

4）拖排的结构和强度应满足设备运输载荷的要求；单拖排运输时，拖排长度宜为设备长度的 1/10~1/6，拖排的宽度应大于或等于设备直径的 2/3。

5）拖车运输使用尾车时，重车应设置转盘。尾车支点的设置应使重车和尾车所受载荷合理分配，同时满足拖车转弯半径和道路坡度的要求。

6）设备装卸车时，其方位应符合吊装方案所规定的方位。

（2）设备装卸运输支吊点

1）设备装卸运输支吊点数量不宜少于两点，设备外悬长度宜为设备长度的 1/5，必要时，通过计算确定。

2）支吊点的设置应避开设备外部短管、保温支撑圈、加强圈和筋板等部位，支吊点宜设置在设备内部有支撑圈处。

3）设备运输宜使用木制或钢制鞍式支座，支座包角应大于 90°，支座高度宜尽量降低。

4）应校核设备支吊点处的局部应力，对有衬里的设备、大直径或薄壁设备可采取以下降低局部应力的措施：

a. 设备内部设置支撑；

b. 捆绑绳与设备之间垫方木；

c. 增大支座包角或宽度；

d. 增加支点数量。

5）设备运输时，鞍式支座、设备与运输机具间的连接和固定必须安全可靠，拖车运输时应对称平衡封车。

6）不锈钢、有色金属的设备和钢制支座之间应加垫非金属隔离层。

（3）超限设备运输

1）超限设备运输前应实地勘察沿途路况，包括但不限于以下内容：

a. 沿途跨路架空电缆、电线或管廊到地面的距离；

b. 运输道路的转弯半径；

c. 沿途桥涵的承载能力或桥涵的限高;

d. 其他障碍物和特殊环境要求。

2) 超限设备运输应办理运输车辆通行证,拖车要按规定路线和时间行驶,且应限制行驶速度。

3) 超限设备运输应设置安全信号装置,夜间运输时还应设置安全灯。

4) 当路面返浆、路况不明或路障未排除时,不得进行超限设备运输。

3.1.6 起重机吊装工艺要求 Crane Hoisting Process Requirements

(1) 工艺要求

1) 采用起重机吊装大型设备,常用起重机滑移法和起重机抬吊法:

a. 起重机滑移法吊装工艺是采用单主起重机或双主起重机提升卧置设备上部,同时采用尾排移送设备底部。当尾排对设备的支撑力为零时,设备脱离尾排,待设备竖直稳定后,主起重机继续提升或回转,将设备吊运到安装位置就位。

b. 起重机抬吊法吊装工艺是采用单主起重机或双主起重机提升卧置设备上部,同时采用单辅助起重机或双辅助起重机抬送设备下部。当设备仰角近到如 70° ~ 75° 时,辅助起重机松吊钩,待设备竖直稳定后,主起重机继续提升或回转,将设备吊运到安装位置就位。

2) 起重机吊装工艺应符合下列规定:

a. 设备吊装重量应小于起重机在该工况下的额定起重量;

b. 设备与吊臂之间的安全距离应大于 200mm;

c. 吊钩与设备及吊臂之间的安全距离应大于 100mm;

d. 吊装过程中,起重机、设备与周围设施的安全距离应大于 200mm;

e. 双主起重机吊装时,两台起重机起重能力宜相同,若不同时,应按起重能力较小的起重机计算起重量,且每台起重机只能按在该工况 75%的承载能力使用;

f. 两台起重机抬吊工件的两吊点距离过小或使用同一吊点时,吊点上方应加平衡轮或平衡梁等平衡装置,以使两机受力均衡;

g. 吊装过程中,吊钩偏角应小于 3°。

(2) 起重机选择

1) 起重机选择应综合考虑以下因素:

a. 起重机性能数据:

a) 额定载荷;

b）起重机起重性能；

c）起重机外形尺寸；

d）吊臂长度及截面尺寸（包括主臂、延伸臂、变幅臂、超起臂）；

e）起重机工作半径；

f）起重机行车回转半径及作业回转界限；

g）吊钩重量及其起重能力；

h）配重（包括主车配重、超起配重）。

b. 设备技术数据：

a）设备结构尺寸（直径、高度、壁厚等）；

b）主体材质；

c）设备吊装重量（包括方案中规定的随设备吊装的附件重量，如梯子、平台、保温及附属管线等）；

d）设备重心位置；

e）设备整体稳定性；

f）吊耳形式及位置；

g）设备吊点处局部强度。

c. 吊装环境：

a）设备平面安装位置及设备起吊前的平面布置；

b）设备安装标高；

c）起重机在施工现场的行进道路状况（包括高空和地下）；

d）起重机站位处空间、地下设施及地基承载力；

e）起重机装、拆吊臂所需的空间及安装配重所需的空间；

f）起重机上车（包括配重或超起配重）回转所需要的最大空间；

g）设备起吊后的空中吊运路线。

d. 安全技术要求：

a）与吊装工艺有关的要求；

b）与设备结构有关的要求；

c）与起重机性能有关的要求；

d）与吊装机具有关的要求；

e）与吊装环境有关的要求；

f）与施工现场有关的特殊要求。

e. 施工技术准备。

f. 施工人员技术素质。

g. 施工工期及施工进度。

h. 施工成本及经济效益。

2）选择主起重机工况程序如下：

a. 确定设备主、辅吊点位置；

b. 初选主起重机型号和数量；

c. 初拟主起重机平面位置；

d. 初拟主起重机使用工况及其性能数据（包括额定起重量、起重机工作半径、吊臂长度和仰角等）；

e. 计算设备与吊臂之间、吊钩与设备及吊臂之间的安全距离；

f. 经过优选后最终选定主起重机型号、数量、工况。

3）选择辅助起重机工况程序如下：

a. 计算吊装过程中辅助起重机最大负荷；

b. 初选辅助起重机型号和数量；

c. 初选辅助起重机松吊钩时的设备仰角；

d. 初拟辅助起重机起吊及移车平面位置；

e. 初拟辅助起重机使用工况及其性能数据（包括额定起重量、起重机工作半径、吊臂长度和仰角等）；

f. 计算设备与吊臂之间、吊钩与设备及吊臂之间的安全距离；

g. 优选后，最终确定辅助起重机型号、数量及工况。

3.1.7　起重作业许可证申办流程 Lifting Permit Application Process

（1）作业许可申请前的准备

1）编制起重作业工作安全分析（JSA）、大型起重作业编制安全专项方案；

2）安全专项方案需要得到雇主/项目管理承包商的审查；

3）检查起重设备和机具符合安全要求。

（2）起重作业许可申请和审核

1）分包商负责人（一级分包商在该作业区域的主管人员）按要求填写许可证申请信息栏，制定并在现场落实安全措施后，在申请栏签字；

2）作业人员接受安全交底，确认满足起重作业条件，在交底记录上签字，作业负责人（具体实施作业的作业队负责人）代表全体作业人员在许可证执行栏签字；

3）监护人员现场核实安全措施全部落实后，在现场作业监护人栏签字；

4）承包商起重工程师现场审核安全措施，提出补充措施，符合要求后在审核栏签字确认；

5）如作业对其他单位有影响，应请相关单位及人员签字确认，并注明联系方式；

6）承包商区域负责人或授权人现场确认该许可作业的安全措施已落实，符合要求，在批准栏签字确认；

7）作业许可证生效；相关的安全专项方案、工作安全分析（JSA）、安全交底资料及作业人员名单作为票证附件共同公示。

（3）许可证的关闭

1）作业申请人在关闭栏打"√"选择关闭原因，并签字；

2）作业批准人（EPC承包商）在关闭栏签字关闭许可证。

（4）许可证取消

起重作业许可证批准后或作业过程中，由于工程变更等各种原因需取消起重作业，起重作业申请人应在许可证取消栏注明原因，并签字，报批准人签字（EPC承包商）批准取消。

起重作业许可证参见表3-3；负载和吊装检查表参见表3-4。

起重作业许可证

表3-3

申请信息	分承包商				承包商	
	作业地点				作业内容	
	作业时间	从____年___月___日___时___分至____年___月___日___时___分				
	作业人员	特殊工种类别		姓名	特殊工种证件号	
		起重指挥人员				
		起重工				
		起重机械操作人员				
	起重机械名称					
	起重机械型号					
	工件重量			起吊高度		
注：本许可证只限一项作业任务；如果作业条件、工作范围等发生异常变化，必须立即停止工作，本许可证同时作废						

需要提供的资料及安全措施	附件（对应的附件打"√"）：□安全专项方案 □JSA □其他
	作业前检查确认以下措施（必须在作业前满足）（确认打"√"，不确认打"×"）
	□起重机械操作人员持有特种设备作业人员证 □起重工（司索人员）持有特种作业操作证 □起重指挥人员（信号工）持有特种作业操作证 □起重机有"安全检验合格"证 □对起重机进行了作业前检查 □编制了起重施工技术文件 □已对该项作业进行 JSA 分析 □已进行安全技术交底 □支腿使用钢质路基板进行铺垫 □支腿地基已进行处理，地基承载力满足要求　　　□吊索具经过检查符合吊装安全要求，并有正确的颜色标记 □工件重量已核实 □起重作业活动范围内障碍物已清理或采取保护措施 □工件上的活动物体已清理或已采取可靠固定措施 □设置安全警戒区及安全警示标识 □制定应急避险措施 □规划应急撤离路线并保持畅通 □现场起重指挥人员（信号工）旗哨齐全 □其他安全措施
申请栏	我保证我及我的下属所申请的作业内容及申请信息真实有效，阅读理解并遵照执行安全方案和此许可证，并负责落实各项安全措施。 分包商负责人签字：　　　　　　　　　　　　　　　　　　　＿＿＿年＿＿月＿＿日＿＿时＿＿分
执行栏	我保证我及我的下属接受了安全交底，理解并遵照执行安全方案和此许可证，并在作业过程中负责落实各项安全措施。 作业负责人签字：　　　　　　　　　　　　　　　　　　　　＿＿＿年＿＿月＿＿日＿＿时＿＿分
监护栏	本人已阅读许可并且确认现场所有条件都满足安全要求，履行监护职责，并承诺坚守现场。 作业监护人员：　　　　　　　　　　　　　　　　　　　　　＿＿＿年＿＿月＿＿日＿＿时＿＿分
审核栏	本人已对上述安全措施进行现场确认，符合要求。 分包商起重工程师签字：　　　　　　　　　　　　　　　　　＿＿＿年＿＿月＿＿日＿＿时＿＿分
相关方	本人了解该工作对本单位的影响，将安排人员对此项工作给予关注，如遇紧急情况，将及时通报信息。 单位名称：　　　　　　　确认人及联系方式：　　　　　　＿＿＿年＿＿月＿＿日＿＿时＿＿分 单位名称：　　　　　　　确认人及联系方式：　　　　　　＿＿＿年＿＿月＿＿日＿＿时＿＿分 单位名称：　　　　　　　确认人及联系方式：　　　　　　＿＿＿年＿＿月＿＿日＿＿时＿＿分
批准栏	我已在现场确认该作业的安全措施已落实，符合要求。 承包商区域负责人签字：　　　　　　　　　　　　　　　　　＿＿＿年＿＿月＿＿日＿＿时＿＿分

	请打"√"选择关闭原因	作业申请人：	作业批准人（EPC 承包商）：
关闭栏	□许可证到期，同意关闭 □工作完成，已经确认现场没有遗留任何隐患，现场恢复到正常状态，同意关闭	＿＿＿年＿月＿日＿时＿分	＿＿＿年＿月＿日＿时＿分
取消栏	因以下原因，作业票取消：	作业申请人： ＿＿＿年＿月＿日＿时＿分	作业批准人（EPC 承包商）： ＿＿＿年＿月＿日＿时＿分

1. 是否已记录或精确测量被吊物的重量？		2. 是否所有与设备一起被吊装的项目都包含在该重量里？	
3. 吊装指定的被吊物是否使用了吊环？		4. 吊环是否与正确的钩环相连接？（连接销直径不低于孔洞直径的 90%）	
5. 吊环是否位于环最密排方向？		6. 吊环是否有明显的瑕疵或损坏？	
7. 是否检查了被吊物中在吊装过程中可能掉落的项目是否牢固？		8. 在首次取料时单个起重机的吊钩是否在重心点上？	
9. 是否已检查吊索和钩环的承重量？		10. 吊索和钩环是否有明显的瑕疵或损坏？	
11. 检查吊索和钩环的承重量时是否考虑了吊索的角度？		12. 检查吊索和钩环的承重量时是否考虑了重心点？	
13. 被吊物是否大于 5t，大于起重机起重量的 50%？		14. 被吊物是否大于 20t？	
15. 操作员是否对起重机进行日常检查和操作检查？		16. 起重机是否按照生产规格进行安装？	
17. 是否用合格的起重机垫垫在起重机下？		18. 如果多台起重机联合起升，其中一台是否超载？	
19. 是否对地面进行检查，确保合适？			
20. 起重半径是否使用卷尺准确测量过？		21. 吊装区域是否没有其他操作设备、管道或带电电线？	
22. 吊装下区域是否设置路障或提醒人们请勿靠近？		23. 风力是否小于 9m/s？	
24. 如果需要使用吊臂或防干扰装置，是否进行吊装平面或界限研究？		25. 是否指定专人负责吊装指挥？	

所有问题请回答是、否或 N/A（不适合）。吊装主管必须检查核对任何回答为"否"的检查项。

起重工签字： 吊装主管签字：

3.2 脚手架作业 Scaffold Work

3.2.1 基本要求 Basic Requirements

1）组织制定脚手架搭设、使用的安全技术措施；

2）审批和提供必需的脚手架架杆、脚手板、管扣件等合格证明材料；

3）做好脚手架搭设、使用的安全技术书面交底和指导工作；

4）脚手架搭设人员必须持证上岗，按技术要求和操作规程进行搭设；

5）脚手架搭设完毕，经验收合格后，挂牌使用，做好验收记录；

6）定期进行检查和监督整改，保证井字架和外脚手架完好牢固；

7）必须选派经过培训和持有操作证的人员搭设脚手架，严格遵守高处作业的安全技术措施要求；

8）提供个人防护用品和必需的工具，保证搭设人员安全；

9）搭设完毕后请承包商相关部门人员验收后方可使用，并做好验收记录；

10）严格按安全技术措施和操作要求搭设，做好搭设人员的个人防护；

11）搭设外脚手架的杆件材质、防护、拉结等必须符合规范要求；

12）对脚手架进行检查和加固，保证作业安全；

13）搭设脚手架的场地应平整坚实，符合承载要求，场地排水应畅通，不应有积水；对于土质疏松、潮湿、地下有孔洞、管沟或者埋设物的场地，应进行地基处理；

14）在每根立管下方必须加设底座，底座须由低碳钢制造，尺寸不小于150mm×150mm，5mm厚，中心杆长50.8mm；

15）如果地面不是混凝土或者金属板材，在底座下应放置垫板，铺设垫板的最低要求：

a. 硬实地面：500mm（长）x225mm（宽）x35mm（厚）；

b. 松软地面：765mm（长）x225mm（宽）x35mm（厚）；

c. 一个垫板同时支持两根立杆时的垫板尺寸：1550mm（长）x225mm（宽）x35mm（厚）；

d. 垫板最小尺寸为：455mm（长）x225mm（宽）x38mm（厚）；

16）脚手架基础3m范围内严禁进行挖掘作业。

3.2.2 脚手架种类 Types of Scaffold

常用脚手架种类为：双排脚手架、满堂脚手架、独立脚手架（固定或移动式）、悬挑式脚手架（仅允许单层）、附着式升降脚手架等。

（1）双排脚手架

1）双排脚手架由两排立杆平行于建筑物搭设，由纵向水平杆和横向水平杆相连接组成，且在纵向和横向两个立面上设置斜撑；

2）对所有的脚手架，若搭建高度超过24m，承包商应提交设计计算书给雇主/项目管理承包商审核批准。

（2）满堂脚手架

1）若满堂脚手架以格栅方式搭建，需利用立杆确认常用间距。在第一层，立杆通过直角扣和纵向、横向水平杆连接。在顶部工作层纵向、横向水平杆可以通过脚手板夹子来和立杆固定。在任何一个方向，立杆最大距离不超过2.5m。

2）第一层高度不超过2.7m，其他层层高不超过2m。

3）除非脚手架结构由具备资质人员设计，且设计计算书已交给雇主/项目管理承包商审批，满堂脚手架的最大载荷不应超过测试载荷。

4）在一个立面上每隔6根立杆需要设置双向斜拉撑。

（3）独立脚手架（固定或者移动式）

独立脚手架允许配有脚轮或者滚轮来提供自由移动，该脚手架只有一个工作平台，且工作平台的作业面不允许超出脚手架投影平面，可以通过固定在脚手架最低一边的内部直立梯到达该工作平台。

1）脚手架结构由具备资质人员设计，并经雇主/项目管理承包商审批，独立脚手架的最大载荷不应超过测试载荷。对于独立脚手架斜撑须通过直角扣件和纵向、横向水平杆连接，斜撑应当用直角扣件安装在每隔一个平台上，最顶层和最底层始终用斜撑支撑，且有两种斜撑方式：

a. 在底层，内部搭设工作平台和中间层交替布置斜撑；

b. 在所有方向提供对角线斜撑。

2）底座最小尺寸为1.2m，但是无论如何，高度和底座比例不应超过表3-5所示。

3）移动式独立脚手架仅允许在坚硬的水平面上移动和使用。当移动独立脚手架时，绝不允许工作平台上有人或材料存在。车辙式小脚轮应标明其安全工作载荷，应有制动机构，在脚手架使用过程中，制动机构必须锁紧。

序号	独立脚手架的种类	高度和底座最大比例
1	固定式内部独立脚手架	4：1
2	固定式外部独立脚手架	3.5：1
3	移动式内部独立脚手架	3.5：1
4	移动式外部独立脚手架	3：1

4）层高不应超过 2.7m，底层尽可能靠近底座，横向和纵向水平杆应当用直角扣固定。

5）绝不允许因拖拉重电缆或绳子而导致施加水平力至工作平台。

（4）悬挂式脚手架（单层）

悬挂式脚手架是指由管材和管扣件组成悬挂在承重梁、建筑群或其他空中建筑物的下方脚手架平台。

1）在所有情况下，应确认脚手架悬挂点的整体完全性和足够强度；

2）不允许用护栏支撑悬挂式脚手架；

3）在任何方向，挂钩间距离不允许超过 2.5m；

4）不允许用直角板作为挂钩；

5）允许载荷不应超过测试载荷和最轻载荷；

6）挂钩绝不允许用尾夹；

7）垂直悬吊管应当用直角扣件连接，单向接头应当连接在悬吊管以下位置：直角扣上方、悬挂点、连接横木直角扣下方、工作平台；

8）应插入足够斜拉以避免任何方向的晃动；

9）若悬挂式脚手架高度超过一层，其应由具备资质的工程师设计并将设计计算书提交给脚手架监督员批准；

10）不允许搭建钢丝网式脚手架。

（5）附着式升降脚手架

附着式升降脚手架，例如：罐和其他容器周围的脚手架。

当在储罐或球形容器周围搭建脚手架，允许脚手板在接头部位叠加以组成工作平台。

储罐或球形容器所带背后防护栏的固定式梯子不应作为脚手架的进入梯子。

3.2.3 脚手架材料 Scaffold Materials

脚手架的材料应当处于良好工作状态和所需足够的强度并且其制造、搭建、维护均符合合同约定的国际标准及所在国家标准，应满足以下要求：

1）管材、扣件等脚手架材料都需目视平直，无裂纹、裂痕、严重锈蚀或其他缺陷。管材两端应平整（斜面和轴向），管表面应平直光滑，不应有裂缝、硬弯、毛刺等缺陷。管材、扣件等脚手架材料都应良好地维护和保养，不允许被喷漆，唯一可以接受的是电镀和镀锌。

2）脚手板厚度可以为：38mm、50mm、63mm，所有脚手板都须为225mm宽，每个脚手架必须使用厚度相同的脚手板。

3）木质脚手板应当平直并在端部用钢扎带箍紧。钢扎带上至少应当有如下标记：符合国际标准的脚手板类型代码、最大允许跨距。木质脚手板不得有扭曲变形、劈裂等影响安全使用的缺陷，脚手板上的瘤疤直径不得大于50mm、不得超过脚手板厚度的50%，不得使用带表皮的腐朽的木脚手板，不能有破口、烧损、油污和突出的钉子，不可以喷漆。脚手板断裂或严重破旧不得继续使用。

4）冲压钢板脚手板应涂有防锈漆，其材质应符合合同约定的国际及所在国标准，表面防滑，无锈蚀、油污和裂纹。

5）管扣件应由有资质和经验的人每周至少检查一次。任何管扣件若发现断裂、破坏、锈蚀、丝扣损坏应当立即废用。管扣件应该清理干净，分类型存放，并涂上油脂以防止生锈。

6）材料的存放应得到批准且用防火油布遮盖。若材料存放在搭建场所而且要立即使用时，材料应正确存放，不能阻挡通道。所有脚手架材料应当分门别类正确存放：

a. 管材应当根据长度存放；

b. 管扣件应根据种类存放；

c. 脚手板堆放高度不应超过6.1m。

3.2.4 脚手架具体要求 Specific Requirements for Scaffold Work

（1）立杆（扣件式脚手架）

脚手架两根立杆之间跨度取决于脚手架的载荷量，无论任何情况下，跨度不能超过表3-6规定。

序号	作业类别	适用作业	平台均布载荷（kN/m²）	脚手板数量（块）	最大跨长（m）
1	较轻作业	检查、油漆作业、清理作业、用作通道等	0.75	3	2.5
2	轻负荷作业	抹砂浆、油漆作业等	1.50	4	2.4
3	一般用途作业	一般建筑作业，包括安装门窗、抹灰等	2.00	5	2.1
4	重型作业	砌筑、极重的衬体等	2.50	5	2.0
5	特殊重型作业	其他超重型材料安装作业等	3.00	6~8	1.8

1）立杆在 2m 范围内垂直偏差不超过 20mm（总偏差不超过 50mm）；

2）立杆连接可以用对接扣件；

3）对接点必须错开，即相邻两根立杆的对接点不可以在同一水平面。

（2）纵向水平杆（扣件式脚手架）

纵向水平杆必须水平放置在立杆内侧且使用直角可承重式扣件，在垂直方向距离不应超过 2m，对接应使用对接扣件，不允许使用直角或者旋转扣件，在同一步内或者邻近步内的纵向水平杆对接接头通常不允许出现在同一跨内。

直角扣件是连接纵向水平杆和立杆的唯一一种管扣，旋转式扣件虽然也是一种承重扣件，但它不能用来连接立杆和纵向水平杆。

（3）横向水平杆

横向水平杆最好使用直角扣件连接到立杆上。或者可以放置在纵向水平杆上用脚手板扣件紧固，但离立杆距离不超过 300mm。任何情况下横向水平杆伸出扣件盖板边缘的长度不应小于 50mm。

（4）连墙件

1）脚手架与建筑结构拉结应符合规范要求。每隔两步和每隔两根立杆都应设置连墙件。连墙件应从架体底层第一步纵向水平杆处开始设置，当该处设置有困难时应采取其他可靠措施固定。

2）当脚手架上已铺设防水油布，必须考虑因风而增加的载荷和加入额外的衔接。连墙件应至少选择以下两种方式，使脚手架不至于内外倾斜：

a. 拉杆穿过墙体，并在墙体两侧固定；

b. 拉杆通过门窗洞口，在墙两侧用横杆夹持和背楔固定；

c. 在墙体结构中设预埋铁件，与装有花篮螺栓的拉杆固接，用花篮螺栓调节拉结间距和脚手架的垂直度；

d. 在墙体中设预埋铁件，与定长拉杆固结。

3）连墙件的连接点应尽量靠近脚手架的节点。连接点必须有充分强度来承担其负载，绝不允许将脚手架护栏作为连墙件的连接点。

4）通常情况下，连墙件应插入墙体固定，如不可行，可选择如下方式替代：

a. 对于高度小于三步的脚手架，脚手架稳定性可以由斜撑获得，斜撑可通过直角扣件固定在脚手架的第二步纵向水平杆上，斜撑力可以通过底座或垫板分担。斜撑底部必须连接到主体脚手架上，斜撑与脚手架立杆的连接位置要和连墙件与立杆连接的位置一致。

b. 当脚手架高度超过三步时，必须在脚手架的整个长度上做井形支撑扶壁结构，加固点不得低于自上而下的第三步，然后用直角扣件将扶壁结构用斜撑在从上往下数第二步与脚手架连接起来。

c. 当斜撑长度超过 3m 时，在斜撑的中间部位要有脚手架杆和主体脚手架连接。

（5）剪刀撑

1）所有脚手架都必须在纵向和横向两个方向设置剪刀撑，剪刀撑须贯穿脚手架整体高度；

2）脚手架两端、转角处以及每隔 6~7 根立杆应设置剪刀撑，剪刀撑与地面的夹角应在 45°~60° 之间；

3）剪刀撑斜杆应用旋转扣件固定在与之相交的横向水平杆的伸出端或立杆上，旋转扣件中心线至主节点的距离不大于 150mm；

4）剪刀撑斜杆接长宜用搭接，搭接长度不应小于 1m，不小于 2 个旋转扣件；

5）横向斜撑应在同一节间，由底至顶呈之字形连续布置，两端用旋转扣件固定在立杆或纵向水平杆上；一字形、开口形双排脚手架的两端均必须设置横向斜撑，中间每隔 6 跨应设置一道。

（6）工作平台

1）工作平台可以用作轻载荷作业使用，平台最少由三块脚手板组成。工作平台的脚手板应该严密地并排布置且两端并齐。每一块脚手板两端都应良好地被捆绑固定。

2）工作平台护栏应在立杆的里面，高度在 1.1m（最低）和 1.5m（最高）之间，护栏与挡脚板间应设中间栏杆，并确保挡脚板的上沿和护栏之间的高度不超过690mm。中间护栏应当固定在立杆里面。

3）挡脚板和脚手板应当适合工作平台，挡脚板高度为150mm。若临时材料堆放高度超过挡脚板，应增设围挡。不同规格脚手板厚度、最大跨距、脚手板端部伸出横向水平杆外缘的长度应符合表3-7要求。

脚手架脚手板跨距和外缘长度规定表　　　　　　　　　表3-7

脚手板厚度（mm）	横向水平杆间最大跨距（m）	最少伸出长度（mm）	最大伸出长度（mm）
38	1.5	50	150
50	2.6	50	200
63	3.25	50	250

4）在脚手架通道入口处应当持久地张贴标牌，标牌应指明最大允许工具重量和材料重量及此脚手架在每一跨上最多允许工具和人数。

（7）梯子通道平台

梯子通道平台应当靠近脚手板并设有护栏且挡脚板固定。梯子通道平台的垂直间距高度不应超过9m。梯子通道平台入口不应超过500mm（两块脚手板）宽。

（8）防护网

为防止物体从脚手架或建筑物上坠落，伤害到人员，在建筑物作业区或入口处，必须设置防护网。

1）防护网不允许用来存放脚手架或其他材料；

2）防护网高度不应超过地面高度5m，其宽度至少2m，角度不超过20°。

（9）单向连接件

当脚手架处于悬挂、斜拉、斜撑时，必须使用单向连接件。单向连接件必须是承载类型的。

（10）脚手架载荷

脚手架的承载量，承重架不得大于3.0kN/m²，装修架不得大于2.0kN/m²。

除常用引桥脚手架外，设计计算书必须提交给脚手架工程师审核，计算必须显示静止和动态载荷。

（11）交通和人员移动

若脚手架搭建区可能被车辆碰撞，脚手架根部必须用坚硬路障进行隔离保护。在夜间，该路障必须配置闪光警示灯。

在高度小于 2.1m 范围内，脚手架管材不允许延伸到引桥区域。

3.2.5 脚手架专项方案 Scaffolding Plan

（1）搭设和拆除以下类型的脚手架前，承包商按要求编制脚手架搭设和拆除安全专项方案，报雇主/项目管理承包商审查：

1）搭设高度 24m 及以上的落地式钢管脚手架；

2）附着式整体和分片提升脚手架；

3）悬挑式脚手架、悬挂式脚手架；

4）吊篮脚手架；

5）自制卸料平台、移动操作平台；

6）大面积管廊管道脚手架；

7）新型及异形脚手架；

8）拆除因事故、自然灾害等原因倒塌或变形的脚手架；

9）模板工程及支撑体系，包括：

a. 各类工具式模板工程：包括大模板、滑模、爬模、飞模等工程；

b. 混凝土模板支撑工程：搭设高度 5m 及以上；搭设跨度 10m 及以上；施工总荷载 10kN/m² 及以上；集中线荷载 15kN/m 及以上；高度大于支撑水平投影宽度且相对独立无连系构件的混凝土模板支撑工程；

c. 承重支撑体系：用于钢结构安装等满堂支撑体系。

10）其他要求须编专项方案的。

（2）下列脚手架安全专项方案需组织专家进行论证：

1）搭设高度 50m 及以上落地式钢管脚手架工程；

2）提升高度 150m 及以上附着式整体和分片提升脚手架工程；

3）架体高度 20m 及以上悬挑式脚手架工程；

4）新型及异形脚手架；

5）工具式模板工程：包括滑模、爬模、飞模工程；

6）混凝土模板支撑工程：搭设高度 8m 及以上；搭设跨度 18m 及以上；施工总荷载 15kN/m² 及以上；集中线荷载 20kN/m 及以上；

7）承重支撑体系：用于钢结构安装等满堂支撑体系，承受单点集中荷载 700kg 以上。

（3）脚手架搭设和拆除安全专项方案包括以下内容：

1）工程概况：脚手架搭设和拆除责任单位、搭设用途、施工平面布置、施工要求和技术保证条件；

2）编制依据：现行的法律法规、标准规范及其他要求等；

3）施工计划：包括搭设和拆除进度计划、材料与设备计划、人力计划；

4）组织保障：搭设和拆除负责人、脚手架专业工程师、专职安全管理人员、监护人员、特种作业及特种设备作业人员，职责分工等；

5）施工技术：技术参数、设计计算、搭设和拆除流程、施工方法、检查验收等；

6）危害辨识、风险评价；

7）施工安全保证措施：管理措施、技术措施、监测监控等；

8）应急处置方案。

3.2.6 脚手架搭设 Scaffolds Erection

（1）脚手架搭建 7 天前，应以书面形式通知相关方。架子工搭建脚手架时，至少要铺好 3 块脚手板后方可工作。除非提供了防坠落保护装置且始终固定在合适的锚点，工作人员才允许站在管材上。

（2）搭建脚手架用的钢管和脚手板必须整齐平放在地面上，不允许将它们倚靠着脚手架或垂直成堆堆放。

（3）在脚手架搭建时，必须设置防护装置、"脚手架搭设"和"高处作业"标识和路障，且在作业完成后立即移走。脚手架搭建完后，脚手架上不允许遗留任何未固定的钢管、管接头、脚手板、工具。

（4）当坠落距离大于 2m 时，必须使用全身式安全带且固定在合适的固定点，当全身式安全带不足以提供足够保护时，还应使用惯性制动轮。梯子必须正确地捆绑在脚手架整个高度，以确保能够到达工作平面。

（5）在有水区域内，应配置带抛绳的救生圈。当工作区存在人员落水危险时，应当给员工提供救生衣。当救助落水人员困难时，还应有应急救援船只配合。

若脚手架未完工且留在现场一段时间，须移走最低处的梯子，且在脚手架最底层悬挂标牌，标示为"危险！远离未完工的脚手架"。若脚手架某部分的工作平台尚未完工，可以通过已完工的部分进入，此部分须一端封闭以防止人员进入未完工区域，且应在封闭端张贴标牌"危险！远离未完工的脚手架"。

（6）在通常情况下手工搭建脚手架，但若脚手架由多层构成，也可以使用滑轮。滑轮使用应符合如下要求：

1）滑轮悬臂钢管应当固定，且其突出脚手架长度不应大于 760mm，除非其有足够的支撑；

2）悬臂钢管应当用直角扣件固定在立杆的内侧和外侧，这两根立杆应当交叉支撑；

3）纤维绳的最小直径为 18mm，其应由脚手架监督员每日检查，若不适合使用应立即处理；

4）滑轮的最大起重量不应超过 50kg；

5）当用绳子来吊起和放下脚手架扣件，扣件应当放入在麻布袋或其他批准的袋子，不应当放入桶内。

3.2.7　检查和记录 Inspection and Record

（1）脚手架检查员须经脚手架主管书面认可。所有脚手架只有经脚手架检查员检查后方可使用，且每隔 7 天检查一次。

（2）未经脚手架检查员检查确认的脚手架应朝外悬挂白色的"禁止使用本脚手架"标牌，并在其他可以登上的脚手架入口都应悬挂"危险！禁止使用"标牌。如果通过梯子可以进入脚手架，脚手架检查员应负责立即移去梯子。以上措施应严格执行，直到脚手架检查员确认该脚手架可以安全使用。

（3）当脚手架检查员确认该脚手架可以安全使用时，他应当填写脚手架标牌的绿色部分，至少包括以下内容：

1）脚手架地点；

2）根据脚手架明细表给出脚手架的编号；

3）搭建脚手架日期；

4）脚手架申请人；

5）脚手架搭设用途：轻载荷、重载荷、一般用途、特别用途的脚手架；

6）检查员的签字和签字日期。

（4）复查时，检查员应当将填写插入卡的黄色面放入脚手架标牌托架，绿色朝外。

（5）脚手架明细表由脚手架主管保管，在第一次或再次检查后应立即更新以确保和脚手架标牌上的对应一致。

（6）安全带和惯性制动轮应当编号并登记在明细表上，在使用前，应当在明细表上检查和记录。所有有缺陷的设备应当立即停止使用。

3.2.8 脚手架使用 Use of Scaffolds

（1）脚手架使用必须符合搭建要求。

（2）脚手架使用者绝不允许损坏、改造或移去脚手架的部件（包括脚手架脚手板），损坏脚手架者将受到纪律处分。需临时拆除局部杆件由搭设单位指定架子工实施，且要先采取可靠的加固措施。

（3）应使用安全爬梯或斜道上下脚手架，脚手架横杆不可用作爬梯。上下门式脚手架，必须走上下通道，并系挂防坠器。

（4）按照用途使用脚手架，不得在脚手架上超载堆放物料或作为受力锚点等其他用途。严禁将脚手架用来悬挂起重设备。

（5）不得在脚手架基础及其邻近处进行挖掘作业。必须进行挖掘作业时，要事先对脚手架采取可靠的加固措施，并经雇主/项目管理承包商批准。

（6）若需改造脚手架，只有在脚手架主管指导下由具备资质的架子工完成。改造后按程序报验。

（7）使用移动式脚手架时，必须锁住脚轮制动器，同时尽可能将其固定到稳固的结构上。

（8）门式脚手架移动时，脚手架上不得有人、工具、物件，移动时要缓慢进行。高度超过两步的，在移动过程中必须设置斜撑加固，防止倾翻，并且采取措施以确保移动时不碰到架空电缆或其他设施。

（9）若使用者认为脚手架不安全，应立即联系其主管，该主管应立即移去脚手架标牌并将梯子最低踏步用警示带围起来，然后通知脚手架主管。在任何情况下，若不能搭设和使用脚手架，应穿戴好全身式安全带，若全身式安全带也不可行，应使用惯性制动轮。

3.2.9 脚手架检查和维护 Examination and Maintenance of Scaffolds

（1）承包商对脚手架进行日常使用前的检查，发现问题停止使用，并及时整改。

（2）承包商必须每周组织一次检查并填写"脚手架周检查表"，发现问题停止使用，并及时整改。

（3）大风、大雨后，承包商要对脚手架进行全面检查，经检查合格后方可使用。检查中发现有松动、变形、折裂、倾斜、损坏、脱落或地面塌陷等现象，立即在脚手架上挂"禁止使用"的红色标牌，并立即组织加固、修理完善。

（4）脚手架的整改、加固、修理完善后，按程序报验。验收通过后，改挂"合格使用"的绿色标牌。

3.2.10　脚手架拆除 Scaffold Dismantling

（1）脚手架实行一次性搭设、使用和拆除管理，使用完毕的脚手架要及时拆除，确因工程需要，大型脚手架和建筑工程脚手架可放置待用，但要经常进行检查，保持脚手架的完整性和安全可靠性。

（2）脚手架拆除期间，在醒目处挂上"禁止使用"的红色标牌，周围设置安全警示标识，设专人看管，禁止他人入内。

（3）拆除脚手架原则：先搭的后拆，后搭的先拆，一步一清，一跨一清，停止作业时不得有松动的连接或脚手架构配件。

（4）脚手架拆除顺序按由上而下逐层进行，不准上下同时作业。

（5）严禁整排拉倒脚手架。

（6）连墙件随架体逐层拆除，严禁先将连墙件整层或数层拆除后再拆脚手架；分段拆除高差不应大于2步，如高差大于2步，增设连墙件加固。

（7）拆除的脚手杆、脚手板和连接件等材料严禁从高空抛扔，人工上下传递脚手架材料时，传递人员不得站立于同一垂直线上，必须错位传递。

（8）脚手架要一次性拆完，如果确实一次拆不完，要把已卸开的脚手杆和跳板一次全部拆完。

（9）有脚手架拆除安全专项施工方案和脚手架拆除许可证的，严格按其要求拆除作业。

（10）拆除后的脚手架材料及时收回堆场堆放整齐，不得随处摆放。

3.2.11　脚手架搭设和拆除许可证办理流程 Scaffold Erection and Dismantling Excavation Permit Application Process

（1）脚手架搭设和拆除作业许可申请前的准备

1）编制脚手架搭设和拆除作业工作安全分析（JSA）；

2）编制安全专项施工方案；

3）需论证的方案应组织专家组对安全专项施工方案进行论证；

4）专项安全施工方案须经雇主/项目管理承包商审查和备案；

5）准备合格的脚手架材料。

（2）脚手架搭设和拆除作业许可申请和审核

1）分包商负责人按要求填写许可证申请栏，制定并在现场落实安全措施，并在申请栏签字；

2）作业人员接受安全交底在交底记录上签字，作业负责人代表全体作业人员在许可证执行栏签字；

3）监护人员现场核实安全措施全部落实后，在现场作业监护人栏签字；

4）承包商脚手架专业工程师根据脚手架搭设和拆除作业内容，现场审核安全措施，提出补充措施，符合要求后在审核栏签字确认；

5）如作业对其他单位有影响，须请相关单位及人员签字确认，并注明联系方式；

6）在承包商区域负责人或授权人现场确认该许可作业的安全措施已落实，符合要求后，在批准栏签字确认；

7）雇主/项目管理承包商脚手架工程师现场确认该许可作业的安全措施已落实，符合要求，在批准栏签字确认；

8）作业许可证生效，相关的安全专项方案、工作安全分析（JSA）、图纸和作业人员安全交底记录名单作为票证附件共同公示。

（3）许可证的关闭

1）作业申请人在关闭栏打"√"选择关闭原因，并签字；

2）作业批准人（EPC承包商）在关闭栏签字，关闭许可证。

（4）许可证取消

脚手架搭设和拆除作业许可证批准后或作业过程中，由于工程变更等各种原因须取消脚手架搭设和拆除作业，脚手架搭设或拆除作业申请人应在许可证取消栏注明原因，并签字，报作业批准人（EPC承包商）签字批准取消。

脚手架搭设（拆除）作业许可证见表3-8。脚手架检查验收单见表3-9。

<table>
<tr><td rowspan="4">申请信息</td><td colspan="2">分包商：</td><td colspan="2">承包商：</td></tr>
<tr><td colspan="2">作业地点：</td><td colspan="2">作业时间：</td></tr>
<tr><td colspan="4">脚手架规格/类型：</td></tr>
<tr><td colspan="4">作业内容：（脚手架用途/高度）</td></tr>
<tr><td rowspan="5">安全措施</td><td colspan="2">是否附专项安全方案：□是　□否</td><td colspan="2">是否需要专家论证：□是　□否</td></tr>
<tr><td colspan="4">脚手架作业类型：（在对应的作业类型上打"√"，其余打"×"）
□脚手架搭设　　□脚手架拆除　　□脚手架修改　　　□其他</td></tr>
<tr><td colspan="4">脚手架搭设和拆除可能产生的伤害（在对应的伤害类型上打"√"，其余打"×"）</td></tr>
<tr><td colspan="4">□坠落　　□砸伤　　□落物　　□坍塌　　□绊倒　　□划伤　　□其他</td></tr>
<tr><td colspan="4">应采取相应安全措施（在需要的措施上打"√"，不需要的打"×"）

□已落实现场安全监护，搭设/拆除区域警示维护　　□有相应的排水措施
□作业人员必须穿戴防滑鞋　　　　　　　　　　　□搭设/拆除环境无影响作业的危险因素
□作业人员持证上岗　　　　　　　　　　　　　　□搭设/拆除采取防坠落保护措施
□现场照明符合要求　　　　　　　　　　　　　　□作业人员携带工具袋，劳保着装符合要求
□地基平整并满足承载要求　　　　　　　　　　　□已进行了 JSA 分析，并对所有作业人员进行了安全交底
□脚手架材料经验收合格　　　　　　　　　　　　□其他安全措施</td></tr>
<tr><td rowspan="2">申请栏</td><td colspan="4">我保证我及我的下属所申请的作业内容真实有效，理解并遵照执行安全方案和此许可证，并负责落实各项安全措施。</td></tr>
<tr><td colspan="4">分包商负责人签字：　　　　　　　　　　　　　　　　　　____年___月___日___时___分</td></tr>
<tr><td rowspan="2">执行栏</td><td colspan="4">我保证我及我的下属接受了安全交底，理解并遵照执行安全方案和此许可证，并在作业过程中负责落实各项安全措施。</td></tr>
<tr><td colspan="4">作业负责人签字：　　　　　　　　　　　　　　　　　　　____年___月___日___时___分</td></tr>
<tr><td rowspan="2">监护栏</td><td colspan="4">已确认所有安全措施都已落实，现场满足脚手架作业条件，我承诺作业期间不离开现场，当现场出现异常情况立即通知停止作业。</td></tr>
<tr><td colspan="4">作业监护人签字：　　　　　　　　　　　　　　　　　　　____年___月___日___时___分</td></tr>
<tr><td rowspan="2">审核栏</td><td colspan="4">本人已对上述安全措施进行现场确认，符合要求。</td></tr>
<tr><td colspan="4">承包商脚手架工程师签字：　　　　　　　　　　　　　　　____年___月___日___时___分</td></tr>
<tr><td rowspan="2">相关方</td><td colspan="4">本人已了解该工作对本单位的影响，将安排人员对此项工作给予关注，如遇紧急情况，将及时通报信息。</td></tr>
<tr><td colspan="4">单位名称：　　　　　　　　　确认人联系方式：　　　　　　____年___月___日___时___分</td></tr>
<tr><td rowspan="2">批准栏</td><td colspan="4">我已在现场确认该许可作业的安全措施已落实，符合要求。</td></tr>
<tr><td colspan="4">承包商区域负责人或授权人签字：　　　　　　　　　　　　____年___月___日___时___分</td></tr>
<tr><td rowspan="2">关闭栏</td><td colspan="2">请打"√"选择关闭原因

□许可证到期，同意关闭
□工作完成，已经确认现场没有遗留任何隐患，现场恢复到正常状态，同意关闭</td><td>作业申请人：

___年_月_日_时_分</td><td>作业批准人（EPC 承包商）：

___年_月_日_时_分</td></tr>
<tr><td colspan="2"></td><td></td><td></td></tr>
<tr><td rowspan="2">取消栏</td><td colspan="2">因以下原因，作业票取消：</td><td>作业申请人：

___年_月_日_时_分</td><td>作业批准人（EPC 承包商）：

___年_月_日_时_分</td></tr>
<tr><td colspan="2"></td><td></td><td></td></tr>
</table>

脚手架分包商:	搭设负责人： 电话：
脚手架位置（详细地点）:	脚手架用途:

检查项目	检查人
1. 脚手板铺设和绑扎符合要求	
2. 脚手架连墙杆、斜撑及剪刀撑的设置符合要求	
3. 脚手架人员上下通道有防滑设施	
4. 脚手架立杆处地基承载情况、平整度符合要求	
5. 脚手架立杆地基周围有排水措施	
6. 脚手架立杆的垫板、底座、扫地杆符合要求	
7. 脚手架安全立网、水平网的设置符合要求	
8. 脚手架立杆、横杆间距及接头位置符合要求，立杆竖直、横杆水平	
9. 脚手架的标识设置符合要求	
10. 材料外观检查符合要求，有材料出厂合格证	
11. 钢扣件与杆件的连接和紧固符合要求	
12. 脚手架走道和平台的防护栏杆和挡脚板的设置符合要求	
13. 脚手架防雷设施符合要求	
14. 脚手架上没有可能坠落的材料，通道畅通	
15. 需要增加的其他安全作业措施：	

分包商签字：	承包商签字：
＿＿＿年＿＿月＿＿日＿＿时	＿＿＿年＿＿月＿＿日＿＿时

3.3 临时用电作业 Temporary Electrification Work

3.3.1 基本要求 Basic Requirements

（1）电气作业人员必须持证上岗，严格遵守电气作业安全技术操作规程。

（2）施工工具、安全器具在施工前均应详细检查，发现有缺陷时，不准使用。

（3）电工使用的施工工具，必须经常进行性能测试，如测量绝缘电阻等。达不到安全要求的，必须立即更换，否则不得使用。绝缘棒、验电器、绝缘靴、绝缘手套等安全用具，每次使用前必须认真检查，不合格的，禁止使用。

（4）在设备停电检修时，带电部分只能在作业人员的前面或一侧，否则必须加设绝缘挡板。作业人员身体（不论伸或曲）与导电部分的安全距离不得小于 1m，否则必须加设绝缘挡板。

（5）发现电气设备有故障时，应及时通知电气作业人员进行检查、修理。非电气作业人员，不准进行电气检修作业，不得自行拆检电气设备，严禁触碰电气开关。

（6）严禁将水浇到或溅到电气设备上，电气设备附近禁止存放易燃易爆物品。

（7）在 1.8m 以上高处作业时，要系好安全带。使用登高工具时，要注意防滑。高处传递工具、器材，应使用提升绳索运送，禁止抛掷。

（8）雨天或雾天，非特殊情况不进行室外电气检修。电气检修人员，必须保持手、鞋、衣服干燥无潮湿。

（9）发现有人触电时，要迅速切断电源，不可随便用手拉触电者的身体，可用干燥的竹竿、木棒拨开触电者身上的电线或其他电气用具。

（10）一旦发生电气故障或漏电发生火花引起燃烧时，应立即断开电源后再救火。对带电设备使用干粉等不导电灭火剂灭火。

3.3.2 停电作业 Power-off Work

（1）修理电气设备，必须事先切断电源，在开关处挂上标准的警告牌，标注"危险！严禁合闸"，同时标明"谁挂谁取，他人勿动"和工作时间等告示。若有锁定装置必须安全锁定。

（2）设备检修作业前，使用合格的验电器进行验电，证实确已停电，并接好临时地线，对有一定容量的电气设备，停电后先放电 5min，然后才能接触导电部位。

（3）停电检修的设备与其他带电设备、设施距离较近时，必须加设绝缘挡板隔离。待拆检的设备上如有液压或气压，必须事先放压为零。

（4）工作场地需要临时用线接通电源时，过道电线必须架空，并禁止用铁丝、铜丝等金属绑扎。

（5）电气设备检修，至少安排两人一同作业。使用人字梯时，下端防滑、上端固定，一人站在梯上操作，另一人在梯旁扶梯监护。

（6）危险区作业，首先要进行充分的通风置换，清除易爆气体，并进行气体检测。

（7）临时照明灯必须使用安全电压的防爆灯，连接电缆应采用其中一芯接地或接零的三芯软电缆。

（8）检修结束后，应检查电气设备与线路完全符合质量要求并绝缘良好。不得将工具与材料遗留在设施上。拆除临时地线与挡板、装回防护装置。清理现场、撤离人员。由作业人员摘除临时警示标识。

（9）送、停电须遵循以下操作规程：

1）送电时，先闭合隔离开关，然后闭合油开关；若为低电压设备，先闭合闸刀开关，后闭合空气开关和启动器；

2）停电时，先断开油开关，然后断开隔离开关；若为低电压设备，先断开启动器、空气开关，后断开闸刀开关；

3）禁止带负荷操作隔离开关。

3.3.3　带电作业 Live Line Work

（1）通常情况下，不准带电作业。若必须带电作业时，应做好充分的防触电安全防护措施。

（2）作业前，不仅要有作业计划、作业许可，还须制定应急计划，包含内容有危险情况的预测、对各种危险的预防、危险发生后的处理措施和所需要的安全设施、装置及保护用品等。

（3）作业人员事先必须熟读所修理设备的说明书和技术资料，避免误操作造成触电、伤人或损坏设备。作业人员必须穿绝缘靴、佩戴绝缘手套和防弧眼镜或面罩，站在绝缘物上，作业时身体各部位不能与周围其他导体相接触。作业人员之间严禁相互传递物件和空中投掷。

（4）带电接线，应先接好开关及其下部分导线，然后再接上部电源线，若为裸线，应采取绝缘隔离措施。

（5）在带电运转设备上作业，设备必须装有牢固的防护罩。

3.3.4 电气设备使用 Use of Electrical Equipment

（1）所有在用的电气设备均应检查合格、状况良好，不准带故障运行。发现设备有故障，应立即切断电源，停机检查。

（2）长期停用的电气设备，在启用前，必须经电气人员严格检查，确认合格后，方能送电启动。

（3）禁止电气设备超负荷运转。

（4）所有电气设备金属外壳（36V以下安全电压除外）均应设有可靠的接地线。

（5）所有电源导线必须绝缘良好，接头连接牢固，须防爆的应防爆。

（6）电气线路上单相开关，应控制火线。开关或保险丝不能安装在零线上。所有电气装置上的保险丝，禁止使用铁丝、铜丝等导电物代替。

（7）露天电气设施（如配电盒、启动器、保险与开关等）必须有防雨、防触电保护装置。

（8）不准用湿手操作开关，不准用湿布擦灯泡、灯管、灯头、插座及带电设施外壳。打破荧光灯后，应留有足够时间驱散灯管散发出来的有害气体，然后才能清扫打破的碎片。

（9）手提式电钻、电动砂轮机使用时，作业人员应戴护目镜或防护面罩、防滑手套等，潮湿地点还要戴绝缘手套，穿绝缘靴。

（10）不准使用超过有效期的砂轮片或受潮有裂纹的砂轮片。更换砂轮片时，应事先关掉砂轮机手柄上的开关，再切断电源。新砂轮片铭牌上标明的转速应与电动砂轮机转速相符，严禁把低转速砂轮片安装到高转速砂轮机上。

（11）砂轮片安装到砂轮机轴上不宜过松或过紧，以防转轴发热膨胀引起砂轮片破裂。注意上紧螺母的放置方向与砂轮旋转方向相反。使用前必须装上防护罩，以防砂轮片飞出伤人。

（12）操作电钻和砂轮机时，防止加压过大，损坏电钻的钻头和砂轮机的砂轮片。

（13）在危险区禁止使用手电钻和电动砂轮机，如确需使用，执行热工作业的要求。

3.3.5 埋地及高空线路安装 Underground and Overhead Circuit Installation

（1）施工说明

在挖掘作业中暴露出来的电缆和电缆槽管应及时进行检查和支撑，暴露的电缆和电缆槽管应在回埋前再做检查，看其是否损坏。应由电工负责对所有其他的电缆进行检查并安装支撑防护。

当直埋电缆暴露后应采取下列措施：

1）通知场区现场主管；

2）在开挖任何电缆和电缆组前应通知现场电气工程师；

3）现场电气工程师决定电缆在暴露期间的各个阶段是否要断电；

4）同现场电气主管确认用于暴露电缆的保护方式。

（2）确定直埋电缆的位置

1）获得有关已勘察到的或未勘察到的现有直埋电缆的施工资料（详细资料应附在许可证上）；

2）在勘察指明的电缆位置上立标识桩，并确认因开挖可能暴露的埋地电缆的实际路线；

3）在直埋电缆线附近区域应采用人工挖掘和使用流体真空吸的方式以探明电缆的实际位置；

4）现场电气工程师应决定流体真空吸或人工挖掘的应用范围并应在作业许可单上注明；

5）现场电气工程师根据已查明和暴露的电缆路线应及时修改作业许可证。

（3）开挖埋地电缆

1）至少在开挖前2天告知现场电气工程师，以便其在暴露电缆前断掉带电电缆的电源；

2）按许可证要求，安排安全监控人值班，工作人员需进行安全工作计划审阅以及工作安全分析和降低风险讨论；

3）现场电气工程师应在安全工作计划中指明是否需要在埋地电缆暴露前对带电电缆停电；

4）在25kV以上的带电电缆上作业时，必须在专业电气工程师的监督下进行；在电缆上的作业人员除穿戴标准个人劳保用品外，还应戴橡胶绝缘手套；

5）电气主管协调安排电工在2kV、 600V声频和数据电缆上工作，以及在25kV高压电缆上工作；

6）安排现场电气工程师检查电缆 PVC 外套和金属铠装的暴露电缆是否有损坏痕迹。

（4）电缆和电缆组的防护

1）放置在沟渠边坡上的暴露的电缆应妥善固定，以防滑落到沟渠中。

2）施工电缆不得沿地面直接敷设，不得浸泡在水中。电缆在地面上通过道路时宜采用槽钢等覆盖保护，槽钢等应可靠固定在地面上。施工电缆直埋敷设时，低压电缆埋深不应小于 0.3m，高压电缆和通过道路的低压电缆埋深不应小于 0.7m，电缆上下表面土层中不应有石块等硬质物体。

3）施工电缆在地下穿越道路时应采用坚固的保护套管，管径不得小于电缆外径的1.5倍，管口两端应密封。

4）埋地电缆标识的位置、高度、埋地深度应按照作业许可上的要求执行。

5）电缆槽应在其一端接地，用绝缘电缆接到镀锌钢接地杆上，插入地下 1.8m 深即可。

6）在 25kV 及以上的带电电缆上作业，应由有丰富经验的电气工程师指导，并应佩戴上认证的和被检测过的高压绝缘手套。

7）在所有带电电缆上作业必须在现场电气工程师的指导下进行。

8）暴露的电缆在跨过开式沟渠时，应使电缆槽按下述方式支撑起来：

a. 把电缆槽装置设在电缆的高度上，并架设在整条长度的沟渠上，用单梁支撑，用非导电的绳索固定，每隔 3m 固定一处；

b. 单梁应为钢制材料；

c. 两端叠跨沟渠的最低高度应为 9m，其余的应架在该高度 0.6m 的木架上。

（5）回填暴露的带电埋地电缆

在开挖的沟渠区回填泥土和夯实材料直到完工高度下 1m 处：

1）为新电缆线路铺设 50mm 厚的砂垫层；

2）在沿沟铺设暴露的电缆时，应人工通过下列方式来进行：

a. 除穿戴个人劳保用品外，还应佩戴经许可并测试过的高电压绝缘手套；

b. 解掉系紧在各杆上的绳端夹；

c. 解掉系紧在各电缆上的绳索；

d. 在现场工程师的指导下有序地把电缆放置于电缆沟内砂垫层上并排列好。

对于铺设在电缆槽上的电缆，应从槽底回填至 75mm 高，再在槽底铺上 50mm 宽的沙基面，施工要求如下：

1）除佩戴必要的个人劳保用品外，还要佩戴高电压绝缘手套；

2）取走绳、电缆槽、接地连接和杆；

3）将电缆放置于沙基上，并按要求在电缆下面铺填细沙使整条长度的电缆高度一致；

4）在每条电缆周围添加 50mm 厚的细沙。

勘察新电缆的准确布位，并将勘察结果报给现场工程师，以补充到施工现有埋地敷设图纸上，在电缆上应按规范的要求铺设回填材料。

3.3.6 临时用电许可证办理流程 Temporary Electricity Permit Application Process

（1）施工临时用电应办理临时用电许可证

（2）临时用电许可申请前的准备

1）分包商组织，承包商参加对承包商供配电系统工程进行检查验收，填写验收记录；

2）分包商进行工作安全分析（JSA），组织落实临时用电安全技术措施。

（3）临时用电许可申请和审核

1）分包商负责人（一级分包商在该作业区域的主管人员）按要求填写许可证申请信息栏，制定并在现场落实安全措施后，在申请栏签字；

2）电工接受安全交底在交底记录和许可证执行栏上签字；

3）分包商电气专业工程师审核安全措施，提出补充措施，符合要求后在审核栏签字确认；

4）承包商区域负责人或授权人现场确认该许可作业的安全措施已落实，符合要求，在批准栏签字确认；

5）作业许可证生效；相关的临时用电施工方案、工作安全分析（JSA）、安全交底资料及电工名单作为票证附件共同公示。

（4）许可证的关闭

1）作业申请人在关闭栏打"√"选择关闭原因，并签字；

2）作业批准人（EPC 承包商）在关闭栏签字关闭许可证。

（5）取消临时用电许可证

1）因工作内容、环境、地点、方式等发生变化，取消临时用电许可证；

2）许可证申请人申请取消，许可证批准人（EPC 承包商）批准取消。

临时用电许可证见表 3-10。

申请信息	分包商：		承包商：	
	用电负责人：		联系方式：	
	工程名称：		电工：	电工证号：
	供电范围：		电源接入点：	
	工作电压：		用电设备及容量：	
	用电时间：从＿＿＿年＿＿月＿＿日＿＿时＿＿分至＿＿＿＿年＿＿月＿＿日＿＿时＿＿分			

安全措施	附件（对应的附件打"√"）：□临时用电施工组织设计　□临时用电管理方案　□JSA　□图纸　□图纸说明 □其他
	作业条件确认（需要打"√"，不需要打"×"）
	□配电箱、开关箱箱体钢板厚度＞1.2mm □配电箱、开关箱箱体已接保护零线 □箱内电器符合规范要求 □漏电断路器额定漏电动作电流≤30mA，额定动作时间≤0.1s □配电箱、开关箱电源电缆完好无破皮、断线等损坏 □电缆载流量满足负荷要求，并与开关相匹配 □电缆敷设方式符合规范要求，架空线的最大弧垂与地面距离，施工现场不低于4.0m，穿越机动车道不低于6m，沿墙壁敷设时最大弧垂距地不得小于2m，埋地标识符合要求 □配电箱、开关箱有警示标识、名称、编号、联系人、日检表 　　□用电设备满足"一机一闸一漏一箱"的要求 □用电设备已经过检查，确认完好，有合格色标 □开关箱隔离开关和漏电断路器已断开，并有明显可见断点，挂"有人工作，禁止合闸"警示牌 □配电箱需接电的分路漏电断路器及其上级隔离开关已断开，并有明显可见断点，挂"有人工作，禁止合闸"警示牌并关门上锁 □在防爆场所使用的临时电源，电器元件和线路应达到相应的防爆等级要求 □行灯电压不得超过24V，在特别潮湿的场所或塔、釜、罐等金属设备内，不得超过12V □其他安全措施

申请栏	我保证我及我的下属所申请的作业内容真实有效，阅读理解并遵照执行安全方案和此许可证，并负责落实各项安全措施。 分包商负责人签字：　　　　　　　　　　　　　　　　　　＿＿＿＿年＿＿月＿＿日＿＿时＿＿分
执行栏	我已接受了安全交底，理解并遵照执行安全方案和此许可证，在作业过程中执行各项安全措施，并履行安全用电管理职责。 电工签字：　　　　　　　　　　　　　　　　　　　　　＿＿＿＿年＿＿月＿＿日＿＿时＿＿分
审核栏	本人已对施工用电的设备设施进行检查确认，能够满足作业安全要求。 分包商电气专业工程师签字：　　　　　　　　　　　　　　＿＿＿＿年＿＿月＿＿日＿＿时＿＿分
批准栏	本人已对施工用电的设备设施进行检查确认，符合安全要求；对作业过程可能出现的风险进行了识别并采取了风险削减和监控措施，能够满足作业安全要求。 承包商区域负责人或授权人签字：　　　　　　　　　　　　＿＿＿＿年＿＿月＿＿日＿＿时＿＿分

关闭栏	请打"√"选择关闭原因	用电申请人：	作业批准人（EPC承包商）：
	□许可证到期，更新许可证 □分配电箱停止运行，总配电箱责任单位电工按电气操作规程切断分配电箱电源 □发生意外事件、事故等原因分配电箱停止运行 □许可证申请人申请关闭，许可证批准人批准关闭	＿＿＿年＿月＿日＿时＿分	＿＿＿年＿月＿日＿时＿分
取消栏	因以下原因，作业票取消：	用电申请人： ＿＿＿年＿月＿日＿时＿分	作业批准人（EPC承包商）： ＿＿＿年＿月＿日＿时＿分

临时用电工程验收表见表 3-11。

临时用电工程验收表

表 3-11

序号	项目	验收要求	结果
1	变配电设施	变电所建（构）筑物符合设计要求	
		室内采光、照明充足，有应急照明	
		配电装置的试验报告、保护校验记录、产品合格证和使用说明书齐全	
		配备充足的扑灭电气火灾的消防器材	
		安全警示标识齐全	
		备有绝缘鞋、绝缘手套、绝缘垫、绝缘拉杆等在有效可靠的安全工具	
2	电缆线路	架空线、电缆线路的敷设符合设计或规范要求，试验报告、绝缘检查记录、产品合格证齐全	
		电缆埋地敷设；转弯处和直线段每隔 20m 处应设一个"下有电缆"的明显标识并标示其路径方向；通过道路时应采用保护套管；隐蔽工程检查验收记录齐全	
		电缆架空敷设，最大弧垂与地面距离：施工现场≥4m，穿越机动车道≥6.0m，铁路轨道≥7.5m，室内沿墙壁敷设时最大弧垂距地≥2m	
3	接零保护及防雷接地	采用 TN-S 接零保护	
		接地装置的设置符合要求，检查验收记录齐全	
		保护零线（PE 线）在总配电箱、分配电箱等处应作重复接地	
		电气设备不带电的金属外壳、周围的金属结构等应采用接零保护	
		钢结构、脚手架、高大金属设备应安装防雷接地装置	
4	配电设备	配电箱、开关箱有铭牌、色标、编号、安全标识、系统图、电工负责人姓名、电话、用途、日检表、门、锁齐全，箱内电器元件有出厂合格证	
		配电箱、开关箱箱体钢板的厚度应在 1.2~1.5mm，配电箱应为户外式	
		配电箱、开关箱安装高度符合规范要求，周围不得堆放易燃易爆、腐蚀性物品，搭设防护棚、栅栏，配置消防器材	
		总配电箱应装设电压表、总电流表、电度表及其他需要的仪表	
		配电箱、开关箱内电器元件的选择符合规范要求	
		总配电箱中漏电保护器的额定漏电动作电流应 > 30mA，额定漏电动作时间应 > 0.1s，但其额定漏电动作电流与额定漏电动作时间的乘积≤30mA·s	
		分配电箱、开关箱内漏电保护器的额定漏电动作电流不得大于 30mA，额定漏电动作时间不得大于 0.1s	
		动力配电箱与照明配电箱宜分别设置，当合并设置时，应分路配电	

序号	项目	验收要求	结果
4	配电设备	电箱的进出线口配置线卡。进出电缆加绝缘护套固在箱体上，不得与箱体接触，严禁承受外力	
		电箱的电源进线端严禁采用插头和插座活动连接	
		电箱内的导线截面积符合要求，应采用铜芯绝缘导线且绝缘良好，导线剥头不得过长、导线端头应采用螺栓连接或压接牢固，分支导线严禁采用串接方式连接，盘面操作部位接头不得松动，不得有外露带电部分	
		配电柜内线路分路合理、排列整齐，各分支线路应编号，并标明回路用途标记	
		电箱内保持整洁，不得放置任何杂物，并且不得随意挂接其他用电设备	
5	用电管理	用电单位应配备供用电设施的管理、运行、维护专业人员，明确管理机构与专业班组的职责，明确各级用电安全负责人	
		应根据用电情况制定用电、维修、岗位责任制以及安全操作规程	
		用电设施的运行及维护人员有上岗合格证书和通过入场安全教育	

验收意见		单位	验收人员
		雇主/项目管理承包商	
		承包商	
_____年___月___日		分包商	

3.4 挖掘作业 Excavation Operation

3.4.1 基本要求 Basic Requirements

（1）大于 1.2m 深度或小于 1.2m 但有潜在危险环境的挖掘作业也应定义为受限空间。

（2）每个挖掘处都要有梯子或者坡道出口。每个梯子或坡道出口的间距不得大于 8m。每个梯子应状态良好，且从底面伸长到沟顶上部 1m 以上，并在顶部固定。

（3）禁止跳跃或跨越坑道，在适当距离设置通道以满足通行要求。所有跨越坑道的走道、连接桥、斜坡都要设有标准的栏杆，以避免人员和设备坠落。

（4）当挖掘深度低于地下水标高时，应使用支撑和其他合适的保护装置保持斜坡强度。护墙板要插入沟底部来增加泥土的稳定性。

（5）为防止地表水进入沟渠，应建挡水坝和排水沟，并提供足够排水设施，避免水积在沟渠的底部。

（6）要确保挖出的土方离沟边 1m 以上。人员在沟渠内工作时，放在沟外的杂物要远离沟边至少 2m。不应在坑、沟槽内休息，不得在升降设备、挖掘设备下或坑、沟槽上端边沿站立、走动。

（7）外载荷、混凝土运输车、汽车式起重机等要远离挖掘处，以保持边坡稳定。距离的远近要由土木工程师决定，并在批准的挖掘许可单上规定。

（8）作业过程中必须设专人对开挖过程进行全程监护，对开挖处、邻近区域和保护系统进行检查，发现异常或危险征兆，应立即停止作业。

（9）在开挖过程中，如果发现有地下不明物（如电缆、电线、地下管道等）或有异常情况时，必须及时向雇主/项目管理承包商报告，并立即暂停开挖工作，待承包商组织有关部门现场察看并有处理方案后，再恢复施工。

3.4.2 作业计划 Excavation Program

（1）挖掘作业前，承包商应根据设计文件，检查地下已有的设施，如电气电缆、通信电缆、排水沟、地下管道等情况，并进行工作前安全分析（JSA），根据分析结果，确定应采取的相关措施。地下已有设施位置必须在现场做好标记、标识。

（2）开挖深度超过 3m（含 3m）或虽未超过 3m 但地质条件和周边环境复杂的基坑（槽）支护、降水工程和开挖深度超过 3m（含 3m）的基坑（槽）的土方开挖工程，应编制安全专项方案，经承包商审查后报雇主/项目管理承包商备案。开挖深度超过 5m（含 5m）的基坑（槽）的土方开挖、支护、降水工程或不超过 5m，地质条件和地下管线、电缆复杂的基坑（槽）的土方开挖、支护、降水工程，编制的安全专项施工方案要经过专家论证。作业过程严格按方案执行。

（3）施工人员作业前必须经过安全技术交底，并认真做好安全技术交底记录。对地下情况复杂、危险性较大的挖掘项目，施工区域主管单位根据情况，组织电力、生产、设备、消防和隐蔽设施的主管单位联合进行现场地下设施交底，根据施工区域地质、水文、地下管道、埋地电力电缆、永久性标桩、地质和地震部门设置的长期观测孔等情况，向承包商提出具体要求。

（4）挖掘申请必须提前 3 天提出，挖掘前，必须评估土质情况。

（5）挖掘工作开始之前必须得到挖掘审批单，并正确执行，以保护人员不受与挖掘作业有关的伤害，以及保护地下设施。

（6）所有超过 1.5m 深的挖掘工程必须放坡或支撑，当泥土情况不稳定时，挖掘小于 1.2m 深度也应放坡或支撑。放坡斜率最小 1∶1，最小沟宽应为 0.6m。

3.4.3　挖掘保护 Excavation Protection

确定和设计挖掘保护方式要仔细考虑以下几点：

（1）挖掘深度。

（2）由于空气、阳光和水可能改变土质。

（3）车辆振动引起的地面移动。

（4）周围建筑或车辆上的载荷。

（5）土质分类和土壤压力。

3.4.4　支撑安装 Support Installation

（1）如果挖掘工作需要做支撑，必须由专业人员设计，并将草图和计算附在挖掘申请单中。

（2）安装支撑时必须按图施工，支撑至少要高于挖掘边缘 300mm，并设置 300mm 挡板。

（3）应从上至下安装支撑。在安装支撑时，必须水平安装横撑或顶杆，并将支撑板垂直安放在合适的地方，以防止坍塌和滑坡。

（4）所有的支撑材料必须完好无损，尺寸合适，不应使用有大结或有孔洞的木头。

（5）安装支撑必须紧跟挖掘工作。即使没有在进行的工作，也要有支撑，防止挖掘坑壁脱落伤人。没支撑的沟段越长越容易产生坍塌的危险。

3.4.5　围栏和照明 Barricade and Lighting

（1）开始挖掘作业之前，挖掘区域要用围栏围好，在挖掘处和沟渠处要有明显警示标识和围栏，防止有人无意进入挖掘区域。

（2）围栏和扶手可以移开以方便必要时人员的进出，或便于设备材料的搬运。人员和物品进出后要尽快放回原处。

（3）围栏离沟边至少要有 1m，围栏和沟渠边缘之间不得堆放材料。

（4）围栏和警示标识的设置位置应考虑要防止过于靠近挖掘区或沟渠边缘，危害边坡稳定。

（5）夜间要开启闪光标识灯。

3.4.6 检查 Inspection

（1）专业人员要对挖掘作业、支撑系统和邻近区域每天检查以确保没有坍塌，还要检查保护设备的可靠性、周边环境的危险性及其他危险状况。

（2）暴雨或其他危害因素容易增加塌方和滑坡的可能性，如果出现明显有危险的地面位移，如张力裂缝等，所有的挖掘工作都要立即停止，直到问题解决为止。

（3）专业人员当发现有证据显示，现场环境已改变，有可能产生坍塌，或保护措施失效，或有危险的自然环境，应要求人员离开危险区域，直到采取必要措施确保安全为止。

3.4.7 工作收尾 Finishing Work

工作完成，支撑被拆除以后，土壤有可能回塌。从底部开始拆除支撑，应缓慢小心地拆除支撑材料。在地层不稳定时，使用绳子把支撑材料移出。

当挖掘作业完成时，挖掘申请单将由承包商 HSE 经理或施工经理保留并存档。

3.4.8 挖掘许可 Excavation Permit

（1）挖掘作业实行作业许可。所有地面挖掘深度超过 0.5m 的挖掘作业，应办理挖掘作业许可证，经批准后方可正式开始挖掘施工；挖掘作业许可证的有效期限一般不超过一个班次，最长不得超过 7 天。对一些危险性较大的挖掘作业（包括但不限于：临近建筑结构、存在地下设施、生产存放危险化学品的区域等）不得超过一个班次。无挖掘作业许可证不得进行挖掘作业。挖掘作业许可证由申请单位保存至项目竣工。

（2）应指定有资格人员和负责主管签署挖掘许可单。当主管签署申请单以后，将申请单交给负责的土木、电工、管工现场工程师审阅和签署。

（3）各专业现场工程师将审阅存档的工程图和完工图并核实所有地下设施，以确认申请单所示准确无误 。

（4）各专业审阅和签署完毕后，由 HSE 经理审阅签署该申请，以明确该申请符合程序并提出明确的要求。挖掘许可单经批准并满足所有要求后方可动工。

（5）挖掘许可单必须现场存放直至此项挖掘工作完成为止。挖掘许可单的复印件由承包商保存。

3.4.9 挖掘作业许可办理流程 Excavation Permit Application Process

（1）挖掘作业许可申请前的准备

1）编制机械或人工开挖工作安全分析（JSA）；

2）属于危险性较大分部分项工程，应编制安全专项方案，需要组织专家论证的，应组织专家论证；

3）安全专项方案需要经雇主/项目管理承包商审查和备案。

（2）挖掘作业许可申请和审核

1）分包商负责人（一级分包商在该作业区域的主管人员）按要求填写许可证申请信息栏，制定并在现场落实安全措施后，在申请栏签字；

2）作业人员接受安全交底在交底记录上签字，作业负责人（具体实施作业的作业队负责人）代表全体作业人员在许可证执行栏签字；

3）监护人员现场核实安全措施全部落实后，在现场作业监护人栏签字；

4）分包商专业工程师现场审核安全措施，提出补充措施，符合要求后在审核栏签字确认；

5）如作业对其他单位有影响，须请相关单位及人员签字确认，并注明联系方式；

6）承包商区域负责人或授权人现场确认该许可作业的安全措施已落实，符合要求，在批准栏签字确认；

7）雇主/项目管理承包商专业工程师现场确认该许可作业的安全措施已落实，符合要求，在批准栏签字确认；

8）作业许可证生效；相关的安全专项方案、工作安全分析（JSA）、地下设施图纸、安全交底资料及作业人员名单作为票证附件共同公示。

（3）许可证的关闭

1）作业申请人在关闭栏打"√"选择关闭原因，并签字；

2）作业批准人（EPC承包商）在关闭栏签字关闭许可证。

（4）许可证取消

挖掘作业许可证批准后或作业过程中，由于工程变更等各种原因须取消挖掘作业，挖掘作业申请人应在许可证取消栏注明原因，并签字，报作业批准人（EPC承包商）签字批准取消。

挖掘作业许可证见表3-12。挖掘作业安全检查记录见表3-13。

<table>
<tr><td rowspan="7">申请信息</td><td colspan="4">分包商：</td><td colspan="2">承包商：</td></tr>
<tr><td colspan="6">作业地点：</td></tr>
<tr><td rowspan="3">作业人员</td><td colspan="2">挖掘机操作人员</td><td></td><td>证件号</td><td></td></tr>
<tr><td colspan="2">挖掘机操作人员</td><td></td><td>证件号</td><td></td></tr>
<tr><td colspan="2">其他作业人数：</td><td colspan="2">监护人：</td><td></td></tr>
<tr><td colspan="6">作业时间：　从____年___月___日___时___分 至 ____年___月___日___时___分</td></tr>
<tr><td colspan="6">作业内容：（包括挖掘范围、深度、面积并附简图）</td></tr>
</table>

需要提供的资料及采取的安全措施	附件（对应的附件打"√"）：□安全专项方案　　□JSA　　□地下设施附图等　　□其他

挖掘作业类型：（在对应的作业类型上打"√"，其余打"×"）
□人工开挖　□机械开挖　□机械打桩　□地锚入土　□墙壁开槽打眼　□建筑物拆除　□墙壁开门、洞
□其他

地上、地下设施：（存在打"√"，不存在打"×"）

□电缆	□通信线缆	□仪表线缆	□消防管线	□架空线缆
□给水管线	□排水管线	□工艺物料管线	□燃气管线	□工艺管廊管架

其他设施：

说明：以上设施应在施工附图中标出位置、管径、走向、深度；隔离阀/开关的位置，变径位置，电力电压，工艺物料名称、理化性质，架空线路高度等。施工附图必须张贴在施工现场

应采取的安全措施：（需要打"√"，不需要打"×"）

保护系统	□支撑　　　□挡板　　　□盖板　　　□围栏　　　□路障　　　□反光背心 □梯子　　　□救生绳索　□台阶或坡道　□机械升降装置　□夜间警示灯 □安全带　　□防酸碱服装　□绝缘服装
危险性气体	□气体检测　　　□防毒面具　　　□长管呼吸器　　　□空气呼吸器 □防爆机具　　　□通风措施　　　□已完成危险评估

作业前检查确认以下措施：（需要打"√"，不需要打"×"）

□已落实现场安全监护 □已办理断路申请 □已落实挖出物存放位置 □已确定机具设备出入方式 □已制定人员进出口和撤离保护措施 □已制定塌方保护措施	□已审查附图，地上地下设施已落实保护措施 □已考虑排水方式 □已落实警示标识 □已准备跨越坑沟的设施 □夜间设置警示灯 □作业环境气体检测合格 □已制定紧急状态下的应急措施	□已知的地下设施 1m 内采用人工挖掘 □已对该项作业进行了 JSA 分析 □已进行了安全交底 □挖掘现场四周设置安全防护栏 □其他

申请栏	我保证我及我的下属所申请的作业内容真实有效，理解并遵照执行安全方案和此许可证，并负责落实各项安全措施。 分包商负责人签字：　　　　　　　　　　　　　　　　____年___月___日___时___分
执行栏	我保证我及我的下属接受了安全交底，理解并遵照执行安全方案和此许可证，并在作业过程中负责落实各项安全措施。 作业负责人签字：　　　　　　　　　　　　　　　　　____年___月___日___时___分

监护栏	已确认所有安全措施都已落实，现场满足挖掘作业条件，我承诺作业期间不离开现场，履行监护职责，当现场出现异常情况立即通知停止作业。	
	作业监护人签字：	_____年___月___日___时___分
审核栏	本人已对上述安全措施进行现场确认，符合要求。	
	分包商专业工程师签字：	_____年___月___日___时___分
相关方	本人了解该工作对本单位的影响，将安排人员对此项工作给予关注，如遇紧急情况，将及时通报信息。	
	单位名称： 确认人及联系方式：	_____年___月___日___时___分
	单位名称： 确认人及联系方式：	_____年___月___日___时___分
批准栏	我已在现场确认该作业的安全措施已落实，符合要求。	
	承包商区域负责人或授权人签字：	_____年___月___日___时___分

挖掘作业安全检查记录表　　　　　　　表 3-13

项目名称：	挖掘作业单位：	
挖掘部位：	挖掘长度或面积：	
挖掘作业开始时间：	检查日期：	

检查内容	检查结果
1. 挖掘地点、场所、深度及范围符合许可要求	
2. 按照规定配备使用个人防护装备，暴露在道路上的作业人员配备了反光背心	
3. 确定了车辆、设备和废土石堆的位置，以保证车辆安全通行，废土石堆或料堆距挖掘边缘符合规定要求	
4. 对作业人员进行挖掘相关安全法规和挖掘规定的培训	
5. 挖掘作业前施工机具进行了安全检查和记录（挖掘机、抽水泵等）	
6. 沟槽内安全出入口、爬梯的数量和固定符合规定要求	
7. 挖掘时按规定进行了放坡、支撑、加固或托底基础	
8. 过沟跳板的数量和固定符合要求，并安装了标准护栏和警示标识	
9. 基坑内无积水、槽壁稳定	
10. 对危险性气体环境进行有效的监测	
11. 设置了充分的标识、路障和坑/槽口的围护	
12. 跨越挖掘处的公用设施管线有架空支撑，有防止物体落下的保护装置	
13. 在敞开的坑或竖井上有覆盖物或设置了路障	
14. 挖掘作业方案和安全措施得到落实和保持	
15. 检查过程中不合格项的整改情况	
存在的其他问题：	
检查人意见和签字： _____年___月___日___时___分	
整改确认和签字： _____年___月___日___时___分	

3.5 高处作业 Working at Height

3.5.1 基本要求 Basic Requirements

（1）基本要求

在工作位置高于地面 2m 或更高处作业时，应满足以下条件：

1）使用带有安全护栏的固定工作平台；

2）每人使用能负重至少达到 2268kg 的防坠落设备，防坠落设备须牢固系挂在头顶上方；

3）全身式安全带，每个接口用双保险的自锁扣连接；

4）使用合成纤维的安全绳索并配备有效的缓冲包；

5）防坠落设备需将自由坠落距离限制于 2m 以内；

6）使用前目测检查防坠落设备和系统，如有损坏，立即停止使用；

7）工作人员经过培训能胜任相应的工作。

（2）设备要求

任何人在高于 1.8m 并且周围无合格保护设施且存在坠落危险的区域，必须穿戴防坠落器具并落实以下要求：

1）坠落防护设备在每次使用前都必须由使用者检查一次，个人穿戴防护设备必须由 HSE 经理指派专业人员每 3 个月全面检查一次。

2）辅助防护设备用于人员在紧急情况下从一个地方转移到另外一个安全的位置。

3）在人员工作的平台或有高度的区域必须安装安全通道例如梯子，设置合理、安全进出口，以确保紧急状况时撤离。

4）任何个人在需要穿着坠落防护设备的区域工作时没有穿戴必需的个人保护设备，将被告知其上级中止其工作并勒令离开该项目。

5）工作危险分析应传达到每个被指派到高处作业的人员。现场施工作业班组长应组织分析所有高处作业，确保提供足够的高处坠落保护设施。在完成工作前安全分析后，现场施工作业班组长应指导每个参与高处作业的人员，让其了解所采用的具体保护措施。

6）全身式安全吊带用于防止人员高处坠落，工作人员乘坐机动升降平台或个人提升设备时也必须妥善系挂自己的安全带。不能以安全带大钩钩挂钩的形式作为 100%坠落保护方式。

7）人员在高于地面或邻近表面 1.8m 的高处区域移动或工作时，应选择二级坠落保护措施，以确保安全带所有时间都连接在防坠落装置上。生命绳和所批准的防坠落装置能承受 2268kg 的重量。

8）坠落防护装置和系统仅用于作业人员的安全防护。坠落防护装置如生命绳、全身式安全带和速差防坠器等，在每次使用之前都应检查其破损或老化情况。破损的设备应停止使用，进行销毁或上交 HSE 部处理。

9）分包商应尽量使用一级坠落防护装置，如脚手架、高空作业车、人员提升设备等。这些系统和装备须有通畅可行走且配有完整标准栏杆的进出口及通道，高处作业必须有工作平台、标准安全栏杆和安全的进出通道。

10）在可能导致刺穿或其他人身伤害的环境（如高温设备、正在运转的设备、钢筋等），高处坠落防护装置应考虑到应用时的潜在坠落距离。

11）直立可以刺伤人的材料，如：钢筋等，需要在其顶端扣上专门的钢筋防护帽，或者其他可以充分保护人员并且覆盖可刺伤人的材料顶端的物体。

3.5.2　坠落防护安全培训 Fall Protection Safety Training

员工应接受坠落危险识别、坠落防护设备使用以及其程序培训。当培训程序发生改变或者员工对防坠落知识和设备不完全掌握时，都应重新进行培训。完整的培训计划、培训创新和整体的培训是员工掌握高处作业安全防护技能和应急知识，进而达到 100%坠落防护的关键。

3.5.3　一级坠落保护系统 Primary Fall Protection System

一级坠落保护系统是指在高处作业时，必须装配有标准防护栏杆，安装有梯子的可供人员行走的工作平台，包括但不限于脚手架、起重设备以及其他经过批准的人员提升设备。

（1）标准防护栏杆系统应包含上层护栏和中护栏，比如脚手架架杆、高度符合相关标准要求，还应在通道边缘安装约为 150mm 高的挡脚板。

（2）标准防护围栏应能承受 90.7kg 平行于地面垂直作用其上的冲击力，在此作用力下防护围栏的形变不能超过 50mm。

（3）开放式检修孔或洞孔盖板用于覆盖在地面、通道或工作平面上的孔洞。这些盖板必须可以承受最大设计承载的重量。这些盖板必须能完全覆盖孔洞而且进行可靠固定，并必须设置有"孔洞覆盖，勿动"的标识。

3.5.4　二级坠落保护系统 Secondary Fall Protection System

二级坠落保护系统是指必须穿戴作为一级坠落保护系统的备用设施，或在缺乏一级保护系统时必须使用。安全绳应当被锁定在全身吊带后背的 D 环上。当 D 环被设置在腰间的时候，只能用于有栏杆型梯子的攀爬活动时。只有被雇主/项目管理承包商批准的全身式安全带/安全绳系统才能被使用。

（1）生命绳

生命绳系统作为可被系索系挂的设施，必须能够最少承受 2268kg 的冲击力。生命绳被用于横向或者纵向比较有灵活性的高处作业区域。脚手架搭建完成前应优先考虑生命绳的设置。

1）水平生命绳

a. 水平生命绳的设计原则应基于 100%坠落保护的前提，同时能给工作人员提供更多活动空间。

b. 所有水平生命绳必须被固定在钢结构（如管架）上，而且每端至少有 3 个缆索夹固定生命绳。

c. 水平生命绳与有锋利边缘的结构之间应加软垫以防止损坏救生索。特殊替换材料如合成纤维绳必须先由 HSE 部批准。

d. 有冲击负载时，合成纤维绳不能用于水平位置，合成纤维绳可以作为没有冲击负载的防坠落设备（如屋顶边沿护网）。中间支持物应当足够减小下坠和垂直倾斜。

e. 水平生命绳放置高度应在工作人员的腰部以上。

f. 水平生命绳应由有安装经验且能胜任的人员安装维护，以保障生命绳系统满足要求。在每次维护的时候应考虑到的 5 个安全因素有：

a）只能作为高处作业的防护用具；

b）必须由专业的安装人员每周进行检查；

c）只有独立的一种颜色，保证容易辨认；

d）生命绳的位置；

e）生命绳锚点安装的牢固性。

2）垂直生命绳和速差防坠器

垂直生命绳用于有纵向灵活度要求，以及静力生命绳中有合成纤维绳，或者缆绳上装备了绳子抓钩，或者工作人员装配了直接系挂在全身吊带上的可回收的速差防坠器。

3）静力绳和生命绳

在空中爬升机或外悬挂起重架以及两点悬挂脚手架上作业，每个人都要求佩戴带绳抓钩式静力绳救生索。

a. 静力绳或生命绳必须被系挂在独立系统的顶部，而且必须能承受 2268kg 的重量；

b. 当静力绳或生命绳与有锋利表面的结构接触时必须加软垫；

c. 静力绳或生命绳的材料为经 HSE 部批准的合成纤维绳；

d. 滑动缆绳抓钩只用于安全连接吊带系统与垂直救生索，系索不允许以打结和打圈的方式连接到生命绳上；

e. 缆绳抓钩应设在高于使用者肩膀的位置。

4）速差防坠器

速差防坠器应当由锚卸扣、竖钩和铁丝缆绳或者人造合成吊索夹来保护。缆绳（合成或天然纤维）不应运用于此类装备。每种连接方式都必须能承受 2268kg 以上的重量。

每个速差防坠器应当系上尾绳作为延长索。

速差防坠器也可以作为坠落防护设备被应用于搭建钢结构的防坠落设施。

（2）载人升降设备

1）搭乘或在此类设备上工作的人员必须穿戴批准的全身式安全带和安全绳，并将系索系挂在锚固点上；

2）提升设备应被放置在固定的水平表面以消除倾覆的可能性；

3）只有被授权人员才能操作此设备；

4）在提升设备内的人员不能把安全系索挂在相邻的柱子、结构或者其他设备上；

5）工作人员应在吊篮的地板上站稳，严禁攀登吊篮栏杆，也不允许在吊篮内外使用跳板、梯子及其他装置；

6）不能超过起吊载荷极限；

7）乘坐封闭升降设备不要求系挂全身式安全带和安全绳。

（3）载人吊篮

在此类升降设备搭乘或工作时，必须穿戴经批准的全身式安全带和安全绳，而且必须连接各自独立的生命绳和生命绳自锁器，并确保速差防坠器可靠地安装在全身式安全带的 D 环上。

（4）钢结构及其他类似结构

1）人员工作或穿过高于地面或平面 1.8m 高处的钢结构时，必须穿戴批准的防护设备，而且将安全绳系挂在可承受 2268kg 冲击力的生命绳或钢结构上以获得 100% 的保护（包括人员水平和垂直移动）；

2）在此类结构上工作的人员必须有两条安全绳以获得 100% 的坠落防护。工作在离地面或平面 1.8m 高处时，安全绳必须保证时刻系挂在生命绳上；

3）在穿过这类钢结构时，应正确使用生命绳作为防坠落保护，由有经验的专业人员负责安装和维护建立在此类结构上的生命绳；

4）垂直穿过这类结构应当适当安装和固定梯子，以及使用垂直静力生命绳或速差防坠器；

5）在救生索区域，人员可将其安全绳固定于平稳的钢结构单元，管子或管架支撑必须可承受 2268kg 的重量。禁止系挂在电缆架、配电管以及小口径管线上。

（5）平台结构作业

1）在永久性平台、地板以及通道上工作或路过无坠落危险区域时，无须穿戴全身式安全带/安全绳。提供人员进出此类区域的可以是永久性楼梯，也可以是密封式升降机。

2）在未完工的永久性结构上工作或者路过，即使高度未到 1.8m，只要有坠落的危险存在，都必须穿戴全身式安全带，并系好安全绳。

3）应优先考虑安装和固定永久性地面或行走平面以及防护栏杆，或其他永久式防坠落装置。

4）如有需要，可安装临时栏杆和地面盖板以防止坠落。

5）只有授权人员才能参与未完成的永久结构的安装，并且必须佩戴二级防坠用具。

6）已完工的永久性楼梯可用于高处作业的进出通道。

7）在已安装固定栏杆的楼梯，人员上下楼梯必须有一手扶栏杆，无需佩戴防坠护具。

8）在护笼式梯子上下，必须两手握梯，不得一手携带物品，也无需佩戴二级防坠护具。

（6）钢结构安装

1）参与安装钢结构的人员必须使用适当的防坠落护具，如全身式安全带/安全绳、速差防坠器，连接安全带 D 形环以及空中提升设备以达到 100%防坠落保护。

2）钢结构安装时，起重、提升和梯子应作为垂直上下的主要方法。

3）禁止攀登独立钢结构的立柱和斜撑。

4）水平生命绳安装时，安装人员将其固定于钢结构上。当生命绳投入使用时，部分符合条件的场合可以用速差防坠器作为防护用具。

5）由于钢结构系挂点高度的原因，需要的系索长度大于标准时，需通知 HSE 经理，以获得批准其增加长度。

（7）模板工程

1）人员在高过地表 1.8m 以上的钢筋墙、钢筋、墩、凝土模板上工作时，必须时刻佩戴防坠用具；

2）适用的设备包括：速差防坠器、生命绳以及安全绳自锁器或双安全绳，以保证完全的防护；

3）在钢筋或成形墙，以及有高度的墩台之上工作时，需要用于防坠落的定位安全绳和防坠落生命绳同时使用；

4）在垂直的钢筋墙上，安全绳应系于高于工作者头部的生命绳或水平的钢筋之上；

5）在成形的墙上，人员应利用生命绳自锁器防坠落或生命绳去固定安全绳。人员必须具有经验而且接受过工作危险分析培训。

（8）起重机械及附件的拆除

1）起重机械及附件的拆除需要编制专项方案，以实现100%防坠落保护。

2）在工作开始前，所有相关人员应进行特种作业危险分析培训。

3）可以利用的设备包括速差防坠器、全身式安全带和安全绳，在条件允许的情况下少移动的高处区域可用梯子或人员起重设备。

4）在不佩戴连续防坠落设备（如生命绳）的情况下，禁止在起重机、吊臂以及高处边缘行走。

5）在起重机操作室或上部框架工作时，速差防坠器应当由第一个先上的工作人员系结，而全体作业人员必须使用。

6）卸载平板拖车时，要注意以下事项：

a. 确保货物在稳定的位置上；

b. 注意车尾边缘，注意行走路线，检查车厢地面有无坑洞或被腐蚀的地方；

c. 不要站在起吊的重物或设备下方；

d. 利用尾绳控制重物方向；

e. 利用梯子上下车厢。

7）起吊大型货物，吊装工及其他人员会接触到类似的大型货物吊装作业，如大罐、大容器、工字钢、筒仓，此类起重活动常常需要高处作业，防坠防护包括：

a. 用梯子上下高处；

b. 持续的防坠落保护可利用系在起重机吊臂或吊钩上的速差防坠器；只要是能提供持续不断保护的其他方法也可适用；

c. 利用载人升降设备。

（9）挖掘

1）所有挖掘，在不考虑深度的情况下都应有适当的防坠措施（如硬性的路障等），这些措施应当设置在挖掘现场的边界和入口；

2）当挖掘深度已达1.2m时，应消除沟边坠落危险；

3）当挖掘深度小于1.2m时，可使用木质的隔离路障；

4）如果挖掘深度超过1.2m，应当在沟边建立牢固的上下两层都可以承受90.7kg的重量且没有任何方向性倾斜的栏杆；

5）栏杆的进出口设在适合的位置。

（10）其他设备

1）安全网：安全网可以由 HSE 经理确定在某些情况下作为二级防坠落设施使用；

2）连接器套环：这种装置是锁在钢结构的螺钉孔内，为全身吊带的安全绳提供一个连接点；

3）预留混凝土预制件系挂点：这种系挂点预留在混凝土预制件上，为全身式安全带和安全绳提供一个连接点，用于在高 1.8m、有坠落危险的混凝土预制件上进行施工作业。

3.5.5　高处作业许可证办理流程 Working at Height Permit Application Process

（1）高处作业许可申请前的准备

1）组织编制工作前安全分析（JSA）；

2）特殊高处作业编制安全专项方案，经承包商审查后报雇主/项目管理承包商备案；

3）准备合格的高处作业防护用品及安全保护设施。

（2）高处作业许可申请和审核

1）分包商负责人（一级分包商在该作业区域的主管人员）按要求填写许可证申请信息栏，制定并在现场落实安全措施后，在申请栏签字；

2）作业人员接受安全交底在交底记录上签字，作业负责人（具体实施作业的作业队负责人）代表全体作业人员在许可证执行栏签字；

3）监护人员现场核实安全措施全部落实后，在现场作业监护人栏签字；

4）分包商专业工程师现场审核安全措施，提出补充措施，符合要求后在审核栏签字确认；

5）承包商区域负责人或授权人现场确认该许可作业的安全措施已落实，符合要求，在批准栏签字确认；

6）作业许可证生效。相关的安全专项方案、工作前安全分析（JSA）、安全交底资料及作业人员名单作为票证附件共同公示。

（3）许可证的关闭

1）作业申请人在关闭栏打"√"选择关闭原因，并签字；

2）作业批准人（EPC）在关闭栏签字关闭许可证。

（4）许可证取消

高处作业许可证批准后或作业过程中，由于工程变更等各种原因须取消高处作业，高处作业申请人应在许可证取消栏注明原因，并签字，报批准人（EPC 承包商）签字批准取消。

高处作业许可证见表 3-14。

申请信息	分包商		承包商	
	作业地点		作业高度	
	作业类别	□一般　　□特殊		
	作业负责人		监护人	
	是否附安全专项方案：　　□是　　□否			
	作业时间：从____年___月___日___时___分至____年___月___日___时___分			
	作业内容描述：			

需要提供的资料及安全措施	作业前检查确认以下风险削减措施：（需要打"√"，不需要打"×"）	
	□身体条件符合要求	□设置围栏、警戒线、标识
	□着装符合工作要求	□对员工进行了培训、安全交底
	□100%配备双大钩五点式安全带	□垂直分层作业中间有隔离
	□特殊高处作业配备通信工具	□梯子符合安全要求
	□夜间有警示灯	□在非承重物上作业时，已搭设承重板
	□携带工具袋	□锚固点适当、充足、牢固可靠独立于工作面
	□作业点照明充足	□设置了合格的、满足用索人数量的垂直吊绳
	□配备了合格的监护人	□设置了合格的、满足用索人员数量的水平吊绳
	□设置了合格的、满足用索人员数量的坠落阻止器，并与救生索匹配	□有合格的上下通道、水平通道
		□其他

申请栏	我保证我及我的下属所申请的作业内容真实有效，理解并遵照执行安全方案和此许可证，并负责落实各项安全措施。
	分包商负责人签字：　　　　　　　　　　　　　　　　　　____年___月___日___时___分

执行栏	我保证我及我的下属接受了安全交底，理解并遵照执行安全方案和此许可证，并在作业过程中负责落实各项安全措施。
	作业负责人签字：　　　　　　　　　　　　　　　　　　　____年___月___日___时___分

监护栏	本人已确认所有安全措施都已落实，现场满足作业条件，我承诺作业期间不离开现场，履行监护职责，当现场出现异常情况立即通知停止作业。
	监护人签字：　　　　　　　　　　　　　　　　　　　　　____年___月___日___时___分

审核栏	本人已对上述安全措施进行现场确认，符合要求。
	分包商专业工程师签字：　　　　　　　　　　　　　　　　____年___月___日___时___分

批准栏	本人已确认高处作业安全措施已落实，符合要求。
	承包商区域负责人或授权人签字：　　　　　　　　　　　　____年___月___日___时___分

延期栏	延期仅适用于特殊高处作业。 延期时间不超过一个班次，申请人和批准人必须现场确认作业条件没有变化且现场各项措施满足安全要求	
	___年___月___日___时___分至___年___月___日___时___分	申请人：　　　　批准人：

关闭栏	请打"√"选择关闭原因	作业申请人：	作业批准人（EPC 承包商）：
	□许可证到期，同意关闭 □工作完成，已经确认现场没有遗留任何隐患，现场恢复到正常状态，同意关闭	___年__月__日__时__分	___年__月__日__时__分

取消栏	因以下原因，作业票取消：	作业申请人：	作业批准人（EPC 承包商）：
		___年__月__日__时__分	___年__月__日__时__分

3.6 受限空间作业 Confined Space Entry Operation

3.6.1 基本要求 Basic Requirements

承包商应与分包商、雇主/项目管理承包商和操作人员协调、评估工作场所，确定哪些场所是受限空间。检测识别潜在危险，设置警示标识，适用的运行系统和机械设备实施锁定和挂牌制度。启用进入许可证制度，提供检测、通风、通信、照明、出入、个人防护和紧急/救援的相关设备。在作业前和作业过程中监测受限空间。培训授权进入人员、监护人员和进入监督人员，启用应急救援预案，在进入作业完成后，封闭受限空间。

受限作业空间包括但不限于储罐、工艺容器、箱子、锅炉、通风或排气管、下水道、地下公用地窖、隧道、管道、基坑、地下室等。

受限空间作业管理应遵循以下原则和要求：

1）承包商应编制受限空间作业准入程序，并提交雇主/项目管理承包商审阅并批准。

2）需要进入受限空间作业人员应充分了解涉及的危险的性质、需采取的必要预防措施，以及防护设备、应急设备使用的情况。

3）所有进入受限空间作业的工作人员应由雇主/项目管理承包商批准的许可证制度进行控制。

4）进入受限空间作业前，应对该空间进行气体检测，确定其含氧量以及易燃易爆气体、粉尘和有毒污染物的浓度。承包商应提供测试设备以及接受过测试设备使用培训或了解测试设备的人员。

5）当在受限空间内进行焊接、切割或加热工作时，应提供通风条件。无法提供充足通风时，应借助正压供气式呼吸器保护承包商人员。

6）需要使用呼吸器的承包商人员应进行呼吸器操作培训和适合性测试，并证明适合佩戴呼吸器，然后方能使用呼吸器。承包商应把呼吸器适合性测试结果提交给雇主/项目管理承包商备案。

7）承包商应安排一名监护人在受限空间外，与受限空间内工作的人员保持沟通，并且按照批准的许可证或项目的其他要求进行应急响应。

危险空气指的是可能通过暴露在下列空气成分下，致使员工死亡、失去自救能力、导致人员伤害或疾病的空气：

1）易燃气体，可燃液体、蒸汽或薄雾，超过其最低可燃极限（LFL）的10%；

2）空气中的粉尘，其浓度达到或者超过其最低可燃极限（这种情况也可以通过粉尘能见度来进行判断，相当于粉尘能见度小于 1.52m）；

3）氧气含量低于 19.5%或高于 23.5%；

4）直接危害生命或健康的任何物质。

3.6.2 人员职责 Responsibilities of Personnel

针对受限空间作业安全管理要求，现场应明确与受限空间作业相关的人员职责。

（1）雇主/项目管理承包商 HSE 经理或其指派人员应履行以下职责：

1）对设施进行受限空间作业风险的评估；

2）与承包商协调，采取工程控制措施；

3）确定受限空间内作业的安全保护设备；

4）联合签发受限空间进入许可证；

5）按照受限空间的进入要求对人员进行培训；

6）确认受限空间进入前的测试和气体监控结果；

7）对任何要求的放射性化学监测进行确认；

8）履行分派的其他职责。

（2）承包商的 HSE 经理或其指派人员应履行以下职责：

1）对承包商工作范围内的设施进行有关受限空间风险的评估，确保所有受限空间的入口都装设了警示标识和风险告知牌；

2）与承包商经理协调采取工程控制措施；

3）分发指定的用于受限空间内作业的保护设备；

4）确保达到了受限空间进入许可证所要求的安全工作条件；

5）确保已根据受限空间进入要求对进入受限空间的所有人员进行了培训；

6）确保受限空间进入前已进行了测试和气体监控；

7）确保按要求执行了放射性化学监测；

8）履行分派的其他职责。

（3）承包商应急反应协调员应履行以下职责：

1）协助承包商 HSE 经理评估场外应急救援人员的能力和资质；

2）必要时，参与出入口狭小的受限空间的出入规划；

3）确保受限空间作业过程中配备有现场救援人员和设备；

4）计划和实施受限空间紧急救援训练。

（4）进入监督人员履行以下职责：

1）核实许可证规定的检测已全部完成，并且已具备安全进入条件；

2）确保进入前许可证规定的所有程序和设备已就位；

3）签署许可证，批准进入；

4）必要时终止作业并取消许可证；

5）核实确认有效可行的应急救援服务和联系方式；

6）有权驱逐未经授权就进入受限空间或企图进入的人员；

7）确保受限空间进入作业一直与许可证要求相符，可进入条件得以维持和保障；

8）确保安全封闭了受限空间，并维持监控。

（5）受限空间监护人应履行以下职责：

1）确保授权进入人员有准确的出入记录。

2）在人员进入受限空间期间或救援过程中一直守在受限空间的外面，禁止脱离岗位。

3）和授权进入人员保持必要的联系以监视其状况或在需要撤离时告知作业人员。

4）监督检查受限空间内外的活动以确定受限空间里面或外面附近的人员是否安全。

5）出现以下情况时下命令停止作业并组织受限空间人员撤离：

a. 一旦发现被禁止的情况；

b. 一旦发现授权进入的人员有危险；

c. 一旦发现受限空间外有可能危害到进入人员的情况；

d. 一旦监护人不能有效或安全履行其职责；

e. 一旦确定受限空间授权进入人员发现危险并提出撤出要求时。

6）当未授权人员接近或进入受限空间时，采取以下的措施：

a. 警告其离开受限空间；

b. 劝告擅自进入受限空间的人员立即撤出受限空间；

c. 通知授权进入人员和受限空间作业主管。

7）监护人不能兼职可能影响其本职工作（即监视和保护授权进入人员）的其他事情。

（6）所有进入受限空间的人员应履行以下职责：

1）了解受限空间进入许可证的要求并在出入登记表上签字。

2）正确使用所需设备（包括通风、通信、照明和个人防护用品）。

3）和监护人保持联系以便监护人能够监视内部工作人员的状况并提醒他们在需要时撤离。

4）以下情况出现时需提醒监护人：

a. 进入人员发现了警示标识、危险迹象或其他险情；

b. 发现被禁止的情况。

5）以下情况应尽快撤出受限空间：

a. 监护人发出了撤出命令；

b. 进入人员发现了危险迹象；

c. 进入人员发现被禁止的情况；

d. 撤出警报已启动。

3.6.3 受限空间进入培训 Confined Space Entry Training

受限空间进入培训是培养如何在受限空间内安全工作的主要手段。另外，还要培训员工熟悉新的或修订的程序。培训应以能力培训为主。

（1）凡是进入受限空间工作的人员均应接受培训

1）首次执行任务前；

2）工作职责改变前；

3）受限空间内的作业条件发生变化而出现以前未培训过如何应对的危险时；

4）认识不足或操作不当时。

（2）受限空间授权进入人员的培训内容

1）进入受限空间的危险，包括危险形式、危险的迹象和征兆，以及危险的后果；

2）检测和监视使用的设备；

3）正确使用通风、通信和照明设备，个人保护设备、梯子、栅栏和护罩，以及应急救援设备；

4）监护人员的职能，与监护人沟通的手段，包括检查进入的状况、撤离信号或警报，何时向监护人示警；

5）如何快速撤出受限空间。

（3）监护人的培训内容

1）进入受限空间的危险，包括任务本身的危险性、危险形式、危险的迹象和征兆，以及危险的后果；

2）授权进入人员遇到危险情况时的行为后果；

3）如何与授权进入人员沟通以监控他们的状况；

4）如何警示进入人员在需要时撤离受限空间；

5）如何监视受限空间内外的活动从而确定进入人员继续留在内部是否安全；

6）何时以及如何下达撤离命令；

7）何时以及如何寻求救援和应急支持；

8）在人员进入受限空间过程中如何避免未授权人员接近或进入受限空间；

9）何时以及如何实施进入受限空间救援。

（4）进入受限空间的监督人员培训内容

1）在进入时可能遇到的危险，包括危险模式、危险的迹象和征兆，以及危险的后果；

2）监护人职责；

3）许可证制度要求的检测、手续和设备；

4）如何和何时签署进入许可证；

5）何时中止进入并取消进入许可证；

6）如何协调和寻求救援；

7）关于在进入作业过程中驱逐擅自进入或企图擅自进入人员的职责；

8）判断进入受限空间作业符合许可证规定。

（5）现场救援人员的培训内容

1）应给救援人员提供救援所需的个人保护用品和救援设备以及如何使用的培训。救援人员也要接受与授权进入人员同样的培训。

2）救援队的每位队员应至少每6个月进行一次受限空间的救援演练，演练要从真实的受限空间或模拟有效受限空间（例如开口的大小、形状和接近的难易程度）中救出人体模型或真人。

3）救援队的每位队员应接受基本医疗急救知识和有氧心肺复苏（CPR）的培训。

3.6.4　受限空间进入许可证办理流程 Confined Space Entry Permit Application Process

（1）在任何符合受限空间定义的地方开展工作前需要获得受限空间进入许可证。

（2）任何受限空间作业的管理人员都可以申请受限空间进入许可证。申请者需要提供申请时间、工作内容、工作地点和工作的持续时间，然后将受限空间进入许可证报给承包商 HSE 经理。

（3）在许可证上注明的进入监督人员和承包商 HSE 经理是唯一经过授权可以在许可证上签字并授权进入的人员。

（4）HSE 经理或其指定人员将会审查许可证。如果所有要求的安全工作条件都已经满足，则在许可证上共同签字，否则许可证无效。

（5）在进入受限空间之前，正确完成并签字的许可证将同其他作业许可证一起张贴在受限空间的入口，以便授权进入者能够确认进入前准备工作已完成。

（6）许可证的持续时间不能超过完成指定任务的时间和一个班次两者中较早的一个。

（7）当出现下列情况时，现场 HSE 监督人员可以中止受限空间的进入和取消许可证：

1）许可证已过期；

2）进入许可证规定的工作已完成；

3）在受限空间内或者附近出现进入许可证不允许的情况；

4）本区域出现要求撤离的紧急情况或突发事件。

（8）已取消的许可证的原件和其他作业许可证的复印件，将同项目文件保留在一起。承包商 HSE 经理将对已取消的许可证进行审查，并保留一份完整的文件。所有许可证都将保留下来，以用于 HSE 经理对程序进行定期审查和评估。

（9）受限空间进入许可证见表 3-15～表 3-18。

受限空间进入许可证（第一部分） 表 3-15

第一部分有效期为一个班次			
日期：　　　　　　时间：　　　　　　许可证编号：			
1. 由承包商授权工作主管填写 具体工作地点：			
具体工作内容：			
无具体工作内容的许可证视为无效			
2. 其他关联许可证和安全要求			
工作受其他活动影响时需要办理额外工作许可证			
必须有安全讲话卡	□	热工作业许可证	□
上锁/挂牌许可证	□	确认受限空间所有入口都张贴有警示标识	□
工作危害分析/施工方案	□		
3. 安全要求和要使用的防护用品［1）～31）项由授权工作主管填写，授权安全主管审核］［1）～5）项必须执行］			
1）对入口和所有出口的气体进行检测	□	12）所有设备使用前要进行安全性能评估	□
2）工作人员和监护人的有效沟通	□	13）清除火源（如火柴、打火机）	□
3）通知消防队工作地点和持续时间	□	14）在作业点的人员要求有配备个人气体检测仪	□
4）监护人有明显标识并接受过职责培训	□	15）设备使用低压电源	□
5）有安全入口和出口-安全楼梯通道-伸出 1m	□	16）配备灭火器	□
6）连续/定期气体检测？［去第 14）项］	□	17）配有救生绳和安全带	□
7）要求使用风扇/鼓风机	□	18）配备救援用三脚架	□
8）在出口测量通风流量（最小流量：1.5m/s）	□	19）在作业点配备自携氧式呼吸器	□
9）附有人员出入登记表和气体检测记录	□	20）提供空气供给装备	□
10）审查和执行材料安全数据清单上的防护要求	□	21）佩戴防尘呼吸器	□
11）在受限空间内使用易燃/可燃材料。如果有，注明允许使用的材料种类和数量以及相应的安全措施	□	22）佩戴化学防护呼吸器	□

23）使用防化服	☐	27）有听力保护用品	☐
24）使用一次性连裤服	☐	28）佩戴面罩	☐
25）使用化学防护手套	☐	29）使用低压照明	☐
26）穿胶靴	☐	30）设置围护	☐
31）工作场所的气体监测-人员进入受限空间前对一氧化碳/氧气/可燃易爆/有毒有害等气体含量进行检测并记录 连续监测☐　每隔 1h☐　每隔 2h☐　每隔 4h☐			
如果未连续监测气体，休息时间超过 1h 必须重新测量气体含量			

4. 许可证签署： 我完全清楚本许可证的要求。 每天工作前我要负责审核以确保许可证上的这些要求得以实施

授权承包商工作主管	姓名：		签名：		日期：
	工作卡号：		手机号码：		
授权工作主管	姓名：		签名：		日期：
	工作卡号：		手机号码：		
指定的监护人	姓名：		签名：		日期：
	工作卡号：		手机号码：		
授权的安全主管	姓名：		签名：		日期：
	工作卡号：		手机号码：		

5. 许可证的续签：上述许可证要求在休息时间超过 1h 后必须重新执行

授权续签许可证的 HSE 人员签名	第二天	第三天	第四天	第五天	第六天	第七天
	日期：	日期：	日期：	日期：	日期：	日期：
	工作卡号：	工作卡号：	工作卡号：	工作卡号：	工作卡号：	工作卡号：
	签名：	签名：	签名：	签名：	签名：	签名：

紧急电话：

受限空间进入许可证（第二部分）　　　　　　　　表 3-16

签名表						
日期：_____　时间：_____　许可证编号：_____ 监护人姓名和工作卡号：_____						
进入者姓名	进入时间	离开时间	进入时间	离开时间	进入时间	离开时间
1						
2						
3						
4						
5						
6						
7						
8						
9						
10						
11						
12						
13						
监护人必须一直在入口监护，否则许可证无效						

受限空间进入许可证（第三部分）

表 3-17

气体检测确认和检测结果

日期：_____ 时间：_____ 许可证编号：_____

授权检测气体的 HSE 人员

姓名：_____ 职务：_____ 工作卡号：_____

气体检测仪的种类和型号：_____

警告！ 进入前必须检测气体

是否需要进行连续气体检测：是_____否_____ ；

是否有惰性气体、燃烧作业、易燃化学品、有毒气体、氧气超标的危害：是_____否_____

日期	时间	检测人	入口气体检测					出口气体检测				
			氧气	一氧化碳	硫化氢	爆炸极限	签名	氧气	一氧化碳	硫化氢	爆炸极限	签字

受限空间进入许可证（第四部分）

表 3-18

受限空间及危害因素清单

日期：_____ 时间：_____ 许可编号：_____

单位/区域	空间类型	位置及编号	进入方法	危险等级	危害因素	挂牌/上锁点

3.6.5 受限空间进入前测试和监控 Confined Space Pre-Entry Testing and Monitoring

（1）进入前由承包商 HSE 经理进行气体检测，以确定进入条件是否已具备要求及采取适当措施保护授权进入人员。

（2）如果必须进入有危险气体的受限空间执行进入前的气体检测，则需要提供合适的空气呼吸器并正确佩戴，还应根据需要穿戴配有安全绳的安全带。

（3）承包商 HSE 经理或者其指定人员要定时按作业许可证检测要求进行气体监测以确保进入作业期间的安全条件。

（4）如果检测结果超出了允许值则需要采取工程控制措施来保证受限空间达到可进入条件。

（5）使用的监测仪器要足够灵敏，并可检测出可能存在或出现的气体浓度，仪器的校准应按厂家规定执行。

（6）作业人员进入受限空间前，应根据表 3-19 列出的检测种类和允许值使用可以直接读数的有效仪器检测受限空间。

受限空间进入前检测种类及允许值　　　　　　　　　　　　　　　　表 3-19

检测种类	允许值
氧气含量	$19.5\% < O_2 < 23.5\%$
易燃气体	＜LEL 的 10%
有毒气体	对于已知污染物，＜PEL 或者确定限值；对于未知污染物，＜1 ppm
辐射危害	＜DAC 的 10%
硫化氢	$H_2S < 20ppm$

（7）测试和监控应按照项目空气监测程序的规定执行并存档。

（8）进入前的测试和监控结果也要记录在受限空间进入许可证上。

（9）如果受限空间进入作业开始后检测到危险气体，则监护人和进入监督人员需要按表 3-20 中步骤行动。

受限空间检测到危险气体行动表　　　　　　　　　　　　　　　　表 3-20

步骤	行动	责任人
1	下令立即撤离受限空间	监护人
2	向所有进入人员讲明原因	监护人
3	在第 4 步和第 5 步完成前严禁任何人再进入受限空间	监护人
4	评估分析受限空间内危险气体产生的原因	HSE 代表或进入监督人员
5	采取工程措施将空气控制在可接受状态	HSE 代表或进入监督人员
6	将此事件记录在许可证上	HSE 代表或进入监督人员

（10）进入罐体的特殊要求：

1）如果要进入的受限空间是罐体、容器或者类似容器，则需要对容器进行调查，以确定容器以前的用途，采取适当的安全措施，例如全身式防护服和防护用具。

2）根据危险传达程序要求对授权进入者进行罐体以前所装物质相关危险的培训。此外，还应该提供一份对应的物料安全数据表复印件供相关人员使用。

3）如果在罐体中发现有残留液体或者淤泥，在清除液体或淤泥直到工作场地无危险之前，任何人不得进入。

3.6.6　受限空间作业设备设施 Equipment Related to Confined Space Work

（1）通风设备

1）如果确定受限空间中存在危险气体、污染物、高温、缺氧等，作业人员进入受限空间前必须要采取强制通风或者排气以清除受限空间中的危险源。

2）控制强制通风使其到达作业人员的实际工作区域。强制通风要连续进行，直到作业人员作业完毕安全撤离出受限空间。

3）通风采用的气源应保证洁净，确保不额外增加受限空间的危险。

4）对受限空间中的空气进行持续监控，以确保通风能阻止危险气体的聚集。

（2）通信系统

1）进入受限空间活动的监护人和授权进入人员之间要保持有效而持续的交流和沟通；

2）在需要许可证的受限空间内开始工作活动前要对通信系统进行检查；

3）通信器材包括对讲机、移动电话、视频设备等；备用通信方式（例如手动信号、口哨、响铃）也应就位，以备主要通信系统出现故障时使用；

4）承包商 HSE 经理决定使用何种通信器材；作业监督人员要确保通信器材就位并处于良好工作状态。

（3）个人防护用品

根据项目个人防护用品程序的要求，承包商 HSE 经理将按照许可证上的规定提供个人防护用品。进入监督人员要确保所有与进入作业有关的人员按要求正确使用了这些防护用品。

（4）临时照明设备

根据临时照明的安全要求，提供合适的照明以确保工作任务的安全执行。

（5）手动和电动工具

1）所有受限空间内人员都要对使用手动或电动工具相关的特定危险进行评估；

2）受限空间内要求使用低压 24V 以下或者配备有漏电保护开关的电动工具；

3）在受限空间内使用的任何气动工具的气源都要采用 D 级呼吸用空气或者等效气体（空压机配备有一氧化碳监控器和高温报警器）。

（6）标识

应在受限空间入口处张贴适当的警示标识及风险告知以保证标识出受限空间存在的位置和危险。标识要用汉英两种语言并尽可能提供图示。

警示标识要包含表 3-21 中类似内容。

警示标识示例 表 3-21

危险! 未经授权许可不得进入受限空间

（7）护栏和盖板

承包商 HSE 经理要针对现场实际情况选择适当的护栏、盖板、栏杆将受限空间的开口予以防护，以避免人员从开口掉进受限空间，同时保护授权进入受限空间的人员不受落入异物的伤害。

（8）应急设备

1）进入受限空间内进行营救作业需要配备胸式或全身式安全带。

2）在以下情况下，可以使用腕套来代替胸部或者全身式安全带：

a. 使用安全带不可行时；

b. 使用安全带会使危险增加；

c. 使用腕套是最为安全有效的营救措施。

3）位于受限空间外面的机械提升装置（如三脚架）的设置要求：

a. 一旦救援人员认为必要时，可以立即使用其进行营救；

b. 救援人员安全带上的救生绳要在进入作业开始前连接到提升装置上。

注：从深度超过 1.52m 的垂直型受限空间中营救人员时需要配备机械装置。

例外：如果救援设备会增加进入活动的整体危险或者不利于救援人员，则停止使用。

3.6.7 特别措施 Special Precautions

（1）不论何时，如果在同一个受限空间中工作的授权进入者分属于不同相关方，受限空间进入监督人员应做好协调工作，以免不同相关方的员工之间相互工作干扰构成危险。

（2）在运行设备中执行工作时，HSE 经理要同设备的分包商或所有人代表进行协调，以保证进入程序符合相关要求。

（3）任何时候，只要受限空间内有潜在的危险源，都应该按照项目上锁/挂牌程序采用具体隔离措施，以防止危险物质传输或意外释放。

（4）可能将易燃品、有害物或其他危害物质带入受限空间的管线要断开、加盲板或采取其他有效措施隔断，以免造成受限空间缺氧、受限空间内部的空气被污染或进入的危险物质对进入人员造成危害。

（5）必须同管线负责人和操作人员进行良好协调和沟通，确保安装的盲板或隔断设施不会在受限空间内作业过程中被意外移除或重新连接。如果产生危险空气污染物的材料有可能排入已启用的下水道中，就必须隔断所有此类支线。

（6）在没有采取适当的控制措施和检测表明受限空间内并不存在危险空气污染物和易燃易爆物质之前，不得将任何火种带入受限空间。

（7）如果消耗氧气的设备，如无栅小火炉、管工用火炬、火炉等用在受限空间内，应采取措施确保供给足够的空气并将废气排出。同时也要采取措施防止受限空间内的温度升高。

（8）禁止将氧气、可燃气体容器带入受限空间。氧气、燃气气管以及手持操作部件在不使用时应移出受限空间。

3.6.8 进入前安全检查 Pre-Entry Safety Inspection

指导内容包括进入前的行动顺序以及行动负责人，如表 3-22 所示。

进入前工作检查清单 表 3-22

√	行　动	负责人
	申领其他作业许可证	工作主管（监督）人员
	与设备所有者、作业人员协调	HSE 经理
	核实培训，分派任务	承包商 HSE 经理
	核实紧急救援人员是否就绪	承包商 HSE 经理
	HSE 经理已在危险工作许可证上签字确认	进入主管人员
	申领受限空间进入许可证	工作主管（监督）人员
	负责设备、材料	进入主管人员
	检测气体	承包商 HSE 经理
	风险评估	进入主管人员或承包商 HSE 经理
	根据需要采取工程控制措施	进入主管人员或承包商 HSE 经理
	隔离工作区域（标识、围栏）	进入主管人员或承包商 HSE 经理
	发放指定的个人防护用品	承包商 HSE 经理
	进入前简要介绍（危险、执行任务的顺序）	进入主管人员或承包商 HSE 经理
	在工作许可证上签名	所有相关人员
	签署受限空间进入许可证	进入主管人员或承包商 HSE 经理
	开始工作	所有相关人员

3.6.9 作业后安全检查 After-Entry Safety Inspection

指导内容包括进入作业结束后的行动顺序以及行动负责人，如表 3-23 所示。

进入作业结束后工作检查清单

表 3-23

✓	行　动	负责人
	撤出受限空间并在出入登记表上签名	所有人
	清点所有工具和设备	进入主管或监督人员
	清洁整理作业区域	所有人
	隔离工作区域（封闭受限空间，设置标识、围栏）	作业负责人
	通知雇主/项目管理承包商、操作人员及分包商工作已完成	进入主管或监督人员、承包商 HSE 经理
	取消许可证	进入主管或监督人员、承包商 HSE 经理
	将其他作业许可证和受限空间进入许可证归档	承包商 HSE 经理

3.6.10 应急救援 Emergency Rescue

（1）应急准备

在任何项目工作开展之前， HSE 经理将同场外救援人员联系确认以下事项：

1）服务可行性和范围；

2）后援安排；

3）反应时间；

4）人员资质；

5）紧急电话号码和人员联系方式；

6）复杂工作的备用服务可行状况；

7）服务机构的任何特殊要求；

8）参加选定的定期紧急演练的机会；

9）承包商 HSE 经理至少要将以下情况提供给选定的场外救援服务机构：

a. 进入人数、作业内容、防护措施、人员位置等相关信息；

b. 进入受限空间进行营救时可能面临所有危险；

c. 通往所有可能需要营救的受限空间的路线；

d. 合作拟定完善的营救计划并进行演练；

e. 如果受伤人员有材料安全数据清单或类似信息（如标签）说明，则安全数据清单或类似信息说明要提供给处理伤情的医务人员；

f. 承包商 HSE 经理将所有营救协调活动通过备忘录或者其他方式归档形成项目文

件，备忘录中包括日期、联系过的组织、名称、电话号码、谈话内容、发现的情况以及达成的协议。

（2）应急处置

进入受限空间进行营救工作必须由参加过受限空间监护人培训且培训合格的人员来完成。如果在场内作业出现中断（如：离场后重新进场），承包商 HSE 经理将审查培训记录，以确定其是否需要进行受限空间监护人培训或再培训。

进入受限空间进行营救时，应配备以下救援设备：

1）通风设备；

2）氧气瓶及供气软管；

3）自给式呼吸装置；

4）全身式安全带和自锁速差防坠器；

5）三脚架、救援索具。

3.7 动火作业 Hot Work

3.7.1 基本要求 Basic Requirements

（1）动火作业实行许可作业，动火作业许可证必须在现场予以公示。

（2）必须严格执行以下原则：

1）没有批准的动火作业许可证不动火；

2）没有安全措施或安全措施不落实不动火；

3）没有动火监护人或动火监护人不在场不动火；

4）动火部位、内容、人员、时间与动火作业许可证不符不动火。

（3）发生下列任何一种情况时，应立即终止作业，监护人取消动火作业许可证，并告知批准人许可证被取消的原因，需要继续作业应重新办理动火作业许可证。

1）作业环境和条件发生变化；

2）作业内容发生改变；

3）动火作业与作业计划的要求不符；

4）发现有可能造成人身伤害的违章行为；

5）现场作业人员发现重大安全隐患或安全措施没有落实；

6）各级管理人员认为不适合继续进行动火作业；

7）现场发生了事故。

（4）动火作业许可证不得涂改、代签，申请动火单位存档保管，并保存至项目竣工。

（5）在带有可燃、有毒介质的容器、设备和管线上不允许动火，确属需要动火时，属于特殊动火，承包商和分包商应共同进行风险评价，制定可靠的安全专项方案和应急预案，经雇主/项目管理承包商批准后方可动火。

（6）风力五级以上应停止室外的高处动火，六级以上应停止室外一切动火。

3.7.2 动火作业分类及范围 Category and Scope of Hot Work

（1）动火作业分为固定动火和临时动火。

（2）没有引入可燃物料的新建装置、罐区可以划定为固定动火作业区。固定动火区必须满足以下要求：

1）边界外 50m 范围内没有易燃易爆物品；

2）施工承包商 HSE 负责人划定防火责任区，指定防火负责人，制定并落实防火措施和责任；

3）配备足够的消防器材；

4）设有明显的"固定用火区"标识，并标明动火区域界限；

5）建立应急联络方式并落实应急措施；

6）在建罐的罐内及周边 50m 范围内无可燃、易燃易爆介质，且未进行防腐涂装作业的，可划定为固定动火点。此类固定动火点的动火控制范围包括：容积为 5000m³ 及以下的罐内及罐壁周边 3m 范围以内；容积为 5000m³ 以上的罐内及罐壁周边 5m 范围以内。

（3）临时动火：指在固定动火区域以外或易燃易爆场所能直接或间接产生明火的临时作业，主要包括：

1）电焊、气焊、钎焊、塑料焊等焊接切割；

2）电热处理、喷灯、火炉、电炉、熬沥青、炒砂子等明火作业；

3）易燃易爆场所进行临时用电、电钻、砂轮、风镐及破碎、锤击、黑色金属撞击等产生火花的作业和使用内燃发动机设备。

（4）承包商在动火作业前，按要求办理《固定动火作业许可证》（见 3.7.5 小节表 3-24）、《临时动火作业许可证》（见 3.7.5 小节表 3-25）。固定动火许可证的有效期一般不超过三个月。临时动火许可证的有效期一般不超过一个班次。

3.7.3　动火作业安全措施 Safety Measures of Hot Work

（1）动火作业点必须配备相应的消防器材，动火单位动火前要对动火现场的移动及固定式消防器材和安全设施全面检查，确认完好备用。

（2）受限空间和可能有易燃易爆介质的塔、罐、容器、槽车等设备和管线及场所的动火作业，清洗、置换和通风后，要检测可燃气体、有毒有害气体、氧气浓度，合格后才能进行动火作业；并应在安全措施或安全工作方案中规定动火过程中的气体检测时间和频次。

（3）动火作业人员应在动火点的上风作业，并位于避开物料可能喷射和封堵物射出的方位。

（4）乙炔与氧气瓶使用时，两者的距离不得小于 5m，焊接、切割作业点与氧气瓶、乙炔气瓶距离不得小于 10m，与易燃物品的距离不得少于 30m。

（5）固定动火点区域内及边界 50m 范围内不得存放可燃、易燃易爆介质，此范围内可放置单一的压缩气瓶，不得设压缩气瓶库。现场应落实灭火措施，设置足够的灭火器材（灭火器每组不得少于 2 个），设置动火区域平面布置图和紧急疏散路线图。

（6）高处动火必须在办理动火作业许可证的同时办理《高处作业许可证》，进入受限空间动火在办理动火作业许可证的同时办理《受限空间作业许可证》。

（7）临时动火作业前，应对作业区域或动火点可燃气体浓度进行检测，取样点应由现场作业负责人指定合格的分析人员担任，取样点要具有代表性。使用便携式可燃气体报警仪或其他类似手段进行分析时，被测的可燃气体或可燃液体蒸汽浓度应小于其与空气混合爆炸下限的 10%（LEL）。特殊动火的分析样品（采样分析）应保留到动火作业结束。

（8）用于检测气体的检测仪应在校验有效期内，并确定其处于正常工作状态。

（9）动火作业应在气体分析合格 30min 内进行，超过 30min 需重新进行分析。动火作业中断超过 30min，动火作业人、监护人应重新确认安全条件。

（10）动火作业结束后或下班前，动火人员要进行详细检查，不得留有火种。

（11）动火单位应安排了解施工现场作业环境、责任心强和出现问题能正确处理的人为动火监护人，动火监护人必须经过专项培训，并考试合格后上岗。

3.7.4　人员职责 Responsibilities of Personnel

（1）动火作业申请人

1）负责提出动火作业申请，办理作业许可证；

2）落实动火作业风险削减措施，组织实施动火作业，并对作业风险削减措施的有效性和可靠性负责；

3）负责及时纠正作业现场违章行为。

（2）动火作业批准人

1）负责审批动火作业许可证；

2）确认流程及措施符合要求。

（3）动火监护人

1）确认动火作业相关许可手续齐全；

2）确认动火作业现场风险削减措施落实；

3）确认特种作业人员资质符合要求；

4）纠正和制止作业过程中的违章行为；

5）当现场出现异常情况立即终止作业并及时进行报警、灭火、人员救援等初期处置；

6）监护人应佩戴明显标识，动火作业期间不得擅离现场，不得从事与监护无关的事。特殊情况需要离开时，应要求动火作业人员停止作业。

（4）动火作业人

1）对动火作业安全负直接责任，执行动火安全专项方案和动火许可证的要求；

2）在动火过程中，出现异常或监护人提出停止动火时应立即停止动火；

3）对于违章动火的指令有权拒绝；

4）动火作业结束应清理现场，不得遗留火种。

3.7.5 动火作业许可证办理流程 Hot Work Permit Application Process

（1）动火作业许可申请前的准备

1）固定动火作业

a. 划定固定动火区域并确认边界外 50m 范围内没有易燃易爆物品；

b. 施工承包商 HSE 负责人划定动火区域内的防火责任区，指定防火负责人；

c. 配备足够的消防器材；

d. 设置明显的"固定用火区"标识，并标明动火区域界限；

e. 建立应急联络方式并落实应急措施；

f. 编制固定用火区域内各类动火作业 JSA 分析；

g. 制定并落实固定用火区的安全措施，绘制动火作业现场平面图，注明动火区域，明确警戒范围，并经雇主/项目管理承包商审查批准。

2）临时动火作业

a. 编制临时动火作业JSA分析；

b. 属于危险性较大的特殊动火作业，应编制安全专项方案和应急预案，并经雇主/项目管理承包商审查批准。

（2）固定动火作业许可申请和审核

1）分包商负责人（一级分包商在该作业区域的主管人员）按要求填写许可证申请信息栏，制定并在现场落实安全措施后，在申请栏签字；

2）分包商专业工程师现场审核安全措施，提出补充措施，符合要求后在审核栏签字确认；

3）如作业对其他单位有影响，须请相关单位及人员签字确认，并注明联系方式；

4）承包商区域负责人/授权人现场确认该许可作业的安全措施已落实，符合要求，在批准栏签字确认；

5）承包商持审批后的作业许可证到业主备案；

6）作业许可证生效。相关的安全专项方案、工作前安全分析（JSA）安全交底资料及作业人员名单作为票证附件共同公示。

（3）临时动火作业许可申请和审核

1）分包商负责人（一级分包商在该作业区域的主管人员）按要求填写许可证申请信息栏，制定并在现场落实安全措施，安排有资格的人进行气体采样分析，并在申请栏签字。

2）作业人员接受安全交底，确认满足动火作业条件后在交底记录及许可证执行栏签字。

3）监护人员现场核实安全措施全部落实后，在现场作业监护人栏签字。

4）分包商专业工程师现场审核安全措施，提出补充措施，符合要求后在审核栏签字确认。

5）如作业对其他单位有影响，须请相关单位及人员签字确认，并注明联系方式。

6）承包商区域负责人或授权人现场确认该许可作业的安全措施已落实，符合要求，在批准栏签字确认。

7）作业许可证生效。相关的安全专项方案、工作安全分析（JSA）、安全交底资料及作业人员名单作为票证附件共同公示。

（4）许可证的关闭

1）作业申请人在关闭栏打"√"选择关闭原因，并签字；

2）作业批准人（EPC承包商）在关闭栏签字关闭许可证。

（5）许可证取消

动火作业许可证批准后或作业过程中，由于工程变更等各种原因须取消动火作业，动火作业申请人应在许可证取消栏注明原因，并签字，报批准人（EPC承包商）签字批准取消。

固定动火作业许可证见表 3-24。

固定动火作业许可证 表 3-24

申请信息	分包商： 承包商：
	动火区域（附图）：
	作业时间：从_____年_____月_____日_____时_____分至_____年_____月_____日_____时_____分
	作业内容（根据动火作业类型打"√"） □焊接 □气割 □切削 □燃烧 □明火 □研磨 □打磨 □钻孔 □破碎 □锤击
需要提供的资料及安全措施信息	附件（对应的附件打"√"）：□专项安全方案 □JSA □动火区域图
	作业前检查确认已落实以下安全措施：（需要打"√"，不需要打"×"）
	□划定动火区域并确认边界外 50m 范围内没有易燃易爆物品 □划定动火区域内的防火责任区，指定防火负责人 □所有动火作业有防火负责人全程监控 □配备足够的消防器材，始终确保消防通道畅通 □确认氧气瓶减振胶圈完好齐全，氧气瓶与乙炔瓶有防止暴晒或高温烘烤的措施，未沾油污 □落实固定动火区域安全动火的专项措施方案 □设置明显的"固定动火区"标识，并标明动火区域界限 □建立应急联络方式并已落实应急措施 □编制固定动火区域内各类动火作业 JSA 分析 □风力大于 5 级时停止动火 □乙炔气瓶直立放置，装有回火防止器，安全附件完好 □每日班前应进行安全交底并记录，动火作业人员签字 □高处作业应采取接火盆、防火毯等防火花飞溅措施，并确认用火点下方已无可燃物 □确保作业过程中乙炔气瓶、氧气瓶与火源间的距离大于 10m，乙炔气瓶与氧气瓶的间隔大于 5m □动火作业：没有批准的动火作业许可证不动火；没有安全措施或安全措施不落实不动火；没有动火监护人或动火监护人不在场不动火；动火部位、内容、人员、时间与动火作业许可证不符不动火 □其他措施
申请栏	我保证我及我的下属所申请的作业内容真实有效，阅读理解并遵照执行安全方案和此许可证，并负责落实各项安全措施。 分包商负责人签字： _____年_____月_____日_____时_____分
审核栏	防火区域已划分，并明确各区域防火负责人，已落实各项防火措施，并保证防火负责人坚守现场。 分包商专业工程师签字： _____年_____月_____日_____时_____分
相关方	本人确认已收到作业许可证，了解该工作对本单位的影响，将安排人员对此项工作给予关注，并和相关各方保持联系，如遇紧急情况，将及时通报信息。 单位名称： 确认人及联系方式： _____年_____月_____日_____时_____分 单位名称： 确认人及联系方式： _____年_____月_____日_____时_____分
批准栏	我已经审核过本许可证的相关文件，确认现场条件和措施符合固定动火要求，固定用火组织和管理措施符合动火管理方案，保证后续动火作业的安全措施符合要求。 承包商区域负责人或授权人签字： _____年_____月_____日_____时_____分
备案栏	我已经审核过本许可证的相关文件和条件符合动火条件，同意备案。 项目管理承包商（PMC）负责人： _____年_____月_____日_____时_____分

关闭栏	请打"√"选择关闭原因	作业申请人：	作业批准人（EPC 承包商）：
	□许可证到期，同意关闭 □工作完成，已经确认现场没有遗留任何隐患，现场恢复到正常状态，同意关闭	_____年_月_日_时_分	_____年_月_日_时_分

取消栏	因以下原因，作业票取消：	作业申请人：	作业批准人（EPC 承包商）：
		_____年_月_日_时_分	_____年_月_日_时_分

临时动火作业许可证见表 3-25。

临时动火作业许可证

表 3-25

申请信息	分包商:				承包商:		
	动火地点:						
	作业人员		特殊工种类别:		特殊工种证件号:		
			特殊工种类别:		特殊工种证件号:		
		其他作业人:				监护人:	
	作业时间: 从____年___月___日___时___分至_____年___月___日___时___分						
	实际作业时间: 从____年___月___日___时___分至_____年___月___日___时___分						
	作业内容: (根据动火作业类型打"√") □焊接 □气割 □切削 □燃烧 □明火 □研磨 □打磨 □钻孔 □破碎 □锤击						

需要提供的资料及安全措施信息

附件(对应的附件打"√"): □专项安全方案　　□JSA　　□其他

作业前检查确认已落实以下安全措施: (需要打"√",不需要打"×")

□确认人员作业穿戴合适防护用品,特种作业人员持有效作业证 □确认动火设备内部的物料清理干净,与动火设备相连的管线已断开并加盲板隔绝 □培训合格的动火监护人已到位、已向作业人员进行安全交底。个人防护装备齐全 □确认动火作业现场和设施内采样分析合格 □确保高处作业采取接火盆、防火毯等防火花飞溅措施,并确认用火点下方已无可燃物	□确认用火点周围半径 50m 内没有易燃物泄漏或排放;半径 15m 内不准有可燃物泄漏和暴露 □确认现场的地漏、排水口、各类水封井、阀门井、排气管道等封严盖实 □对该项临时动火作业进行了工作前安全分析(JSA),并对 JSA 分析内容进行了交底 □确认电焊回路线应接在焊件上,焊把线未与其他设备搭接 □确认乙炔气瓶直立放置,装有回火防止器,安全附件完好 □已明确风力大于 5 级时停止动火	□配备足够的消防器材,始终确保消防通道畅通 □确认动火区域设置围栏和标识,有合格的作业通道、应急通道、应急设施和人员 □确保作业过程中乙炔气瓶、氧气瓶与火源间的距离大于 10m,乙炔气瓶与氧气瓶的间隔大于 5m □确认氧气瓶减振胶圈完好齐全,氧气瓶与乙炔瓶有防止暴晒或高温烘烤的措施,未沾油污 □现场配备灭火器( )个,铁锹( )把,防火毯( )块,水桶( )个 □其他措施

气体检测

气体检测部位:

检测时间						
氧气浓度(%)						
可燃气体浓度 LEL(%)						
有毒气体浓度(%)						
气体检测是否合格						
气体检测人签字						

申请栏	我保证我及我的下属所申请的作业内容真实有效，理解并遵照执行安全方案和此许可证，并负责落实各项安全措施。 分包商负责人签字：　　　　　　　　　　　　　　　　　　　　　　　_____年___月___日___时___分
执行栏	我承诺：动火作业做到"四不动火"，即：没有批准的动火作业许可证不动火；没有安全措施或安全措施不落实不动火；没有动火监护人或动火监护人不在场不动火；动火部位、内容、人员、时间与动火作业许可证不符不动火。动火结束后不留下任何火种、隐患。 动火作业人签字：　　　　　　　　　　　　　　　　　　　　　　　_____年___月___日___时___分
监护栏	已确认所有安全措施都已落实，现场满足动火作业条件，我承诺动火作业期间不离开现场，履行监护职责，当现场出现异常情况立即通知停止作业。 作业监护人签字：　　　　　　　　　　　　　　　　　　　　　　　_____年___月___日___时___分
审核栏	本人已对上述安全措施进行现场确认，符合要求。 分包商专业工程师签字：　　　　　　　　　　　　　　　　　　　　　_____年___月___日___时___分
相关方	本人了解该工作对本单位的影响，将安排人员对此项工作给予关注，如遇紧急情况，将及时通报信息。 单位名称：　　　　　　确认人及联系方式：　　　　　　　_____年___月___日___时___分 单位名称：　　　　　　确认人及联系方式：　　　　　　　_____年___月___日___时___分
批准栏	我已经审核过本许可证的相关文件，确认现场条件和措施符合临时动火要求，临时动火组织和管理措施符合动火管理方案，保证后续动火作业的安全措施符合要求。 承包商区域负责人或授权人签字：　　　　　　　　　　　　　　　_____年___月___日___时___分
延期栏	延期时间不超过一个班次，申请人和批准人必须现场确认作业条件没有变化且现场各项措施满足安全要求 _____年___月___日___时___分至_____年___月___日___时___分___　申请人：　　　批准人：

关闭栏	请打"√"选择关闭原因 □许可证到期，同意关闭 □工作完成，已经确认现场没有遗留任何隐患，现场恢复到正常状态，同意关闭	作业申请人： ___年__月__日_时__分	作业批准人（EPC/PC承包商）： ___年__月__日_时__分
取消栏	因以下原因，作业票取消：	作业申请人： ___年__月__日_时__分	作业批准人（EPC/PC承包商）： ___年__月__日_时__分

3.8 射线作业 Ray Operation

3.8.1 基本要求 Basic Requirements

（1）射线检测机构必须依法取得符合当地法规的有关证件，按规定从事射线作业，禁止无证或者不按照规定的种类和范围进行射线作业。

（2）射线检测机构应在第一次射线作业前，取得放射卫生技术服务机构进行场所监测后所出具的《操作场所及周围环境辐射水平检测报告》，且应每年抽检一次。

（3）射线检测机构必须编制射线检测计划、安全专项方案，并报承包商等相关单位审查。

（4）必须进行工作前安全分析（JSA），射线作业实行许可作业，射线作业必须办理《射线作业许可证》（见 3.8.5 小节表 3-26）。

（5）射线作业前射线检测机构必须向承包商和受影响施工分包商以及雇主/项目管理承包商进行书面告知，并进行告知书送达登记，射线探伤告知书不能替代射线作业许可证。

（6）射线检测机构必须具有健全的安全和防护管理制度、辐射事故应急措施。

（7）射线作业人员（含射线作业监护人）必须持《放射工作人员证》等有效资格证书，方可从事射线作业。监护人不得进行射线操作。射线源处于工作状态时，射线作业人员严禁离开现场。发生卡源时应采取可靠防护措施后方可进行相应的处理。

（8）射线作业原则上在夜间进行，一般安排在夜间 22：00—次日 6：00 进行。所有作业人员必须穿戴反光背心。

（9）射线作业前必须对防护区域设置警示标识和警示灯，进行警戒围护。

（10）射线作业涉及其他的作业许可时，也要按办法办理相关的作业许可证。

（11）射线作业人员必须进行常规个人剂量监测，并建立个人剂量档案和健康管理档案。

（12）射线检测机构应经常对 γ 射线探伤机安全装置的性能进行检测，每年对密封放射源进行一次泄漏检验。探伤机被移动后，防护人员必须用相应仪器进行安全装置的性能检测。

（13）射线操作现场必须配备适当的应急防护设备。

（14）射线检测机构必须具有与安全许可证及其他有关证件资质相适应的专业技术力

量（人员），有专门的安全与防护机构或者专职、兼职安全和防护管理人员，并配备必要的防护用品和监测仪器。

3.8.2 射线源管理 Radioactive Source Management

（1）射线源库管理分包商、射线检测机构建立相应射线源档案，制定专项管理方案和制度，报雇主/项目管理承包商和承包商备案。

（2）射线源库须安装防盗门窗，门窗及其他醒目处须张贴"当心电离辐射"的警示标识。

（3）射线源库周边划定防护区域，并设置围墙和监控系统，使之符合项目所在国、雇主/项目管理承包商的要求，严禁无关人员进入。

（4）防护区域及射线源库内不得存放易燃易爆物品及其他材料，保证消防通道畅通。

（5）射线源库应配备相应的消防器材。

（6）射线源库必须 24h 有专人值守，严格交接班制度。

（7）射线源库实行"双人双锁"管理。

（8）射线检测机构在储源库内指定位置设立专用储源柜，设置"双人双锁"。

（9）每个射线源应有产品说明书，并注明型号、规格和主要技术指标及设备保养、贮存、运输方法，还应包括：所用放射源的种类、特性、源容器外表面泄漏剂量水平、安全措施、自动关闭功能及常见事故的处理方法等内容。

（10）射线检测机构作业人员凭有效的《射线作业许可证》进入源库提取射线源，值守人员根据许可证上注明的源号发放，并做好射线源出入库登记。

（11）射线源入库时根据射线源出入库记录中记载内容进行核实，并签字确认。

（12）现场使用的放射源来自外地时，射线检测机构按照当地规定办理转移手续、放射源进场使用许可证。放射源投用前，由有资质的机构现场进行检测，出具检测报告，确定防护距离。

（13）运载射线源的车辆必须车况良好，专车专用，放射源运输单位配备押运人员，押运人员穿戴好防护用品并随身携带辐射剂量监测仪，对其进行监测，以防意外泄漏。严禁随车携带其他无关人员。射线源在车内应稳妥放置并不得与其他材料混载。载源车辆在中途不得任意停靠，工作完毕后立即将射线源送回储源库。

（14）射线检测机构和射线源库管理单位制定严格的射线源贮存、领取、使用、归还制度，建立管理台账，做到账物相符。

（15）射线源储罐或 X 射线机必须有明显的警示标识、危害说明、负责人及委托人紧急联系电话。

（16）X 射线机和放射源在现场作业使用期间应有专人管理，作业完成后应及时入库，严禁存放在施工现场。

3.8.3 作业管理 Operation Management

（1）第一次射线作业前，应由承包商组织施工分包商、射线检测机构有关人员，召开本单项工程射线作业安全专题会，研究和部署射线作业有关方案和措施。

（2）射线检测机构在射线作业前进行工作前安全分析（JSA）、编制射线作业安全专项方案，依据射线源的放射强度检测报告，确定防护距离，办理《射线作业许可证》，当晚的射线作业必须在当天 12：00 前报承包商 HSE 部备案。

（3）射线检测机构应在作业开始前 6h 完成书面告知有关单位，受射线作业影响的单位应根据作业时间和警戒范围对涉及的本单位人员进行清场。

（4）进行射线作业前，应先将工作场所划分为控制区和监督区，其设置要求如下：

1）将作业时被检物体周围的空气比释动能率大于 $15\mu Gy \cdot h^{-1}$ 的范围内划为控制区（即控制区边界外空气比释动能率应低于 $15\mu Gy \cdot h^{-1}$），在控制区边界上用安全警戒线围护，并在控制区边界上的合适位置设置电离辐射警示标识并悬挂清晰可见的 "禁止进入放射工作场所" 标牌。射线作业期间应安排人员对控制区边界进行巡逻，未经许可人员不得进入边界内。

2）监督区位于控制区外，允许与射线作业相关的人员在此区活动。将 γ 射线监督区外边界的空气比释动能率大于 $2.5\mu Gy \cdot h^{-1}$ 的范围内划为监督区（即 γ 射线监督区外边界外空气比释动能率应不大于 $2.5\mu Gy \cdot h^{-1}$）。在 X 射线控制区边界外将作业时空气比释动能率大于 $1.5\mu Gy \cdot h^{-1}$ 的范围划为监督区。射线监督区边界处应有电离辐射警示标识、"当心电离辐射！无关人员禁止入内"警告标牌，并设专人进行警戒，无关人员不得进入该区域。

3）控制放射源传输的地点应尽可能设置于控制区外，同时应保证操作人员之间有效的交流。

4）沿监督区外边界使用警示标识封闭围护，射线警示标识包括警示灯、警示牌、警示带。警示灯为红色频闪灯，每个作业点不少于 4 盏；警示牌使用反光材质制作，板面中文书写 "当心电离辐射"，每个作业点不少于 4 个警示牌；警示带为黄黑相间的带条。警示灯、警示牌沿警示带 4 个方向间隔分布。监督区涉及的所有路口设专人值守监护。

（5）射线作业开始前，作业人员必须对警戒线以内的人员清场情况进行最终确认，在确认无误后方可作业，并由监护人沿监督区边界巡检防止其他人误入。

（6）进行射线作业时，必须考虑探伤机和被测物体的距离、照射方向、时间和现场屏蔽条件等因素，选择最佳的设备布置，以保证作业人员的受照剂量低于其剂量限值，并应达到尽可能低的水平。

（7）移动式 γ 射线作业开始前应备下列防护相关物品，并使其处于正常状态：

1）便携式剂量测量仪和个人剂量计、剂量报警仪；

2）导向管、控制缆和遥控；

3）准直器和局部屏蔽；

4）现场屏蔽物，如足够屏蔽厚度的防护掩体、隧道式屏蔽块、水池、沙袋等；

5）警告提示和信号；

6）应急箱，包括 γ 射线源的远距离处理工具；

7）其他辅助设备，如夹钳（柄长不短于 1.5m）和定位辅助设施。

（8）移动式 X 射线作业的防护物品可根据（7）条要求进行相应的选择，其中（7）条第 1）、5）是必选项，同时应配备应急箱，周向式探伤机做定向照射时应使用准直器。

（9）射线作业人员应穿戴相应的防护服并佩戴符合审管部门要求的个人剂量仪（包括热释光或胶片剂量计和直读式剂量计）；每一个作业小组应至少配备一台具有检测源的便携式剂量仪，并配备能在现场环境条件下被听见、看见或产生振动信号的个人报警剂量仪。

（10）建立操作现场的辐射巡测制度，定时观察放射源的位置和状态。射线作业期间，还应对控制区边界的剂量率进行检测，尤其是探伤的位置在此方向或者辐射束的方向发生改变时，并按控制区与监督区剂量率的要求调整控制区与监督区的防护边界。

（11）每次探伤作业结束后，操作人员应用可靠的辐射检测仪器核查放射源是否回到安全位置。

（12）γ 射线探伤工作完毕离开现场前，射线作业人员应对探伤装置进行目测检查，确认设备没有被损坏，并应用可靠的放射检测仪器对探伤机及其周围进行检测，在确认放射源回到源容器的屏蔽位置后，由检测人员在检查记录上签字，方可携带探伤装置离开现场。

3.8.4 应急处置 Emergency Response

（1）射线检测机构应制定应急预案并做好相应的应急准备，内容包括：工作程序、组织机构、人员培训、应急计划演习、应急设施等。

（2）发生辐射事故时，射线检测机构立即启动应急预案，采取应急措施。

（3）发生辐射事故的单位应立即将可能受到辐射伤害的人员送到有条件救治辐射损伤病人的医院，进行检查和治疗，或者请求医院立即派人赶赴事故现场，采取救治措施。

（4）发生 γ 放射源泄漏事故时，采取以下措施：

1）射线作业人员立即通知警戒区域内的人员迅速撤离；

2）射线作业人员立即通知现场负责人，确定安全防护区范围并设置警戒标识，防止其他人员进入辐射区；

3）射线作业负责人立即通知本单位第一负责人，启动应急预案；

4）各相关部门接到报告后，尽快赶到现场参加应急处理，减少对环境和人员的影响；

5）射线检测机构立即调出储源箱及铅容器待用；

6）射线检测机构按时间顺序，详细记录事故发生和处理的全过程，写出书面报告并逐级报告；

7）射线检测机构详细记录参加事故处理人员所受到的特殊照射的剂量，报有关部门存档并给予医学检查和必要的处理。

（5）发生 γ 放射源丢失事故时，采取以下措施：

1）射线作业人员立即上报，并通知可能危害区域内的人员迅速撤离；

2）射线源所属单位启动应急预案，并安排穿戴合格防护服的人员在可能丢失的区域进行搜寻排查；

3）按照当地有关规定立即向当地政府相关部门报告；

4）配合当地政府相关部门调查和搜寻。

3.8.5 射线作业许可办理流程 Ray Operation Permit Application Process

（1）射线作业许可申请前的准备

1）根据需要选择射线源的种类和大小，并确定防护距离；

2）与相关方沟通确定作业时间；

3）进行射线作业 JSA 分析和编制安全专项方案报承包商审查，安全专项方案经承包商审查后报雇主/项目管理承包商备案；

4）准备合格的检测、防护、警戒、标识、照明等防护用品及设施。

（2）射线作业许可申请和审核

1）检测机构负责人按要求填写许可证申请信息栏，绘制射线作业防护区域及警戒布置图，标明控制区和监督区，制定并在现场落实安全措施后，在申请栏签字。

2）射线作业人员接受安全交底并在交底记录上签字，作业负责人（具体实施作业的作业队负责人）及射线作业人员在许可证执行栏签字。

3）监护人员现场核实安全措施全部落实后，在现场作业监护人栏签字。

4）检测机构 HSE 负责人和委托承包商射线专业工程师现场审核安全措施，提出补充措施，符合要求后在审核栏签字确认。

5）委托承包商区域负责人或授权人现场确认该许可作业的安全措施已落实，符合要求，在批准栏签字确认。

6）雇主/项目管理承包商射线专业工程师现场确认该许可作业的安全措施已落实，符合要求，在批准栏签字确认。

7）检测机构告知射线作业影响区域内相关方射线作业时间和影响范围，相关方签字确认。

8）检测机构持审批后的射线作业许可证及专项安全方案、防护区域及警戒布置图到承包商及雇主/项目管理承包商备案并公告。

9）射线检测机构射线作业前的书面告知：

a. 相关单位和分包商等收到射线探伤作业告知书后，如无异议，应签字确认，并负责将射线探伤作业的信息传达给本单位相关人员；

b. 各相关单位和分包商应指派专人负责接受射线探伤作业的信息，并负责本单位内部传达和组织人员疏散并落实相应措施；

c. 射线探伤单位在传达书面告知时，应同时填写受影响单位联系方式（参见表3-28）。

10）作业许可证生效。相关的安全专项方案、工作前安全分析（JSA）、安全交底资料及作业人员名单作为票证附件共同公示。

（3）许可证的关闭

1）作业申请人在关闭栏打"√"选择关闭原因，并签字；

2）作业批准人（EPC 承包商）在关闭栏签字关闭许可证。

（4）许可证取消

射线作业许可证批准后或作业过程中，由于工程变更等各种原因须取消射线作业，射线作业申请人应在许可证取消栏注明原因，并签字，报批准人（EPC 承包商）签字批准取消。

1）射线作业许可证见表3-26。

射线作业申请信息	检测机构:		委托单位:	
	射线作业负责人:	电话:	委托单位区域负责人或授权人:	电话:
	射线种类:	射源编号:	安全防护距离:	m
	作业区域:		作业内容描述:	
	射线作业人员	姓名:	有效证号:	
		姓名:	有效证号:	
		姓名:	有效证号:	
	作业时间: 从_____年___月___日___时___分至_____年___月___日___时___分			
需提供的资料及安全措施	附件（对应的附件打"✓"）: □安全专项方案 □防护区域及警戒布置图 □JSA □其他			
	作业前检查确认以下措施:（需要打"✓"，不需要打"✕"）			
	□已制定了应急预案 □按防护区域警戒布置图设置了警戒围护和警示标识 □发布了作业公告，并已书面告知受影响的区域和单位 □高处作业有防坠落措施 □已配备夜间照明设施		□用电设备已检验合格 □路口已设专人值守监护 □已落实现场安全监护 □已对该项作业进行了 JSA 分析，并进行了交底 □配备了适用的防护用品和设施	
申请栏	我保证我及我的下属所申请的作业内容真实有效，阅读理解并遵照执行安全方案和此许可证，并负责落实各项安全措施。 检测机构负责人签字: _____年___月___日___时___分			
执行栏	我保证我及我的下属接受了安全交底，阅读理解并遵照执行安全方案和此许可证，并在作业过程中负责落实各项安全措施。 射线作业人签字: _____年___月___日___时___分			
监护栏	本人已阅读和理解作业许可证中的内容并承诺严格遵守作业许可所提各项要求，坚守现场。 作业监护人签字: _____年___月___日___时___分			
相关方	本人确认已收到作业许可证，了解该工作对本单位的影响，将安排人员对此项工作给予关注，并和相关各方保持联系，如遇紧急情况，将及时通报信息。 单位名称: 确认人及联系方式: _____年___月___日___时___分			
审核栏	本人已对上述安全措施进行审核，符合要求			
	检测机构 HSE 负责人签字:		委托单位射线作业工程师签字:	
批准栏	我已在现场确认该作业的安全措施已落实。 委托单位区域负责人或授权人签字: _____年___月___日___时___分			

备案栏	项目管理承包商备案意见及签字:
	    ___年__月__日__时__分
			EPC 承包商备案意见及签字:
			       _____年___月___日___时___分	

关闭栏	请打"✓"选择关闭原因 □许可证到期，同意关闭 □工作完成，已经确认现场没有遗留任何隐患，现场恢复到正常状态，同意关闭	作业申请人: ___年__月__日__时__分	作业批准人（EPC 承包商）: ___年__月__日__时__分	
取消栏	因以下原因，作业票取消:	作业申请人: ___年__月__日__时__分	作业批准人（EPC 承包商）: ___年__月__日__时__分	

2）射线探伤作业告知书见表3-27。

射线探伤作业告知书

告知书接收单位：

　　我单位将组织进行射线探伤作业，为避免对作业点周围贵单位作业人员造成伤害，现特通知贵单位，在下述射线作业时间段内，请贵单位组织所属人员撤离下述射线作业警戒区域，特此告知。

　　射线作业起止时间：_____年___月___日___时___分至___日___时___分

　　射线作业地点：（附图）

　　射线作业类型：

　　射线作业许可证编号：

　　射线作业影响距离：

　　射线作业警戒范围：

　　射线作业单位作业负责人：　　　　　　　　联系电话：

　　射线作业单位现场联络人：　　　　　　　　联系电话：

　　射线作业告知书送达人：　　　　　　　　　联系电话：

　　射线作业告知书签收人：　　　　　　　　　联系电话：

　　射线作业告知书接收时间：_____年___月___日___时___分

射线检测单位：

（加盖公章）

3）射线作业告知书送达登记表见表3-28。

射线作业许可证编号：					
序号	告知书接收单位	接收人	作业管理联系人	联系电话	电子邮箱
1					
2					
3					
4					
5					
6					
7					
8					
9					

登记表负责人：　　　　　　　　　　　　　　　　　　　单位：

第 **4** 章

国际工程社会安全管理

Social Security Management of International Projects

　　社会安全管理是国际工程 HSE 管理的重要组成部分，特别是部分国际工程所在国（地区）因政局动荡、恐怖袭击、战争或武装冲突、宗教和部落矛盾、治安犯罪等极有可能对国际工程项目正常运行造成损害或损失。本章重点从社会安全管理机构及职责、动态社会安全风险评估、雇员本土化、中方人员社会安全培训、安保管理、设施安全、动态安保管理、流动性作业安保管理、社会安全应急管理、安保检查十个方面介绍了如何做好国际工程项目社会安全管理，旨在使读者系统了解国际工程社会安全管理的内容和方法。

4.1 项目社会安全管理机构及职责 Project Social Security Management Organization and Responsibilities

4.1.1 机构建立 Organization Establishment

涉外工程企业应逐级建立并完善社会安全管理组织机构，明确社会安全管理职责，包括但不限于社会安全管理委员会、安保主任、专职社会安全管理人员等机构和人员的管理职责。

4.1.2 管理职责 Management Responsibilities

社会安全管理机构主要负责项目安全评估、人员培训、安保工作计划设计、安保工作执行、应急处置等各项工作的制度建立和执行。

4.2 动态社会安全风险评估 Dynamic Assessment of Social Security Risk

4.2.1 项目驻在国概况和安全形势 Overview and Security Situation of the Host Country

承包商应全面掌握项目驻在国（地区）的基本信息，包括但不限于项目地理位置、社会人文、政治、宗教信仰、文化习俗、社区部落，到附近城镇的距离以及所需的交通工具和到达城镇所耗费的时间等主要信息。

4.2.2 社会安全风险动态评估 Dynamic Assessment of Social Security Risk

承包商应在项目投标报价和项目执行阶段对可能遇到的社会安全风险进行动态评估，评估内容包括但不限于当地的社会治安、政治稳定性、动荡政局发展趋向、军事活动、绑架和恐怖主义犯罪活跃性等情况。同时应注意对新增安全风险的关注和评估，根据风险评估结果，依照社会安全风险管理的要求，结合项目具体实际，对项目所在国（地区）的政治、经济、治安犯罪、恐怖袭击、武装冲突风险等进行详细评估，并识别可能面临的主要安全威胁，制定有针对性的项目社会安全防控措施，明确相应的营地防护级别和人员出行防护级别。

4.3 雇员本土化 Localization of Employees

承包商应严格按照项目驻在国对雇员本地化要求控制中方人员数量和中方员工的活动范围，确保最大限度降低暴露风险。同时，针对社会环境和治安条件较差的项目驻在国（地区），应对当地雇员进行所在地法律法规许可范围内的背景调查并及时采取措施降低风险。

4.4 中方人员社会安全培训 Social Security Training for Chinese Staff

承包商赴海外员工在出国前应进行社会安全培训，培训工作一般委托专业培训机构实施。到达现场后，承包商应定期组织开展有针对性的社会安全培训，提高海外中方员工自救能力，应急应变能力和心理抗压能力。

社会安全培训内容一般包括境外安全形势、危险识别、突发事件应对和相关自救技能。

4.4.1 安全形势 Security Situation

境外安全形势方面的培训应包括国际安全风险的表现特征和发展趋势、工程企业面临的境外安全风险类型、工程企业所在国（地区）安全风险及威胁、相关社会安全形势及事件案例分析、项目安保现状和形势特点等。

4.4.2 危险识别 Hazard Identification

危险识别方面的培训内容应包括威胁的相关类型、恐怖组织的特征、恐怖/犯罪分子的惯用手法、恐怖/犯罪分子的攻击方式、各种威胁的规避方式和应对方式以及如何根据现场环境、自我特点等做出威胁评估等。

4.4.3 突发事件应对 Emergency Response

突发事件应对方面的培训内容应包括可能遇到突发事件的类型及特点、突发事件报告和响应程序、应急预案及演练要求、不同类型突发事件（包括枪击爆炸事件、绑架劫持事件、治安犯罪事件）的应对措施等。

4.4.4 相关自救技能 Self-Rescue Skills

相关自救技能方面的培训内容应包括如何避免成为恐怖/犯罪分子的攻击目标、社会安全信息收集分析、监视与反监视、如何利用自身特点应对攻击者、急救技能、GPS全球定位系统的使用、边远地区作业和夜间行动注意事项、野外生存能力训练、实用性逃生等。

系统的社会安全知识和技能培训，能够使员工在遭遇突发事件时，增强自救能力。

4.5 安保管理 Security Management

承包商要与雇主/项目管理承包商确认责任界面划分，明确各自在营地外安保、现场作业周边安保和人员出行安保等方面的职责，有条件的项目可使用军队和武装警察，也可开展同国际专业安保公司的合作，雇佣国际专业保安公司，由武装护卫作为外层保护。内层安保最好选择中方安保公司。项目部应设置专职人员与安保公司进行日常工作对接。

4.5.1 安保人员工作内容 Job Description of Security Personnel

武装安保人员驻扎现场负责控制施工区域、办公区域和营地的进出通道，同时负责现场外围警戒和巡逻。高风险地区中方人员出行一般视出行人数由一个或多个保护小组护卫出行，一个保护小组一般由8个军队士兵或武装警察和2台防弹车辆组成。项目部或内保公司负责办公区和营地内的安保，在办公区和营地出入口、警戒塔、保护区进行保安保卫和巡逻。

4.5.2 安保人员数量确定因素 Factors Determining the Number of Security Personnel

所需保安人数确定重点参考以下因素：

（1）营地的周界长度和出入口确定固定岗位保安人数；

（2）保护施工现场所需巡逻人数；

（3）执行护送和特殊任务人数；

（4）每日轮班模式（3X8h或2X12h），以及备勤人员；

（5）快速反应力量。

4.5.3　安保装备 Security Equipment

安保人员的装备配备一般根据风险等级和防护级别以及安保公司、雇主/项目管理承包商规定、要求进行配备，主要包括但不限于以下装备：

（1）对讲机。

（2）武器（手枪、步枪、机枪及其他非致命武器）和满弹弹夹；

（3）防弹车或四驱皮卡；

（4）防弹头盔、防弹衣、防弹背心；

（5）便携照明设备；

（6）手机、卫星电话。

4.6　设施安全 Facilities Safety

4.6.1　营地设置要求 Requirements on Camp Setting-up

承包商营地应采用加强围栏，增配安保力量、安装监控设备等手段保证营地安全。可选择在主干道沿线开阔的高地上，适当远离主干道，周界围栏以外 100m 内不允许出现建筑和社区住所，并且有足够大的占地面积。

承包商应设置一条远离主干道通往营地的路线，路线与主入口保持一定角度，设置机动车减速装置，外部/来访者车辆停在营地外专用停车位，设检查站，由持枪的军队/保安检查进入营地的内部车辆和人员。整个营地只设一个入口及应急出口。应急出口应能够保证出现紧急情况时人和车辆能迅速撤离，而不容易从外部被发现和进入。

4.6.2　关键区域 Critical Area

关键区域如发电机、控制室、通信设施等应远离营地周界，采用强化物理防护措施，如设立栅栏、围墙、围笼等，设置警报系统，聘请军队/保安值守或巡逻，未经授权不得进入，控制总开关设置在有 24h 值班的控制室。

4.6.3　周界和通道 Perimeter and Access

在营地周界设置围栏（含栅栏、土墙、水泥墙），营地周围建立互连 3m 高金属栅栏，栅栏设入侵探测系统，顶部设约 1m 高的带刺铁丝网或者在底部设置蛇腹形带刺铁丝网。壕沟处于最外层，宽约 4m，深约 3m；护坡主要由护道和蛇腹铁丝网构成，至少高 2m，宽约 3m（底部），蛇腹铁丝网需为三层结构，置于护坡边缘，支柱最大间距为 5m。

同时营地四周设 4 个警戒塔，能控制四周环境，进行 360° 观察。营地设置唯一的出入口，不使用情况下出入口处于关闭状态，设置车障和减速坡，对来往车辆进行检查及速度控制。清除营地周围 2m 范围的植物，不易被攀爬或妨碍巡视视线。对办公区等受限建筑须采取可读取识别数据的大门，如指纹识别、面部识别，严禁无关人员入内。

营地全部区域设置照明和电子监视器，来访者车辆停在营地外，所有人员进入营地应持通行证并接受检查登记。军队、保安应配备手电筒及车底检查镜，检查进入车辆。营地和周界应有足够的照明和备用电源，保证巡逻军队/保安可以观察到周界栅栏。

4.6.4 门、窗和通风孔的功能 Functions of Doors，Windows and Vents

门窗应坚固，紧密固定在外门的砖墙上并用铁皮加固，安装优质门锁（双钥匙单栓锁）、门链及门镜。应急出口和外门应选用相同的标准，要考虑"应急"逃生门，进出警报和插锁。外门和应急出口门上应放置"进出小心"警告标识，并将钥匙放在附近透明盒子内。内门必须结构坚固，如安装在普通区域和受限区域间，应安装安全锁。

窗户应配有安全栓或具有防爆功能，贴防爆膜防止爆裂和阻止强行闯入，最好具备带钥匙窗锁。所有无关紧要的窗户应用砖砌封；地下室、一楼或其他容易进入区域的窗户必须固定在周围砖结构内，防护窗须设计牢固，应在内部固定，必要时可锁。

送风设备和管道需要保护以防止入侵和破坏，室外机组应安装在金属笼子内，管道进风口应安装格栅。

4.6.5 照明系统 Lighting System

营地照明应覆盖全部区域，并设置电子监视器。发电机应设置围栏， CCTV 监控须配备备用发电机及应急电源，军队/保安要对架空线路进行日常巡视，安保经理负责照明控制。检查站要提供足够照明及备用电源，便于检查人员和来往车辆。周界灯柱要提供足够的照明，以便发现攀爬、破坏周界设施的人员。检查站、瞭望塔等处应配置大功率照明设施，以照亮大面积区域。营地内应广泛使用落地泛光灯，照亮不易发现区域并不易被外部发现。

4.6.6　CCTV 和入侵探测系统 CCTV and Intrusion Detection System

出入口、周界、关键区域须设置 CCTV，摄像头的清晰度至少应为 480 线。摄像头应安装在距地面 4～5m 之间，提供重叠覆盖数据记录设备应保存在拥有报警系统的房间内。营地实施 24h 监控，记录数据可回放并至少保留 30 天，可外置存储盘。军队/保安应每天巡逻检查 CCTV 设施状态并定期维护。

入侵者探测系统可以探测进入保护区的入侵者，并能和摄像头实时联动监测。

关键区域、周界的栅栏将选择性采用该套系统，防止非授权或无关人员进入。

4.6.7　限制区域和受保护区域 Restricted Areas and Protected Areas

限制区为营地周界外部，包含从营地周界视线以内的外部环境以及需要巡查的基础设施到受保护区域，整个营地周界属于限制区域，禁止无关人员长期逗留。采用格栅、 CCTV、灯光等提供监控，军队/保安应定期巡视该区域，防止相关人员进入或破坏。

受保护区域为营地周界，以营地周界为界，该区域包括栅栏、地面和大门，周界内中方员工办公、住处及车辆均应为受保护区域，该区域外应有军队/保安巡视，夜间配备足够的巡更小组。

4.6.8　信件和邮件管理 Posts Management

信件与邮件均应使用电子邮件或传真，尽量降低邮包可能带来的安全风险。应告知属地员工或分包商禁止接收不明邮件或包裹。经证实确需接收的邮件，要仔细检查邮件上痕迹、味道、邮戳、字体。需人工送达的邮件或文件，经项目经理、安保经理等责任人签字后，由专门安保队伍负责送达。

4.6.9　钥匙管理 Keys Management

钥匙数量要尽量保持最少，使用钥匙要在管理员处登记授权使用。相关区域的钥匙由其属地负责人负责管理，严禁私自复制，如丢失钥匙，应立即换锁。

4.6.10　警报设施 Alarming Facilities

营地须设立一个区别于火警系统的安全报警系统。报警扬声器应安装在从地面平视看不到的位置，如营房顶部。营房内部应在每个楼层安装足够的报警扬声器。在值班室、岗哨、经理室、财务室、会议室等区域都应该设有警报按钮。

4.6.11 避难所配置 Shelters

建造避难所的主要目的是当营地受到攻击时，为人员提供人身安全保障。所有避难所的门应安装能从内部上锁的锁定插槽，并可以控制基地警报器。避难所内应存放足够未开封的水、食物、通信和医疗设备等应急物资，需配备简易卫生间。

4.7 动态安保管理 Dynamic Security Management

对于社会安全高风险地区，除营地中作业人员必要的施工出行外，应取消其他人员不必要的外出；确保与工程企业总部、当地政府、大使馆保持经常可靠的联系；每次出行前应考虑出行的必要性，制定计划，严格保密出行信息，加强安全保障，并严格按程序执行；安保人员应专车进行武装护卫，施工人员采用防弹大巴接送，临时出行人员采用防弹越野车护送；动态安保基本限于项目营地与施工现场以及项目营地至机场之间人员的动迁。

4.7.1 安保确认和风险评估 Security Confirmation and Risk Assessment

出行前安保公司工作人员需联系雇主/项目管理承包商安保控制中心，确认安保信息及出行线路的安全状态。应提前做好路线风险评估，对可能出现的恶劣天气、突发社会安全事件、过境延迟等对本次出行影响较大，危及人员生命安全的问题，制定应对计划。若存在的风险无有效应对措施，则应停止出行；如各项保护措施落实到位，经允许后方可出行。

4.7.2 路线选择和出行管理 Route Selection and Travel Management

外出路线的选择要尽量避开存在游行示威、武装抢劫、阻拦道路或者存在其他任何可能威胁道路安全的地段，应规划和选择多条备选路线，以降低风险。

车辆在每次使用前，驾驶员应对车辆进行安全检查，确保车辆机械性能良好，油料充足，应急设施可靠，必要的安全设备配备到位，车辆调度负责监督车辆检查，定期维护保养工作。

编队行驶：项目规律性、规模性外出时，应对车辆编队出行，通常情况应禁止单车外出。原则上安保应急车辆作为先导车位于车队最前方应急备用车，当其他车辆路途抛锚时，可以负责侦查、提示工作；后面的车辆乘坐中方人员（副驾驶位置及驾驶员应均为安保公司的武装护卫安保人员），每组车辆不宜超过 3 辆，且每辆车都固定成员，并指定一名车辆监督。

控制车速：所有外出作业车速控制必须严格遵守交通安全管理规定。在行驶过程中，驾驶员应根据自身的控制能力、车辆的现状（要考虑到载重量、车胎情况和刹车系统等）、路面和天气状况等保持安全速度，不得超速行驶。

保持车距：行驶中车距应保持在 100m 左右，过检查站的时候保持在 10m 左右，争取快速通过，中途停车时至少保持 15m 车距，以免紧急情况不便倒出和超过其他车辆。停车时，车距应视地形和勘察的危险情况以及周围环境等而定，以保护车辆安全。

不安全地段：车辆监督应提醒驾驶员停车并保持警惕，待前面车辆清除障碍后再前行。

安全通信：出行车辆必须配备两种或两种以上有效通信工具（车载电台、对讲机、卫星电话），与营地控制室保持连续联系，并做好联系记录。控制室监护人应对车辆的出行情况实时监控。除手机、卫星电话等有效通信工具外，为了外出中车辆之间保持联系，每个车辆监督应携带一台对讲机。

常备安全措施：车队尾车应准备一套随车工具、拖拉绳等设备，以备应急使用。出行期间临时停车驾驶员需要离开车辆时，应切断电路，锁好车，拉紧手制动。

当车辆抵达作业现场或工作地点后，车队负责人应向项目部营地联络负责人告知车辆已经抵达和安全状态等。车队准备启程返回营地时，车队负责人应通知营地出发时间和预计抵达营地时间。实际抵达目的地后，车队负责人应汇报当日外出路途异常情况等。如果外出车辆与控制室失去了通信联系，应立即启动应急程序。

4.8 流动性作业安保管理 Security Management of Mobile Operation

流动性作业是指离开固定施工场所和营地，在野外或者分散地点进行的作业，如勘测作业、管道施工和检修、野外运输、输配电线路作业等。

作业前应对沿线情况进行地理、环境等综合踏勘，将可能遇到的河流、铁路、公路、桥梁、村庄或居住点、军事管理区等进行详细记录，熟悉路线环境，辨识和分析危险源，制定相应的预防和安全控制措施；作业出行前应做好行程保密和出行路线规划，按照当地安保风险情况配备安保护卫，配备有效的通信工具；可能存在与当地居民接触的流动性作业，应注意处理好与当地居民关系，尊重当地居民生活习惯、宗教信仰和生活方式等。

4.9　社会安全应急管理 Social Security Emergency Management

承包商应成立应急工作领导小组，应急工作领导小组负责分析、评估社会安全信息，做出预警级别判定，应急工作领导小组组长负责发布预警指令。如遇到突发事件，应配合雇主/项目管理承包商及营地安保方进行应急情况应对，听从统一指挥。如处于营地之外的区域遭遇社会安全事件，则按雇主/项目管理承包商要求和应急预案要求进行处置和应对，应急响应由所在地事发时在场的主要负责人进行指挥。

4.9.1　应急物资储备 Emergency Material Preparation

日常需要准备一定数量的应急备用金（美金、欧元和当地货币），医疗急救包，储备正常日消耗量 2 倍的食物、饮用水、燃油等生活必需品。另外还需要按照 1.2 倍员工日消耗量配备应急食品、饮用水等应急物资。

4.9.2　紧急转移和撤离 Emergency Transfer and Evacuation

当社会安全事件可能危及员工生命安全时必须组织员工紧急转移。当政府不能对事态进行有效控制，存在进一步扩大态势，可能威胁员工生命时必须组织人员紧急撤离。紧急转移和撤离工作由承包商应急领导小组负责组织。

4.10　安保检查 Security Check

承包商各项安保措施的落实情况需要进行有计划的检查以检验其执行情况，检查形式包括但不限于：

定期检查：按照安保风险管理中的规定，定期开展安保综合检查。

不定期检查：在重大节日、社会安全形势突变、重大活动、全球恐怖势力活动情况发生变化等情形下，组织人员进行社会风险评估和检查。

日常检查：由中方安保协调员对社会安全进行经常性的检查。

第 **5** 章
国际工程项目部分 HSE 程序实例
HSE Program Examples of International Projects

　　HSE 管理程序是实施具体管理工作的方针、方法和步骤，是长期项目管理经验的科学总结。本章重点选取了国际工程项目医疗管理、施工环境管理、空气质量管理、生态保护管理、土地污染管理、文化遗产管理、危险品管理、劳动和工作条件管理、施工噪声管理、运输和物流管理、非危险废品管理、水质管理、营地设施和监测等部分 HSE 程序实例，旨在为读者编制国际工程项目 HSE 管理程序提供参考。

HSE　Health Safety and Environment

5.1 医疗管理程序 Medical Management Program

5.1.1 目的 Purpose

本程序为所有承包商提供健康服务管理指导和要求，以满足现场医疗管理需要，确保员工伤病能够及时救治。

5.1.2 适用范围 Scope

本程序适用于所有承包商施工现场的卫生服务管理，包括以下主要内容：

（1）分级保健医疗设施定义；

（2）医务人员要求；

（3）救护服务；

（4）诊所方案和活动；

（5）日常记录和患者护理指南；

（6）诊所和急救用品与认证。

5.1.3 使命宣言 Mission Statement

所有承包商和分包商应严格贯彻落实"以人为本"的理念，向所有人提供卫生医疗救治服务，不管是否与工作相关的生病或受伤都会提供治疗。

5.1.4 职责 Responsibilities

承包商医疗卫生服务管理团队负责监督，确保项目合规性并适用于项目的所有承包商和分包商。每一个承包商和分包商都要遵守当地劳动法律法规。所有三级医疗设施由雇主/项目管理承包商提供给承包商或分包商使用，二级医疗设施应当由承包商提供，一级医疗设施由分包商提供。

5.1.5 相关名词缩写 Abbreviations

ACLS——高级心脏生命支持　　　　BLS——基础生命支持

ATLS——高级创伤生命支持　　　　CPR——有氧心肺复苏

ALS——肌萎缩侧索硬化　　　　　　EMT——紧急医疗技术培训

AED——自动体外除颤仪　　　　　　HSMT——卫生服务管理团队

5.1.6 分级医疗设施的定义 Definition of Tiered Medical Care Facilities

诊所应设置如下：

三级：选址在项目区域的中心位置。

二级：选址在营地人数超过 1000 人或更多以及承包商的工作地点。

一级：选址在营地人数小于等于 999 人或更少以及分包商的工作地区。

三级医疗诊所医疗和检查服务包括如下：基础生命支持（BLS）、体检、严重疾病和损伤的分诊及治疗、高级创伤生命支持（ATLS）、高级心脏生命支持（ACLS）、小手术、尿和血液分析实验室、X 射线或骨骼扫描成像、眼科学基础、传染病隔离、危险品化学净化、药房、病人观察室、医疗事故及突发医疗事件应急调度、卫生服务培训中心和肌萎缩侧索硬化（ALS）救护车服务。

二级医疗诊所医疗服务包括以下：基础生命支持（BLS）、体检、严重疾病和伤害的验伤与治疗、高级创伤生命支持（ATLS）、高级心脏生命支持（ACLS）、眼科学基础、传染病隔离、药房、病人观察床位和肌萎缩侧索硬化（ALS）救护车服务。

一级医疗诊所急救处理包括以下服务：基础生命支持（BLS）、严重的疾病和伤害的验伤和稳定、有限的药品供应和稳定的基础生命支持（BLS）救护车服务。

除了一级诊所，承包商和分包商应按雇主/项目管理承包商的管理要求配备急救或具备自动体外除颤仪（AED）认证人员。

5.1.7 医务人员要求 Medical Personnel Requirements

医务人员在招聘到工地之前，其简历必须提交给雇主/项目管理承包商卫生服务管理团队（HSMT）进行审核和书面批准，并必须通过合格的医疗服务承包商进行录用。项目医务人员必须讲当地语言和英语，并符合下列最低要求：

三级诊所员工应由在当地卫生部门注册并获得许可的医生和护士来担任。工作人员必须至少具备两年当地急诊医学或职业卫生工作经历，包括基础生命支持（BLS）、高级创伤生命支持（ATLS）和高级心脏生命支持（ACLS）服务。

二级诊所工作人员应由所在国卫生部门许可的医生和护士担任。工作人员必须至少具备两年当地急诊医学或职业卫生工作经历，包括基础生命支持（BLS）、高级创伤生命支持（ATLS）和高级心脏生命支持（ACLS）服务。

一级诊所工作人员应由所在国卫生部许可的护士担任。护士至少应具备一年当地建筑行业、急诊医学、职业保健方面的工作经历，包括基础生命支持（BLS）和紧急医疗培训。

救护车驾驶员必须持有有效的当地驾照和紧急医疗培训合格证。

5.1.8　救护车服务 Ambulance Service

雇主/项目管理承包商卫生管理服务团队将确保和监督以下内容：

（1）救护车必须保持清洁，并处于良好的工作状态。救护车不得用于除运送病人以外的其他用途。救护车只能由经认可的救护车驾驶员来驾驶。

（2）每一个一级诊所应配备一辆基础生命支持（BLS）救护车。

（3）救护车的应急灯和警报器应性能完好，并保持工作条件。

（4）救护车维护记录和日常检查清单要始终保持最新状态。

（5）病人舱应具有足够的医疗用品存储、病人护理照明、座椅与存储隔间、输液瓶支架、装有刹车万向轮的担架车、氧气瓶及附件。

（6）救护车内空调运转正常。

（7）车辆的灯光系统、操控系统、刹车系统等应完好。

（8）随车工具箱内应有扳手、螺丝刀、反光交通背心以及电熔丝等配套工具。

（9）随车应配有备胎、轮胎十字节扳手、撬棍、三角反光警示牌、千斤顶等随车工具和设备。

5.1.9　诊所方案和活动 Clinic Programs and Activities

承包商应编制疾病预防控制程序并保存员工健康教育培训记录。承包商应编制疾病控制程序及标准作业流程并开展相应活动：

（1）血源性病原体预防控制程序。

（2）传染病防治方案。

（3）有害物质和医疗废物管理计划。

（4）营地和施工现场使用的所有化学品安全技术说明书（MSDS）。

（5）制定员工疫苗接种计划，并保留疫苗接种记录。

（6）编制并实施健康培训计划，必要时召开研讨会商讨员工的健康管理工作。

（7）积极参与医疗卫生服务活动和项目 HSE "零"事故计划。

5.1.10　文档和患者治疗 Documentation and Patient Care

一般情况下，雇主/项目管理承包商卫生服务管理团队会为诊所提供标准化的诊疗日志和病人护理指南，所有相关的急救和医疗处置等都需做好记录。

病人护理指南包括急救和医疗指令、病人转诊到高级别诊所或医院、大规模伤亡事件处置程序、传染性疾病控制程序等，个人医疗信息必须保密并放在文件柜中保存。

5.1.11 诊所和救护车用品 Clinic and Ambulance Supplies

一般情况下，雇主/项目管理承包商卫生服务管理团队应向承包商和分包商提出关于诊所的布置、急救、医疗、救护车用品清单等方面的要求，并对所有诊所进行月度审核。审核工作完成后，向审核合格的诊所提供合规证书，合格证书应张贴在门诊内醒目的地方。

诊所应当配备充足的医疗物资和药品来保证能够有效提供"服务范围"内的治疗。

下面的药品和医疗器械的种类及清单供参考：

（1）抗生素类药品

口服药：如阿莫西林、复方新诺明、头孢菌素等。

外用药：如百多邦、褐霉酸钠药膏、氯碘喹啉霜、鱼石脂等。

滴眼剂：如氯霉素滴眼液、妥布霉素滴眼液等。

（2）止痛类药品

口服药：如布洛芬、扶他林等。

外用药：如扶他林凝胶、深层发热霜、创可贴等。

（3）退热类药品

如扑热息痛、费啶片等。

（4）消化系统用药

缓解胃肠痉挛腹痛：如解痉灵等。

中和胃酸：如碳酸氢钠片、铝碳酸镁等。

止泻：如止泻宁片、黄连素、易蒙停、口服补液盐等。

（5）呼吸系统用药

如必嗽平、万托林等。

（6）心血管系统用药

如硝酸甘油、单硝酸异山梨酸酯、维拉帕米、利血平、硝苯地平、阿昔单抗、胺碘酮、阿替普酶等。

（7）抗过敏类药品

如苯海拉明等。

（8）抗食物中毒类药品

如活性炭糖浆、吐根糖浆等。

（9）外伤预防破伤风药品

如破伤风抗毒素等。

（10）外用消毒剂

如碘伏、戊二醛溶液、75%酒精、聚维酮碘等。

（11）局部麻醉药

如普鲁卡因、利多卡因等。

（12）强效镇痛药

如吗啡、杜冷丁、布托咖诺等。

（13）配套医疗器械

1）血压计、体温计、听诊器、压舌板、叩诊锤、手电筒、血糖仪；

2）氧气袋、吸氧面罩、氧气瓶、冰袋、雾化器、除颤仪、心电图机、喉镜、气管插管、手捏皮球；

3）消毒盘、无菌棉签、注射器、医用手套、绷带、输液器、套管针、针头、紫外线消毒灯、担架；

4）手术刀片、缝合线、骨折固定夹板、手术钳、止血带、持针器、镊子、剪子等。

5.1.12　承包商项目范围内卫星急救站设施要求 Contractor SFAS Requirements

承包商管理层应对其员工医疗急救服务系统定期进行监督检查。所有分包商应在承包商健康和医疗管理层的指导下，根据当地劳动法的要求，提供充足的人员、卫星急救站装备和医疗设备。每个站点开始运行之前应进行检查并取得雇主/项目管理承包商卫生服务管理团队的书面许可。

（1）通信

承包商和分包商负责提供无线电设备和网络服务协议。

（2）救护车服务

救护车应符合当地劳动法的要求，并通过承包商的检查和批准。

（3）医务人员

医务人员必须具备医疗急救和职业健康方面的经验。应当增加经当地卫生部门批准的持有当地卫生部注册认证资质的护理人员。

（4）服务范围

承包商应编制急救治疗方案，并分发到各分包商。

医疗急救站应具有标准化的书面急救治疗指南，可以为一般的伤害和疾病提供良好的诊断和治疗。

（5）工作时间

承包商与雇主/项目管理承包商卫生服务管理团队协商并以书面形式明确诊所的工作时间。

（6）诊所规格和装备

诊所及设施运行之前，必须由承包商 HSE 经理和承包商医师进行检查和批准。

诊所应始终保持无菌环境，并配备病床、桌子、椅子、保险柜、眼睛洗水槽、检查治疗室等设备设施以及充足的饮用水和生活用水。

（7）就诊记录和病人护理文档

1）医疗急救站应保存每天的就诊记录，信息应包括：员工或访客的名字、就诊原因、就诊时间、处理记录等。此外，就诊记录要保持更新并保存在医疗急救站里。

2）医疗急救站应对使用或管理的药物进行登记。

3）医疗急救站应提供基本的急救服务，临床医生不得使用抗生素。可使用蝴蝶绷带或免缝胶带等急救方法替代伤口缝合手术，有禁忌或忌用的除外。

4）医疗急救站应向承包商医疗中心汇报所有的急救服务并提供每日诊疗日志的副本。

（8）转诊和记录

超过急救范围的伤害或疾病应立即转诊到现场医疗中心。

所有急救或医疗中心转诊必须以电子方式和纸质方式进行记录，纸质文件必须存放在文件柜内。

（9）治疗用品和药物

医疗急救站应配备提供急救所必需的医用器材和药品来有效执行"服务范围"协议。

5.1.13 员工健康计划 Employee Health Programs

为保障员工的安全和健康，承包商的医疗机构应支持下列计划：

（1）饮水站的每日现场检查。

（2）糖尿病筛查计划。

（3）疫苗接种计划。

5.1.14 急救箱用品 First-Aid Kits Supplies

急救箱应放置在作业现场，急救人员可在各自的工作区域获取，且应保证急救人员与员工人数 1 ：50 的比例。

所有承包商和雇主/项目管理承包商车辆也应按要求配备急救箱。

5.1.15 急救站用品配置要求 Requirements for First-Aid Station Supplies

急救站用品及设施应根据当地法规要求及地域环境特点予以补充及调整，其最低要求如表 5-1~ 表 5-4 中内容所示。

医疗设备和装备表 表 5-1

序号	名称	数量	序号	名称	数量
1	氧气瓶	1	18	体温计	2
2	血糖仪	1	19	急救包	1
3	听诊器	1	20	灭菌机	1
4	吸引器	1	21	喷雾器	1
5	血压计	1	22	成人急救袋	1
6	笔灯/手电筒	1	23	自动体外除颤仪	1
7	肾形盘	3	24	手术器具盘	2
8	止血带	1	25	敷料车	1
9	诊疗台	1	26	踏板	1
10	治疗盘	1	27	秤盘	1
11	输液架	1	28	镊子	1
12	检查床	1	29	热水袋	3
13	剪刀	2	30	不锈钢容器	2
14	冰袋	4	31	锐器盒	1
15	医用冰箱	1	32	脉搏血氧仪	1
16	枕头	2	33	黄色或橙色袋子	10
17	毯子	3	34	医用垃圾桶	1

夹板及固定装置表 表 5-2

序号	名称	数量	序号	名称	数量
1	有头枕和约束带的长板	1	5	有约束带的折叠担架	1
2	颈椎项圈（大/中/小号）	1	6	悬臂吊索（三角绷带）	5
3	手指固定器	2	7	加厚的四肢固定夹板	1
4	折式担架	1			

急救站医疗用品最低要求表

表 5-3

药品名称	数量
1mg/amp 肾上腺素	10 瓶/支
破伤风疫苗	5 瓶/支
1g/片安灭菌	10 盒
625mg/片安灭菌	10 盒
消炎膏	5 管
利百素凝胶	10 管
舒喘灵口服液	2 瓶
普米克气雾剂（溶液）	1 盒
溴化异丙阿托品溶液	1 盒
聚维酮	2 瓶
500mg/片环丙沙星	10 盒
150mg/片善胃得	5 盒
目施妥滴眼液	5 瓶
安鼻灵滴鼻剂	5 瓶
500mL 生理盐水	10 瓶
500mL 乳酸林格氏溶液	10 瓶
500mg 阿莫西林	10 盒
百多邦霉素软膏	10 盒
25mg/片卡托普利片	1 盒
5mg/片动脉扩张剂	1 盒
300mg/片阿司匹林	1 盒
500mg/片扑热息痛	10 盒
50mg/片扶他林	5 盒
滋润护理滴眼液	5 瓶
口服补液盐	5 盒

急救站辅助医疗用品最低要求表

表 5-4

棉花	创可贴
血糖试纸	注射器
喷雾器	手术刀片
氧气导管、氧气面罩、硝酸盐还原菌	备皮用具
消毒纱布和棉球	外伤敷料包
外科医用手套	敷料包
弹性绷带	留置针
酒精棉片	输液导管

5.2 施工环境管理程序 Construction Environment Management Procedure

5.2.1 目的 Purpose

本程序为所有承包商提供施工环境管理指导，要求最大限度减少并缓解在施工作业过程中可能产生的环境恶化影响，并采取有效控制措施。

本程序从以下几方面为承包商提供指导：

（1）鉴别施工活动的潜在影响。

（2）确认实施环境管理程序及相关程序的职能和责任。

（3）通过规划确定良好的管理规范，致力于解决环境问题。

（4）确定合规与不合规结果的检测与报告要求。

（5）针对以下方面提供合理、实际的指导方针：

1）最大限度减少对自然环境的干扰；

2）防止或最大限度减少各类污染；

3）保护当地动植物；

4）最大限度减少土壤破坏或侵蚀；

5）遵守有关环境保护的法律、法规、标准和指导方针；

6）采用最佳且切实可行的方法以防止或减少不良的环境影响；

7）根据垃圾的产生、回收、处理或治理情况，制定垃圾管理规范；

8）确立不合规事项的纠正和预防措施；

9）对员工和承包商进行环境保护方面的培训；

10）说明环境事件发生时的相关职能、责任和所应采取的行动。

5.2.2 适用范围 Scope

本程序适用于所有产生或者可能会产生环境影响的工作活动。偏离申请和审批流程适用于所有潜在的偏离。

除了适当的环境审批、规定允许的偏离、环境影响评估或雇主/项目管理承包商需求，其他必须经过雇主/项目管理承包商授权。

5.2.3 职责 Responsibilities

此程序适用于所有参与施工环境管理的人员。雇主/项目管理承包商环境经理负责把环境管理程序要求传达给所有参与施工环境管理工作的人员。

5.2.4 项目环境影响评估研究和报告 Project Environmental Impact Assessment Study and Report

承包商应选择专业咨询公司为项目编制环境和社会影响评估报告，识别和评估项目在建设和运行中潜在的环境风险，以确保当地法律法规的要求在施工过程中得以落实。

5.2.5 适用标准及要求 Regulations and Standards

国际工程项目（国际金融贷款项目、如世界银行贷款）在执行过程中应遵守国际环境标准，应按照下列机构颁布的规则、标准及方针政策来设计、施工和运行其装置：

（1）世界银行（国际金融公司）所颁布有关该项目的规则、标准和方针。

（2）当地环境保护的相关规则、标准和方针。

此外，还应适当审查和遵守所有雇主/项目管理承包商的标准、规则和当地相关部门的各类要求。若世界银行和当地相关部门没有规定具体标准，则应按照以下顺序参照其他公认法规并将其作为技术标准：

1）联合国环境规划署；

2）美国环保规则和指导方针；

3）欧盟成员环境规则和指导方针；

4）其他国际公认的监管机构（如国际环境保护组织协会等）。

5.2.6 环境管理概述 Environment Management Introduction

在项目执行过程中应不断开发和保持更新环境管理计划，明确工作流程，确保任何偏离环境管理计划的事项都能被正确地记录、批准和沟通。

关键过程步骤如下所述：

（1）编制环境管理计划

环境管理计划应包括所有适用的环境管理准则，以及包含所有环境施工许可、环境和社会影响评估及任何适用的监管、金融贷款机构或雇主/项目管理承包商的要求。

（2）审查和更新环境管理计划

承包商应根据需要审查和修改环境管理计划，并就变化与雇主/项目管理承包商保持及时沟通，最终编制一个被雇主/项目管理承包商批准接受的环境管理计划。

评审时应考虑所有风险的影响和缓解措施，以及考虑设计和实施程序中的修订和更新。根据评审结论形成的最终版本，将被作为项目整个生命周期的基础环境管理计划。

针对具体装置区所做的修订，根据本程序修订批准流程获得批准后，可以认为是基础环境管理计划的批准修订版。

（3）环境管理计划偏离

随着项目的推进，会出现调整后的环境管理计划可能无法准确反映实施方面和实际环境影响的情况，此类情况可能是由项目内部和外部多方面的原因引起。如有此类情况发生，在偏离（或不符合）现象出现前，应提前获得偏离（或不符合）基本环境管理计划的正式批准。

未经雇主/项目管理承包商环境经理授权，以及涉及授权许可、法规、金融贷款人或雇主/项目管理承包商项目总监授权人要求的修正，承包商和分承包商无权偏离或者不遵守环境管理计划。

（4）环境管理计划偏离申请表

如果认为标准环境管理计划有偏离（或不符合），应填写偏离申请表。

申请表应清楚地描述偏离的内容和偏离的具体情况以及由于偏离标准环境管理计划所产生的相关风险。

（5）提交偏离申请表

根据适用的环境管理计划修正标准表格，填写完整的申请表并递交至雇主/项目管理承包商环境经理审批。该表格应包括偏离案例的要求和与之相关的风险评估。

（6）申请表审核

雇主/项目管理承包商的环境经理负责审查提交的表格，并确保与偏离相关的环境管理计划部分被识别出来并满足标准环境管理计划文件要求。同时，还必须确保正确详细描述商业案例和风险评估。雇主/项目管理承包商环境经理还需确保提出识别，并强调偏离与授权许可、雇主/项目管理承包商及金融贷款人要求的差异所带来的影响。

（7）征求建议并记录

雇主/项目管理承包商环境经理应向本部、外部技术专家等征求环境管理计划标准偏离建议。

提出的与环境管理计划标准之间的偏离或不符合必须经过仔细地考虑并满足法规要求。雇主/项目管理承包商环境经理应审查偏离，以确定是否在政府许可或其他法律要求范围之内。若偏离不能满足政府许可、法规或贷款人要求，则审批不能通过，除非从有关部门获得书面批准。所有的审批建议应当记录在环境管理计划偏离申请表中。

（8）雇主/项目管理承包商环境经理批准偏离

雇主/项目管理承包商环境经理有权同意或者拒绝偏离或不符合。一旦标准环境管理计划的偏离得到雇主/项目管理承包商环境经理的批准，应将其提交给雇主/项目管理承包商项目 HSE 经理进行进一步考虑及审批。

（9）雇主/项目管理承包商项目 HSE 经理审批

雇主/项目管理承包商环境经理批准后，环境管理计划的偏离应提交给雇主/项目管理承包商项目 HSE 经理进行进一步审核及批准。

批准之前，雇主/项目管理承包商的项目 HSE 经理应尽量从本部或者企业外部搜集环境资源方面的建议信息。

在对施工环境管理计划做出任何文件修改之前，项目 HSE 经理必须首先获取雇主/项目管理承包商的许可。

（10）雇主/项目管理承包商项目 HSE 经理批准偏离

雇主/项目管理承包商项目 HSE 经理有权批准或者拒绝有关偏离或不符合。

（11）偏离适用于授权许可、所有者或金融贷款人的要求

凡对于与授权许可、环境和社会影响评估报告（ESIA）、雇主/项目管理承包商和金融贷款人要求发生的偏离，偏离申请批准仅在获得相关当局审批合格后方可获取，偏离申请批准还需递交给雇主/项目管理承包商项目主任。

（12）记录及沟通获批后的偏离

一旦申请的偏离获得所有审批人的同意，雇主/项目管理承包商环境经理需要做好偏离记录并传达给所有相关方。雇主/项目管理承包商环境经理负责根据项目影响来确定最适合的传达方式（或过程）。审批应适当记录并归档在标准环境管理计划的偏离批准登记台账里。

（13）记录及沟通未获批的偏离

若标准偏离（或者不符合）未获得雇主/项目管理承包商环境经理、项目 HSE 经理或项目主任批准，雇主/项目管理承包商环境经理负责记录和传达未获批的偏离，被拒偏离申请应当妥善归档。

如果有必要，雇主/项目管理承包商环境经理应考虑从有关许可审批和监管机构确定获得批准的可能性，或者行政许可和监管机构要求的偏离。如果案例中的偏离商业理由足够充分，那么应由雇主/项目管理承包商环境经理向相关当局申请豁免资格。

（14）与标准环境管理计划保持一致

如若标准偏离或者不符合被拒，或者认为没有必要提出偏离申请要求，那么应当按照标准环境管理计划要求执行。

5.3 空气质量管理程序 Management Procedure for Air Quality

5.3.1 目的 Purpose

本程序为承包商提出总体纲领性要求，以对项目施工期间可能会造成的暂时空气质量影响加以控制、减轻和监督。

5.3.2 适用范围 Scope

承包商应对于可能影响当地空气质量和造成现场环境危害的来源及施工活动，必须加以控制，并采取适当的措施来减轻危害。

5.3.3 影响来源 Sources of Impact

项目施工和试开车期间会产生废气排放，施工活动也会产生灰尘，这些都是造成空气质量下降的重要影响来源。

（1）灰尘

承包商应对以下施工活动采取有效措施来减少灰尘及颗粒物的生成：

1）场平工作，如：修坡及回填等；

2）车辆交通；

3）挖掘作业；

4）材料处理和土壤运输；

5）打磨和喷砂作业；

6）焊接和切割作业。

由于灰尘一旦产生便很难在空气中被抑制，因此应尽可能地在形成阶段就开始防止灰尘的产生。详细的灰尘缓解和控制措施见表 5-5。

在可能的情况下，重点对可能产生粉尘或烟雾的施工作业活动采取必要的计划、定位和控制等措施，确保附近的振动敏感区不受影响。

（2）废气

废气排放包括氮氧化物（NO_x）、二氧化碳（CO_2）、一氧化碳（CO）、硫氧化物（二氧化硫 SO_2）、碳氢化合物（HC）、臭氧（O_3）和总悬浮颗粒物（TSP）。废气排放的来源包括施工车辆、电气设备和机械等。

来源	缓解、控制措施
重型车辆运输路线（铺设完成的）和现场进出点	·粉尘抑制技术，如：在可行的现场用水抑制扬尘。 ·设置车辆限速 10km/h 来控制现场扬尘。 在作业人员密集区域，尽可能把车辆限速降到最低
停车场/材料堆场	·在没有铺盖砾石或者砌过的停车场/材料堆场，应采用水来抑制扬尘。 ·如果可能的话， 停车场/材料堆场的位置应远离居民区、餐厅等人员密集区
钻孔、切割、打磨作业	·任何钻孔应尽量采用湿钻法，最大限度地减少灰尘的产生。 ·若设备废气排放量经检测超标，应给予警告并暂停使用直至维修或通过承包商现场经理审核为止。 ·定期维护和检查所有钻孔、切割、打磨的设备，由承包商现场经理记录和检查，并遵守制造商的说明和监管要求
筛选和破碎	·破碎机应提供袋式过滤器吸收粉尘。 粉尘排放水平应始终保持低于监管标准规定的水平。 ·封闭溜槽将用于降低粉尘的排放水平。 ·对于破碎操作中的粉尘排放物应使用水处理将排放量降至最低。 ·破碎设备应远离对振动敏感的区域
原料处理	·原料应尽可能地储存在远离施工地边界或振动敏感区域的下风口区域。 ·允许的情况下，应提供周边围护结构和防渗薄膜覆盖于骨料和其他散放粉尘材料的堆放场。 货料堆应搭建存放棚或者进行覆盖。 ·材料和土壤处理的频率应尽量少以减少对粉尘、土堆的扰动。 ·必要时，在混凝土浇筑前可使用真空吸尘设备来除尘。 ·有风天气，应尽量减少挖掘作业及地表动土作业。 ·如可能，应在施工现场工作区域四周设有密目防护网，以减少扬尘的形成及扩散。 ·通过焚烧形成的污染物很难有效控制，因此无论污染物危险与否，禁止露天焚烧行为
物料和土方运输	·采用分期建设或使用固定进出行驶路线，将对地表的影响降至最小。 ·应尽可能减少装卸货物时落差，以减少产生的扬尘。 ·行驶中的车辆极易产生灰尘，因此应严格控制运输路线及每天运输次数，以减少扬尘污染对施工人员或者周围用地人员的影响。 ·粉碎物料的传送带运输应被设计为减少灰尘产生的型式。 皮带和滚轮应维护良好，以避免材料溢出或者扬尘扩散。 ·在施工运输的往返途中，易产生环境影响的运输车辆，应将材料及颗粒物进行适当覆盖，以防扩散。 遮盖物应铺盖良好，不应过度拉扯或撕裂。 ·运输卡车仅限于在指定路线及指定的出入口进出。 ·若可行，应向固定行驶的路线及区域铺设沥青或者砾石。 公路应定期养护。 如有必要，可以通过护坡和铺设砾石等对公路进行养护。 ·根据制造商的说明书，应对车辆进行定期的维护与检查
未铺设路面或干扰区域	·如有必要，应在运输材料/土壤的道路上喷洒水。 ·现场车辆限速为 10km/h，以降低车辆对灰尘的搅动作用。 在人口密集区域（如施工营地、村庄）则应最大限度地控制车速。 ·未铺设路面应定期喷洒水，尤其是在天气预报中预报的大风、高温和干旱天气
堆放	·若有灰尘的产生问题，应在土方处理及储存过程中适当喷洒水。 ·土方堆放高度应进行控制，并采用缓坡形式，以减少风力对其影响

承包商以下管理不善会造成废气排放影响空气质量：

1）挥发性燃料和化学品现场存储不符合要求；

2）车辆空气污染及设备管理不善；

3）防护设备供应不足；

4）使用挥发刺鼻气味的材料、设备；

5）通风不当或者没有提供足够的保护设备，施工产生的气味（清洁剂、油漆、溶剂及含溶剂的产品）可能影响周边的人员。

表5-6里面的内容，总结了对废气排放的缓解和控制措施。

废气排放缓解和控制措施表 表 5-6

来源	缓解、控制措施
危险品存储	·化工产品、清洁剂、油漆、溶剂和含溶剂产品等有害物质应妥善密封保存，承包商在存储之前进行适当的保护，划分存储区域。 减少现场存储的无铅汽油化学溶剂和油性漆等高挥发性物品燃烧的风险。 ·燃料和化学品存储区域数量应最小且妥善管理。 应保有一份列明所有挥发性燃料和化学品的完整列表和清单，所有存储液体和化学品安全技术说明书（MSDS）应保存在易于取得的范围和中心位置（如现场办公室）
清洁剂	·必须使用非挥发性的环保清洁剂
封闭区域	·提供并保持通风，消除气味。 ·减少潜在的人类废弃物排放的气体，为施工人员和访问者提供适量的临时卫生间和洗漱设施。 设备设施应良好维护，污水存储处理设备应由废水处理承包商经常检查，固体及其他材料应移除并做妥善处置
车辆和移动机具设备	·设备及车辆应定期维护维修，确保达到规定要求及排放标准。 缓解和控制排放措施包括低硫燃料、烟尘过滤器和催化排放等。 ·操作人员（按照制造商的说明）在施工现场要正确使用施工设备及驾驶车辆。 ·鼓励内燃机类施工机具设备、车辆等使用优质燃油（如有可能根据制造说明采用低硫燃油）。 ·操作工程机械严格控制或减少不必要的空转
	·通过适当的运输道路、产品仓库和工作区域调整，减少运输时间，提高效率。 ·压缩机等设备应放置于远离居住区的地方。 ·机器和设备长时间不使用时，应停止运转，定期做好维护保养。 ·在适当情况下，应用电动设备替代汽油或柴油动力设备。 ·固定设备应安放于远离振动敏感区和居民住宅区的位置。 ·确保所有机器运行正常、定期维修，不发生油管、油箱或挥发性气体泄漏。 ·减少现场加油，特别是无铅汽油等高度挥发性燃料。 ·加油方式应避免或减少溢流或泄漏
废气排放	·禁止焚烧废物废料

5.3.4 监测 Monitoring

承包商现场经理应持续记录天气情况、现场活动、现场位置及可产生灰尘的活动。所有设备的清单（包括生产日期、操作小时、维修计划、燃料类型和排放控制设备）应由承包商现场经理保存。若设备的可见排放物过多，则应停止工作并发出问题通告，直到由承包商现场经理检查调试通过为止。

承包商现场经理应在白天进行检查，确定灰尘和排放情况，以实施必要的缓解措施。管理层也将制定和实施施工阶段现场粉尘监测计划（设置空气取样器）进行呼吸性粉尘监测。任何监控记录、类型方法和施工阶段粉尘监测程序应被记录下来。

5.3.5 附加要求 Additional Requirements

承包商必须提交现场材料储备和存储程序，确保原材料处理过程中产生的粉尘量最小化。此计划应在实施前由雇主/项目管理承包商的 HSE 经理和现场经理审批通过。设置用于储藏、存储材料及土方的区域，并确保其离振动敏感区及排水系统有足够远的距离。

此外，承包商员工在入场培训和其他培训中，要包括粉尘排放控制的措施和方法。

5.4 生态保护管理程序 Biodiversity Management Procedure

5.4.1 目的 Purpose

本程序为所有承包商提供指导和要求，目的是在施工过程中保护现有生物多样性，并通过采用生态优先的原则指导生产实践，促进自然资源的可持续管理和使用。

5.4.2 影响来源 Sources of Impact

承包商应尽可能减少不必要的或额外的对周围生态系统的影响，如：

（1）施工过程产生的噪声和光线，可能没有直接伤害动物，但可能会影响附近动物的进食和繁殖行为。

（2）大量现场施工人员的临时营地可能增加资源消耗而影响周边生态环境。

（3）建筑施工和土方堆放影响地形、土壤和植被。

（4）生成大量的固体和液体垃圾。

（5）食物、垃圾和废物等易滋生病菌或寄生虫。

（6）由于设备废气排放，导致气溶性尘埃增加和引起空气质量下降。

（7）由于土壤侵蚀、沉降和潜在的污染物影响导致地表水水质退化。

（8）地表水径流位置的变化。

（9）植被的损失。

5.4.3 缓解和控制 Mitigation and Control

生物保护管理目标是尽量减少任何对生态环境以及生态质量、程度、能力、结构、功能和周围生态等的影响。对于动植物的栖息环境应通过限制地表的干扰以及限制施工车辆交通，减少现场施工机具设备等措施予以保护。要求承包商应采取以下措施保护生态环境：

（1）将植被清理限制在临近施工区域的最小范围。

（2）围绕水土流失、杂草和野生动物保护制定计划，尽量减少对生态环境的影响，减少干扰原始栖息地。

（3）限制施工阶段人员尤其是不当班人员进入生产、生活以外的区域，特别是海岸区域。

（4）尽可能将工程项目工地上可利用的植被挖出，收集并作为景观材料备用。

（5）凡独立可移动的土壤、收集到的灌木和杂草，应按照当地环境保护的要求重新移植。

（6）保持垃圾存储区域的卫生状况，以限制有害动物群体滋生（例如老鼠和苍蝇）。

（7）定期进行垃圾清运，保持现场最小存储量和最短存放时间。

（8）尽可能使用自然景观作为噪声防护屏障。

（9）正确维护和使用施工设备和车辆。

（10）尽量减少对区域外环境干扰。

（11）禁止在施工现场伤害野生动物或破坏植物。

（12）禁止损害、采集或收集动植物。

（13）修建雨水收集设施及净化水水塘和排放渠道，减少雨水对土壤侵蚀。

（14）应在"每一个可利用的空间"创造"绿色"空间和植物植被，以及尽可能重新使用处理过的废水。

（15）禁止向当地海域、干河床系统排放任何未经处理达标的废水，以防止环境的进一步退化。

（16）应教育从业人员，提高对动植物的保护意识。

（17）施工完毕后，应当建立现场景观和草坪等，以强化本地植物和动物繁殖生长的自然机会。种植本土物种的植物和树木有利于当地的生态环境，并为各类鸟类和哺乳动物提供栖息地。

（18）如果发生任何对生态环境造成影响的事故，相关责任承包商应使用标准的事故调查表格将事故细节记录并报告。

5.4.4　职责 Responsibilities

承包商应及时发布动植物伤害禁令，进行生态环境保护意识培训以及相关的影响管理规划等，上述工作应在项目施工前完成。长期的生态环境保护措施将在施工及运营阶段进行。承包商应负责执行施工期间的土地管理，减少对场外动植物栖息地的破坏等。

5.4.5　监控和报告 Monitoring and Reporting

在项目执行期间，承包商应每年在项目周边区域进行监测并编制正式报告。将植被和动物栖息地总体情况记录在报告中，以备相关方检查。

5.5　土地污染管理程序 Contaminated Land Management Procedure

5.5.1　目的 Purpose

本程序用于指导承包商避免因施工活动产生或者遗留的危险物质而导致土地污染。

5.5.2　概述 Introduction

土地污染是指土地存在有害物质。有害物质包括未爆炸的弹药或含铀浓度高于正常自然水平的物质。

土地污染可能影响地下水、地表水和相邻场地。地下污染物来源包括挥发性物质、土壤湿气等，这些可能成为承载体及传播媒介，极易渗透到建筑室内，成为空气污染物。

工程项目现场造成的土地污染，可能会影响人员健康，对周围的生态环境、附近的社区和施工进度均会造成不利影响。

5.5.3 影响来源 Sources of Impact

土地污染应急处置最初的任务是确定风险程度，查明污染物的类型、浓度和分布，并评估潜在的地下水和土地污染情况，最后确定迁移路径。迁移路径可能包括污染物、浸出地下水、形成人类吸入的气体或烟雾等。

5.5.4 缓解和控制 Mitigation and Control

如果发现土地污染，应立即停止污染区域附近的工作，并由区域主管通知 HSE 经理，根据污染程度及范围，告知雇主/项目管理承包商 HSE 经理。

在对任何污染材料的性质及风险作出评估前，应禁止接近或在该区域工作，并用标识、围挡或安保措施等方式对进出通道加以控制。

承包商应安排专业人员对污染区域进行调查，确定污染性质并编制风险评估报告。

发现有害物质后，承包商应将污染物进行分类，并采取措施清除相应物质。污染区域被清理或清洗后，承包商应书面通知雇主/项目管理承包商现场经理，现场经理授权或批准后可重新开展工作。对于特殊区域，只有经过雇主/项目管理承包商现场经理和 HSE 经理的批准，方可重新恢复工作。如果污染物的种类及范围鉴定需要特殊处理或者补救措施，则应与雇主/项目管理承包商 HSE 经理协商，如有必要，还需和当地监管部门联系。

5.5.5 职责 Responsibilities

承包商发现土地中存在爆炸物、危险化学品等物质，应立即停止工作，并报告给雇主/项目管理承包商和当地相关部门。

5.5.6 监管和报告 Monitoring and Reporting

土地污染的监测与报告应根据严重程度进行分类管理。若现场发生较大的土地污染事故，应采取有组织的应急响应，按照应急响应程序进行监管和报告，并应出具事故调查报告。

5.6 文化遗产管理程序 Cultural Heritage Management Procedure

5.6.1 目的 Purpose

本程序的目的为建立一个流程，保证文化遗产免受周边地区施工活动的影响，帮助保护文化遗产。

5.6.2 概述 Introduction

雇主/项目管理承包商应致力于保护项目现场和周边的文化遗产。文化遗产包括有形资产和有考古（史前）价值的遗址、古生物学、历史、文化艺术和宗教价值观，以及体现文化价值的独特自然环境特性，如古墓等。无论该文化遗产此前是否受其他法律的约束或以前是否遭受过破坏，都应适用本程序。

5.6.3 影响来源 Sources of Impact

项目所在地可能存在的文化遗产。

5.6.4 缓解和控制 Mitigation and Control

在前期场平土方工程施工阶段（分级、平整和修建雨水收集池等），有些古建筑遗址，甚至人类遗骸有可能被发现。雇主/项目管理承包商应培训施工现场所有人员，确保他们能够及时汇报在施工活动中发现的文化遗产或丧葬物品。此外，承包商代表应定期检查土壤搅动和破损物品情况，如破碎的罐子、石头和骨头等，一旦发现可疑物品，应及时通知承包商 HSE 经理，并采取适当的措施，甚至临时停工以确保避免对任何文化遗产资源的进一步损害。

5.6.5 职责 Responsibilities

发现疑似文化遗产后，需要临时停工，并有组织地采取应对措施。

（1）承包商是在施工过程中发现文化遗产的最终责任单位。承包商还应为雇主/项目管理承包商提供一系列材料证据，以关注和保护所发现的文化遗产。

（2）雇主/项目管理承包商的管理团队应将文化遗产保护要求纳入项目施工计划中，包括暂时性的停工。

（3）承包商人员发现疑似文化遗迹后，应立即向其上级主管或 HSE 经理报告，再由 HSE 经理进行风险管理评估，并通知雇主/项目管理承包商，由雇主/项目管理承包商通知博物馆和文物部门，组织核实评估的准确性，采取现场临时保护措施。

（4）雇主/项目管理承包商主与相关政府职能部门应制定文化遗产资源应对保护计划。

5.6.6　监管和报告 Monitoring and Reporting

发现历史文化遗迹并采取应对措施，从本质上讲是偶然事件，不受常规监测及报告制度的影响。然而，一旦发现文化遗迹，应立即开展评估和保护措施，并将应对过程记录和报告提交给雇主/项目管理承包商项目经理。

5.7　危险品管理程序 Hazardous Materials Management Procedure

5.7.1　目的 Purpose

本程序为现场施工活动的承包商提供危险品管理指导，并明确最低要求，以便避免或尽量减少有害物质的产生和排放。

5.7.2　概述 Introduction

危险废弃物是指具有某种危害特性的废品，如对人类健康和环境有危害或者能够构成危害。

5.7.3　污染来源 Sources of Pollution

危险废弃物是指含有以下任何特质的物品：

（1）可燃性。

（2）腐蚀性。

（3）反应性。

（4）有毒性。

（5）放射性。

（6）生物危害性。

在现场施工期间使用或者可以生成为危险废弃物的物品通常包括：

（1）汽油、柴油和润滑油，包括液压油。

（2）油过滤器。

（3）溶剂和稀释剂。

（4）电池。

（5）腐蚀剂，例如电池酸和油漆稀释剂。

（6）油漆。

（7）树脂和胶水。

（8）建筑化学品（其中含有毒或易燃成分）。

（9）焊接气体燃料。

（10）杀虫剂和除草剂。

（11）人造矿物纤维。

（12）荧光灯管。

（13）辐射设备。

现场可能出现的辐射设备是指承包商对焊缝进行放射性检测（利用 X 射线或 γ 射线进行无损检测）使用的设备。

5.7.4 缓解和控制 Mitigation and Control

所有承包商都应聘请专业人员或特许垃圾处理分包商，以确保所有的危险废弃物按照适用的法律法规进行管理。使用、处理、储存危险品的承包商应当建立与潜在和现存风险相匹配的管理方案，并符合保护人员以及预防和控制危险品事故的宗旨。承包商的危险品管理方案应将预防和控制措施、管理行动、程序等纳入日常业务活动。通常情况下，最低要求是每个承包商的危险品管理方案都应包含危害评估，培训，替换、还原和回收，泄漏预防和控制等内容。

（1）危害评估

确定风险水平基于对以下内容进行持续的评估：

1）现场存放危险品的种类和数量；

2）每月接收、使用和处置的危险品数量；

3）危险品的危害特性（如易燃性或毒性）；

4）潜在泄漏和排放情况风险分析；

5）潜在的不可控反应，如火灾和爆炸的可能性分析，以及基于项目选址的自然地理特征对潜在后果进行分析，其中包括到排水通道的距离等。

（2）培训

承包商应制定危险品管理培训课程，强调安全第一的理念，并涵盖所有组织层级的关键相关人员。除了危险品的来源和控制方法的概述，还应专门对危险品处理人员进行以下方面的培训：

1）危险品储存和处理；

2）危险品对人体和环境设施的潜在危害；

3）施工现场危险品安全使用规程；

4）车辆及设备泄漏和潜在泄漏检查；

5）车辆正确的加油方法；

6）泄漏应急处理方法，以及泄漏的报告、清理和文件管理程序；

7）替代、隔离防护措施；

8）危险化学品分类及理化特性；

9）危险化学品存储和使用消防安全知识；

10）危险化学品的防护用品分类和使用要求。

（3）替换、还原和回收

任何危险品管理计划的首要目标应该是尽量减少危险品的使用量。任何地方都应该优先使用危害性较小的替代品。合理使用、再利用、再循环和避免泄漏是最好的实用性方式。同时，雇主/项目管理承包商会委托合作伙伴，在尽可能的情况下，一起回收并利用危险品。

（4）泄漏预防和控制

承包商应任命现场应急协调人负责制定应急预案，并建立一支训练有素的应急队伍，以便在紧急情况发生时专业地执行任务。泄漏预防和控制程序如下：

1）承包商应向雇主/项目管理承包商 HSE 经理提交月度报告。报告应包含以下信息：

a. 带入现场的危险品数量；

b. 供应商的名称；

c. 用途、使用的数量、剩余数量，以及废弃化学品的管理；

d. 事故报告和已经采取的措施；

e. 在紧急情况下应采取的措施；

f. 合规性检查结果，包括：已经关闭的纠正措施和预防工作等。

2）由承包商带到现场的危险品必须报雇主/项目管理承包商 HSE 经理批准。需要带到现场的危险品，承包商需要提前两周以书面形式向雇主/项目管理承包商 HSE 经理提交申请。该申请包括危险品的名称、数量、种类、化学品安全技术说明书等，并提供处理现场泄漏用的应急材料的数量。雇主/项目管理承包商 HSE 经理将检验物品是否被所在国法律禁用，或者是否是限制使用的化学物质。承包商需要获得所在国法律要求办理的相应许可证，以便将危险品带到施工现场。

3）所有施工设备（如自卸车、推土机、挖掘机、水泵和发电机等）都应配备泄漏应急处理箱。应急处理箱应包含以处置、清理潜在滴漏、溢出或泄漏（如液压或燃料管线破裂）的吸附材料，合适的个人防护装备（PPE），以及用来容纳清理材料和被污染土壤废物的袋子或其他容器。所有清理材料应进行标记，并在处理之前妥善存储。

4）现场经常使用加油车为设备加油。现场加油应重点加强安全操作和防泄漏管理。其中，加油和设备、汽车维修保养应在专用区域进行，这些专用区域的设计、建造应可以防止燃料或设备、车辆使用液体进入雨水排放管道或者沟渠，同时应配齐应急箱和消防灭火器。应及时排干过滤器，用过的机油和过滤器等材料应放置在有适当标记的容器中，且尽可能地进行废旧物资回收。尽量不在现场进行车辆维修和加油工作。需要时，应在如混凝土板或高密度聚乙烯（HDPE）等不易渗透的表面进行此类工作，并设置排水沟和水池进行收集，同时这些地方应定期清理，所收集的废油等材料应送到专门的废物处置设施进行处理。

5）危险废弃物的收集、移除和处置应遵循以下原则和要求：

a. 只有在被授权许可的处理区域才能进行危险废弃物的收集、移除和处理；

b. 进行化学品处理的区域应放置警示标识；

c. 危险品应存储在合适材料制造的密封容器内，并在容器外贴上标签；

d. 所有危险品都需按照当地环保法规要求进行储存、运输和处置；

e. 废弃物容器应存储在不会被所存储的危险物品渗透的临时围堤或区域内；

f. 临时防护设施应定期进行保养，不能有积水和泄漏；

g. 储存容器之间应进行充分地分离，以方便进行清理泄漏和保持应急通道；

h. 如氯和氨等不兼容的材料，禁止存储在同一个临时存放区域；

i. 危险品桶不应装满，危险品不应混装；

j. 应按照除草剂和杀虫剂使用说明和需要量进行存储；

k. 水和油基涂料所用的油漆刷和设备将在隔离区内进行清洁，禁止污染现场土壤、水道或排水系统；

l. 不能回收或再利用的油漆、稀释剂、溶剂以及残留物将作为危险废物进行处置；

m. 当乳胶漆和油漆罐、刷子、抹布、吸水材料、罩布彻底干燥时，应作为固体废物进行处理；

n. 所有危险品储存容器应清楚标识所存储的物品以及收集的日期；

o. 现场制定危险废物的收集区域；

p. 定期安排垃圾收集，以避免容器装得过满；

q. 危险废物处理应由获得授权的危险废品处理商完成；

r. 存储区域应保持清洁、放置有序，并根据储存情况配备充足的清理用品；

s. 容器结构、盖子和衬面均应得到修理、维护，保证良好的使用状态。

5.7.5 泄漏响应 Leakage Response

泄漏预防是保护环境避免受到意外排放危害的第一道防线，下一道防线就是制定泄漏应急预案。在可能产生无法控制的危险品泄漏的地方，承包商应制定一个泄漏预防、控制的应急预案，作为其整体的应急准备和响应计划的特定组成部分。该计划应针对项目相关的危害因素，并包括：

（1）泄漏预防培训。

（2）预案执行情况检查，包括维持存储单元附近的容器结构、评估紧急停车系统、控制系统和机泵等设施、危险品运输、灌装，以及泄漏预防和应急培训中提及的灌装储罐、容器或设备、人员运输操作需准备书面标准操作程序。

（3）建立防泄漏管理程序，特别是降雨式流体泄漏管理程序，并必须确保该系统有效。

（4）在应急预案现场地图上需标识清楚危险品存放位置和相关活动地点。

（5）紧急响应所需的特定个人防护设备清单和应急培训的存档资料。

（6）应对初期泄漏的应急设备设施和其他资源。

（7）泄漏、排放或其他化学品紧急事件应急活动的描述，包含：内部和外部通报和程序、个人或团体的具体责任、评估排放的严重程度，以及确定采取适当措施的决策过程。

（8）泄漏的危险品及时清理，并按照适用的化学品安全技术说明书（MSDS）执行，以及按照现场张贴的上报流程进行报告。受泄漏污染的累积雨水、满溢和泄漏，都将被作为危险废品泄漏处理。泄漏清理材料应储存在危险品使用和存储的地方随手可取，且在泄漏事件发生时可以妥善处理。

对于微量滴漏、泄漏和管线破裂，可按照上述的泄漏预防方法进行处置。由于容器破裂导致的大量渗漏事件，应使用较高等级的响应程序进行处理。若泄漏发生在隔离区以外，应立即用吸收材料堆成围堰对泄漏物品进行隔离，以防止液体流到现场排水系统或从实体构筑物中溢出进入明渠或天然河道。污染的土壤应移除到中央处理区域或送到经批准的危险废品处理承包商或指定的处置地点。根据涉及材料的数量和危害分类，可聘请一名经过训练、授权，并配备专业设备的危险废物承包商人员来清理和处置这些物质。移除大量泄漏液体的决定，应由承包商通过与 HSE 经理以及外部紧急服务一起协调后由承包商的管理层认定。

5.7.6 职责 Responsibilities

雇主/项目管理承包商 HSE 经理负责审查各个承包商的危险品使用许可申请，批准那些满足当地法律法规要求的分包商。雇主/项目管理承包商应对危险品管理程序和规定的实施情况进行监督。此外，承包商和分包商应对危险品及废品储存地区和容器进行例行巡视检查，以便确认隔离区是否存在恶化、泄漏、未盖好的盖子或者累积储存量过大等现象。这些检查、观察以及所做的纠正措施应记录成文件并保存，以便雇主/项目管理承包商 HSE 经理进行检查和审查。

该区域负责人或者分包商班组长应监控现场的危险废物储存和处置区域。每个班次开始时，设备操作人员应进行设备例行检查，检查是否有泄漏现象，并对设备进行防护检修，以尽量减少潜在的软管破裂和其他来源的泄漏或排放。

5.7.7 监测和报告 Monitoring and Reporting

（1）除对分包商的危险品许可进行审查外，每个分包商应提供给承包商 HSE 经理一份月度报告。该报告将包含以下信息：

1）危险品的购买数量；

2）供应商名称；

3）使用目的、用量、剩余量和废弃化学品的管理；

4）事件报告及解决事件采取的行动；

5）紧急情况下的安排。

（2）应建立危险品登记台账对危险品进行跟踪登记。注册信息包含承包商持有的化学品安全技术说明书（MSDS）中包含的该物质的物理和化学性质以及材料使用、储存和处理的安全考虑等信息。

雇主/项目管理承包商 HSE 经理将审核承包商、分包商所辖区域危险化学品记录以确保：

1）危险品被安全适当地储存、管理和使用；

2）保存化学品安全技术说明书（MSDS）、存储位置的检查记录、运输记录以及废品日志；

3）化学品安全技术说明书（MSDS）副本可供人员获取。

（3）承包商在日常现场 HSE 演练中应检查危险品存储区。检查清单应包括如下内容：

1）适当的标签；

2）安全设备清单（监控设备、消火栓、灭火器、应急箱等）；

3）不兼容材料或物品的分离；

4）记录存档。

每月的演练效果评价应报给雇主/项目管理承包商 HSE 经理，并包括纠正和预防措施和关闭报告。雇主/项目管理承包商 HSE 经理也可对承包商和分包商的危险品储存区和记录进行定期审核。 20L 以上的任何有害物质的泄漏都需要汇报给雇主/项目管理承包商 HSE 经理，并且按照事件调查报告进行调查。这些报告将包括适当的清理行动以及取样结果（如有必要）。

相关记录应以适当的方式进行保存，以方便雇主/项目管理承包商 HSE 经理或其指定人员进行周期性记录检查和审核。

雇主/项目管理承包商 HSE 经理每月总结项目 HSE 指标，并以关键绩效指标（KPI）等形式提交泄漏和其他信息给雇主/项目管理承包商管理层。

5.8 劳动和工作条件管理程序 Labour and Working Conditions Management Procedure

5.8.1 目的 Purpose

本程序为所有承包商建立程序和规范提供指导和要求，以便在工作场所提倡适当人权和劳动权，符合当地法律法规要求。

（1）防止不可接受的劳动形式（例如，雇佣童工和强迫劳动）；

（2）促进员工公平的待遇和平等机会；

（3）促进安全和健康的工作环境；

（4）通过解决雇用童工和强迫劳动的问题来保护劳动者。

承包商有责任了解当地劳动法律法规。承包商的劳动和用工条件必须符合其公司内部的劳动要求。

5.8.2 影响来源 Sources of Impact

大型工程项目建设阶段的高峰时期，最多可有数万人在现场从事建设活动。他们可能由雇主/项目管理承包商团队、各承包商和他们的各分包商构成。劳动力群体将是多种语言共存，代表不同的国家。所有的承包商都应符合当地法律法规要求，建立相关政策和程序，保护工作场所中劳动者的人权和劳动权。

5.8.3 缓解和控制 Mitigation and Control

下面的各项政策、程序和记录用来表明一切符合当地劳动法律法规的要求。

（1）工作条件和员工关系管理

1）制度应完整，且为最新版本，并集中统一管理；

2）制度是员工可以明确沟通和理解的；

3）程序支持既定政策规定；

4）工作绩效措施支持政策规定；

5）高级管理层的行为证实了公开承诺；

6）定期、系统的培训证明；

7）所有员工都收到了自己语言版本的合同。

（2）劳动力保护

1）根据当地法律支付加班费；

2）不能通过与员工签订短期合同来避免支付福利；

3）根据当地劳动法为员工提供工资和福利；

4）保证员工不受歧视；

5）员工都知道和了解申诉机制；

6）管理层对于员工的申诉应采取适当的行动；

7）严格执行不允许使用童工政策；

8）员工不能被强迫劳动。

（3）职业健康和安全

1）应编制完善的职业健康和安全计划，并对可能存在职业健康和安全风险的作业进行充分的危害因素辨识和风险评估或作业危险分析；

2）具有完善的设备检维修程序；

3）对员工进行指导，控制员工接触有害环境和物质（例如：噪声、振动、热/冷、高压环境、电离能源、化学品和生物制剂）；

4）开展职业健康和安全培训；

5）编写规定和程序，明确传达，并得到员工的理解。

（4）非雇员员工

1）雇佣中介不能被用作避免支付员工法定工资和福利的方式；

2）工资不能被扣留作为保证金；

3）员工的工资支付方法是经过验证并且是透明的；

4）短期合同不能作为避免支付员工福利的一种手段。

（5）劳务外包

1）应有书面的政策和程序，并与供应商沟通员工劳动标准；

2）对供应商劳动标准的符合性进行监测。

5.8.4 职责 Responsibilities

所有承包商都应制定政策和程序，以确保在现场对人权和员工权利进行适当管理，包括下列内容：

（1）工作条件和员工关系管理

1）制定和实施的人力资源管理制度要符合当地法律法规要求，并且满足于劳动力的人力资源管理要求，确保所有工作人员就工作条件和任职条件进行文档记录和有效沟通，能够提供给工作人员在当地劳动和就业的权利信息，包括与工资和福利相关的权利；

2）为员工提供符合当地劳动法要求的工作条件和就业条件，包含允许员工保留自己的个人证件、金钱和辞职的权利等；

3）雇佣决定应建立在机会均等和公平待遇的原则之上；

4）制定计划以减轻裁员对劳动者的不利影响；

5）为员工提供一个投诉机制。

（2）劳动力保护

核查承包商和供应商不雇用童工或强迫劳动。

（3）职业健康和安全

1）确保为员工提供安全和健康的工作环境，包括：与国际标准保持一致的职业健康和安全管理体系的实施，根据顺序优先级预防和保护措施的实施；

2）消除危险；

3）控制危险源；

4）尽量减少危害；

5）提供相应的个人防护设备，并保留所有的事故和职业病的文档、调查和报告，要定期向雇主/项目管理承包商和监管部门报告。

（4）非雇员员工

非雇员员工遵循同样的标准。

（5）劳务外包

了解有关雇佣童工和强迫劳动的要求，检查现场是否存在童工和强迫劳动等现象，尽量减少此类问题的发生。

承包商负责确保将这些要求纳入合同，并分发给各个分配工作或者供应设备、劳动力和物品、材料的分包商。承包商负责制定政策和程序，以确保现场或本节认定的人权和劳工权利得到保障。同时，承包商还应负责收集和留存记录。

承包商 HSE 经理负责确保职业健康和安全管理体系到位并满足管理标准的最低要求，负责确保日常的职业健康和安全检查执行到位，这些检查和采取纠正措施的观察文档由承包商进行记录和保存，以供雇主/项目管理承包商 HSE 经理进行检查和审核。

5.8.5 监测和报告 Monitoring and Reporting

承包商必须保存以下记录，并可能向雇主/项目管理承包商和当地劳动部门的审计人员出示。

（1）工作条件和员工关系管理

1）成文的制度和程序；

2）与员工、班组长和经理的沟通；

3）投诉递交记录和申诉采取的行动；

4）就业和终止就业记录；

5）培训课程和日志；

6）工资支付记录、考勤表和工资单；

7）固定工和合同工的名单；

8）所有员工的合同；

9）与就业或招聘机构签订的合同；

10）员工的护照或身份证复印件；

11）其他。

（2）劳动力保护

1）雇佣过程中，确认年龄的政策和程序；

2）关于学徒的程序文件；

3）有关裁员、遣散和转场的政策和程序；

4）与员工关于裁员的沟通。

（3）职业健康和安全

1）自我评估和日常现场演练记录；

2）对潜在可能暴露于危险物质的监督日志；

3）事故事件和医疗日志；

4）设备维护日志；

5）消防安全演练记录；

6）职业健康与安全风险分析；

7）职业健康与安全检查记录和测试结果；

8）卫生检验报告；

9）培训课程和日志；

10）其他。

（4）非雇员工

1）合同工的合同；

2）与就业或招聘中介签订的合同；

3）合同工的工资支付记录、考勤卡、工资扣减计算；

4）在现场的员工和合同工的清单；

5）其他。

（5）劳务外包

1）供应商员工标准承诺书；

2）在与供应商的合同中应包括员工福利待遇等标准条款；

3）对供应商的审计报告（如适用）；

4）生产和运输记录；

5）合同要求的分包商的信息披露（如适用）。

5.9 施工噪声管理程序 Construction Noise Management Procedure

5.9.1 目的 Purpose

本程序为所有承包商提供指导和要求，协助其妥善管理施工过程中可能影响员工及其周边环境的施工噪声。

5.9.2 概述 Introduction

施工活动产生的噪声不仅对施工人员，而且对社区和施工现场周边的野生动物都可能有潜在的不利影响。噪声管理的主要目的是防止噪声对现场人员、生物和附近社区造成不利影响。

5.9.3 影响来源 Sources of Impact

施工现场有多种不同的噪声来源，其划分为多种不同的噪声类型，如背景噪声、空转噪声、风噪声和冲击噪声。噪声可以是恒定或间歇的，但大多数类型需要控制。施工噪声的来源包括设备和活动，例如运土车、钻、喷砂、机械锯以及手持工具如射钉枪。上述所有的噪声都有可能达到危害的程度。

5.9.4 预防和控制 Prevention and Control

固定来源噪声控制的首选方法是从源头采取噪声控制措施，预防和控制噪声源头的措施取决于接受者和源头的距离。

工程施工不同于一般行业，建设活动很多不是固定的，控制现场施工噪声给承包商带来一定的困难，导致噪声源可以是受天气、地势、大气和园林绿化等影响，还可以在整个施工现场移动，如重型设备，很有可能在一个工作日中强度有很大的差异。

施工现场的高噪声值可以通过工程方法和管理控制措施进行降低，此类控制应被视作控制噪声的第一层防御。在工程和管理控制无法有效降低噪声的情况，将考虑使用个人防护装备（PPE），如耳塞、耳罩等装备来降低员工在高噪声设备或工作区域的危害。

工程控制是改造设备或者工作区域，使之降低噪声。工程控制常用的方法有：用更加安静的设备替换现有设备、用吸声材料改装现有设备、消声器、增加防护罩、架设噪声屏、加强保养维护等。

管理控制指的是工作活动、工作轮换和工作负载等管理措施，以减少员工在高噪声环境中的工作。典型的减少员工在噪声下工作的管理决策是：使员工离开噪声源；限制进入区域；轮流替换在噪声下工作的员工和不使用时关闭噪声设备。

当工作于 85dB（A）的噪声环境时，必须佩戴耳塞。耳塞是防噪声的最后可用手段，只有在其他噪声隔离方法无法实现或没有效果才会被采用。

合理的降低噪声的选择包含但不限于以下内容：

（1）选择较低声功率级的设备。

（2）安装风扇消声器。

（3）在发动机排气筒和压缩机部件安装消声器。

（4）为高噪声设备安装隔声罩。

（5）通过应用隔声构造优化建筑物的声学性能。

（6）安装连续的最小表面密度 10 kg/m^2 的隔声墙，将声音透过隔声墙的传输降到最低（为发挥其功效，隔声墙应尽量靠近声源或接受者位置）。

（7）为机械设备安装隔振装置。

（8）对特定设备或作业进行操作时间限制，特别是可能在外围边界线操作的移动噪声源。

（9）重新定位噪声源，移动到不太敏感地区，利用距离和屏蔽来减弱影响。

5.9.5 目标 Objectives

（1）外部边界的噪声暴露

施工现场的外围噪声值建议不应超过表 5-7 规定的级别。当设定背景噪声值时，应注意不包括强烈侵入的其他背景噪声，如飞机跑道或邻近的建设项目。

场界噪声级别参考表   表 5-7

接受群体	每小时平均限值［dB（A）］	
	昼间 （6：00—22：00）	夜间 （22：00—6：00）
住宅区、机构性组织	55	45
工业区、商业区	70	70

（2）员工暴露

在施工现场内，当员工暴露在超过表 5-8 列出的噪声级别时，应及时采取可行的工程控制或管理措施。如果这种管制未能将噪声降低到要求的级别以下，应及时佩戴适当的个人防护设备。如果噪声变化中每间隔或短于 1s 便达到最高值，则噪声被认为是连续的。在任何情况下，噪声级别超过表中规定的值时，都需要执行一个持续有效的听力保护计划。

场内噪声级别参考表   表 5-8

连续噪声暴露时间（h）	每小时平均限值［dB（A）］
8	85
4	88
2	91
1	94
0.5	97
0.25	100
0.125	103
最高限	115

任何员工不得在没有听力防护措施的情况下，每天有超过 8h 的时间暴露在噪声水平大于 85dB（A）的环境中。此外，禁止未佩戴防护设备暴露于有瞬间超过 140dB（A）的

环境中。当超过 8h 暴露在噪声级别达到 85dB（A），或噪声峰值达到 140dB（A）或 15min 短期暴露限值达到 100dB（A）的环境时，应积极推行听力保护。所提供的听力保护装置应该能够将耳朵处的噪声级别降低到 85dB（A）以下。暴露在噪声超过 85dB（A）的环境中，听力保护是首选的方法，虽然等效的保护也可以获取，但是在限制噪声暴露的持续时间方面不易管理。因此，确保噪声等级增加值超过 3dB（A）时，许可的暴露期限或持续时间应该降低 50%。在发放听力防护设备作为最后的管控机制之前，应该在可行的部位实施采用隔声材料隔离噪声源，或采取其他工程管控措施。对暴露在高噪声等级环境中的员工定期进行医疗检查。

5.9.6 监测 Monitoring

在施工开始之前，每个承包商应实施噪声检测计划，建立现有的环境噪声等级以及验证不同施工活动的噪声等级。

噪声监测计划将由接受过培训的专家进行设计和培训。典型监测周期应持续 48h 以保证足以进行统计分析，使用噪声检测器能够满足在此期间持续记录数据，可以以每小时为频率或更加频繁（几天之内覆盖不同时间段，包括工作日和周末）。

记录的噪声指数取决于被检测的噪声专家确定的噪声类型。噪声监测应使用符合所有适当的国际电工委员会（IEC）标准的 1 型或 2 型声级计进行。

5.10 运输和物流管理程序 Transportation and Logistics Management Procedure

5.10.1 目的 Purpose

本程序为承包商提供要求和指导，以尽量减小员工对邻近社区和企业造成的负面环境影响。所有在现场执行施工任务的承包商都应实施该程序和流程，以便最大限度地降低运输和交通有关的事故发生。

5.10.2 概述 Introduction

运输和物流是物品和人员来往现场的关键要素。现代交通工具的大型化、快速化，在保证了时间和效率的同时，也增加相当大的安全风险。

5.10.3 影响来源 Sources of Impact

项目建设相关的交通运输活动包括但不限于：

（1）施工所需材料和设备。

（2）人员。

独立的临时员工营地会容纳大多数与项目有关的人员。该营地将设在现场的公共区域内，每个营地一般来自某个特定的承包商。

大部分运到现场的设备或者物料由于其尺寸和重量原因，运输过程需要考虑采取特殊措施。一些超大尺寸和负荷的设备或者物料运输到现场前需要得到当地相关部门的许可。

通往施工现场的道路一般都比较狭窄，其路况也对与项目相关的货物运输提出挑战。另外，当地居民在施工期间仍要继续使用该道路，两种类型的交通将共同面对产生的风险。

5.10.4 缓解和控制 Mitigation and Control

每个承包商通过经雇主/项目管理承包商批准的内部交通和车辆安全管理的计划或程序来管理现场和场外交通的物流运输。这些计划应包括交通安全意识、安全管理、事故预防、限速以及设备操作人员的培训。雇主/项目管理承包商将在各承包商之间协调现场物流运作问题，以确保将承包商之间的交通运输问题降到最低。

（1）承包商建立并遵守项目范围内限速规定。

（2）重型车辆进入项目现场和各承包商设备区应进行明显标识。

（3）废物和危险品的运输应防止或尽量减少泄漏、排放及对员工和公众的危害。

（4）所有指定的场外运输废品容器都要采取安全加固措施。危险废物在离场之前，应标记内容及相关危害，在运输工具上面正确张贴警示标识，并随车携带一份装运文件（即清单）来说明装载物及其相关危害，且与当地环保法规保持一致。

（5）交通管理系统的具体缓解和控制措施包括：速度限制、交通信息和警示标识、工作安全分析（JSA）等。

（6）承包商的交通管理计划将考虑可能发生的假设事件场景，比如现存的主要通路由于交通事故或者货物完全堵塞，紧急车辆一段时间内无法进入施工现场。这些考虑将被纳入协调全厂范围的应急预案。

（7）轻型车辆应仅限于承包商人员场外生活的通勤使用。

（8）所有轻型车辆须遵守当地规定的限速要求，如果条件允许，减速行驶。应在适当位置提供"仅限轻型车辆"的停车设施。

（9）现场道路、大门入口和停车区应提供合适的灯光照明。

（10）洒水车将在可行的地方抑制灰尘，处理后的污水不得用于抑尘。

（11）住宿营地应设置在远离施工现场的地方，以减少交通活动产生的灰尘影响。

（12）住宿营地应由承包商提供服务和管理，并负责食材和日用品的运输。可能的情况下，送货时间尽可能避免与工作日早晚高峰或其他高峰交通需求段相冲突。

（13）建议每个营地都设置自己的撬装污水处理设施，未经处理的生活污水运输到其他地方处理的需求应最小化（除了在可能发生的处理设施损坏的情形下），这将减少污水、废物运输量。

（14）在整个施工现场，各个承包商的大巴车是员工从营地到工作地点的交通工具。如果员工步行往返于现场，人行道需要显著区分，并保证人行道与车辆道路分离。

（15）施工货物将在特定的卸货位置进行交付，以尽量减少货车对工作区的影响。超大负荷货物交付尽可能在非高峰时段进行，并尽可能减少与其他道路使用者的竞争。

（16）主干道的管理一般都在项目的控制之外。在这些道路上限速的制定和执行需要在当地交警部门的管辖范围之内。

5.10.5　职责 Responsibilities

每个承包商负责通报雇主/项目管理承包商和政府有关部门，调查和记录交通运输相关的事故，并整理成标准事故事件调查报告。

（1）承包商负责记录、计划、审查现场车辆的活动。

（2）承包商安全管理人员负责定期检查车辆进入施工现场的许可。

（3）承包商将指定专人负责交通缓解方案及相关措施。

（4）施工营地管理人员负责协调和管理与施工营地及其承包商相关的交付。

（5）承包商负责确保超大材料运输满足运输要求，协调运输承包商提供适用的运输方案，以及获取适用的运输许可。

5.10.6　监测和报告 Monitoring and Reporting

承包商应建立调查和记录交通事故详细信息的流程。相关报告应定期报给雇主/项目管理承包商 HSE 经理。

相关的文件应存档并随时准备迎接相关方审核。

5.11 非危险废品管理程序 Non-Hazardous Waste Management Procedure

5.11.1 目的 Purpose

本程序为承包商提供指导和要求，协助其合理规划和管理在施工期间产生的无毒和无危害废物。本程序不会取代任何非危险废物管理计划，类似的管理计划是合同规定的各承包商必须提供的工程项目的组成部分。本程序不涉及危险品的管理。

5.11.2 概述 Introduction

建设项目可能产生大量的非危险废物。施工产生的大量建筑垃圾进入填埋场，增加了垃圾填埋场的负荷和运行负担。项目施工管理的一个重要组成部分是规划可能产生哪些废物，可以采取哪些措施来减少废物产生，以及需要采取何种措施进行最终的处理。

承包商填埋建筑垃圾必须遵守当地垃圾填埋场要求。在开始工作之前，要先制定废物管理措施，并遵守废物管理规定。

5.11.3 影响来源 Sources of Impact

下面的列表列出了在施工过程中可能产生的典型施工废物：

（1）木材（没有作为危险品处理的板条箱和包装材料）；

（2）金属（废料、钢管、钢筋和钢板）；

（3）垃圾、废物、丢弃物、废纸；

（4）食物垃圾；

（5）非塑料包装材料；

（6）污水；

（7）水泥；

（8）土壤、岩石和石头；

（9）电子设备；

（10）玻璃；

（11）塑料。

在施工过程中，每个承包商可能产生的废物种类本质上都是相同的，制定的计划在程序和结果上也是类似的。每个构成部分都将确保废物按照各自的管理计划被正确地分离、标识，并存放在相应区域内。

5.11.4 目标 Objectives

项目应致力于尽可能多地回收材料。随着施工进展，应针对施工期间产生的无害废物设定垃圾回收目标。为了达成这一目标，雇主/项目管理承包商和承包商应与回收承包商合作，实施切实可行的回收行动。

5.11.5 缓解和控制 Mitigation and Control

主要的缓解和控制方法是：

（1）废物最小化需要考虑特殊供应商去除包装材料或使用更多可回收的材料（其他选择可与物资和设备供应商探讨）。

（2）废物分离（包括标识）将确保不同类型的废物得到妥善的处理。

（3）最终处理之前的废物隔离将确保垃圾不混合且不对环境造成不利影响。

（4）废物再利用确保将剩余的经济价值能够充分的从材料中提取出来。

（5）废物最终处理将按照规定方式进行。

管理施工产生的非危险废物的方法，包括但不限于：

（1）按类别进行分离和分类。

（2）存储在指定区域，如果可行，存储在封闭的容器内。

（3）储存区域要保持清洁、无病虫害。

（4）销售废物。

（5）在现场尽可能地压实。

（6）储存在地面上的罐或桶装液体，如果测试表明符合当地环保法规灌溉用水的规定，可用于现场灌溉、控制粉尘和土壤压实。

（7）作废的水泥在指定晾晒区晾干、打碎进行再利用（如适用）。

（8）所有废物将由特许的承包商来处置。

（9）现场禁止焚烧废弃物。

5.11.6 责任 Responsibilities

承包商应编制废物管理程序，规定区域产生废物的要求，以及对要采取的方法做出定义：

（1）减少废物的产生。

（2）尽可能多的重复利用材料。

（3）在适用于项目总体目标的情况下，回收废物。

（4）确保废弃物的处置方法不会进一步污染厂外土地和水资源，并通过使用综合废物管理合同确保符合当地环保法律、法规，以及其他的外部和内部制度要求。

（5）内审和检查内容应包括现场相关的废物处理、储存、分离方法。

（6）现场不可以进行废物焚烧或填埋。

（7）所有承包商在项目完成后都要向雇主/项目管理承包商提交一份废物管理报告。

（8）所有承包商均应指定专人负责提供日常工作的人员环境监督、检查、记录和定期报告。这些负责人有责任制定、收集和维护这些记录。

5.11.7 监测 Monitoring

承包商要建立系统的检查和监控程序。记录保存是环境管理程序的一部分，且定期审核记录则是该程序的一个重要组成部分。记录文件包括：

（1）承包商处理的不同类型废物的日志或清单，包括厂外处理和处置的医疗和生物危险废物和数量。

（2）当地政府认证机构出具的承包商资质证明，证明其可以运输建筑垃圾或废物。

（3）承包商出具证明，证明其运输的废物已经运输到特许的处理设施处。

（4）废水抽样试验结果必须符合所在国环保法规处理废水排放许可的标准。

（5）针对危险废物储存区，应适当的标记和隔离。对于密闭容器和防渗处理的混凝土砌筑池的物理存放条件要进行每周检查和报告。

（6）加油、燃油和润滑油储存区以及油水隔板每周检验报告。

（7）废物日志用于记录施工废物的处理，环境检验报告为规定要求的检验文件。

5.12 水质管理程序 Water Quality Management Procedure

5.12.1 目的 Purpose

本程序的目的是为承包商施工活动提供指导和要求，控制由施工造成的侵蚀与沉积以保护水资源。

5.12.2 概述 Introduction

侵蚀涉及土壤颗粒的分离、运输和沉积。侵蚀类型有很多种，包括片状、细沟、沟壑、溪岸和风蚀。每一种类型的侵蚀涉及沉淀物的分离、运输和下游（顺风）沉积。如加油站的油或土壤中的任何污染物，当接受体位于源头下方或顺风向，可能会影响地表水。

控制侵蚀减少土壤的分离数量，并管理径流流动模式。通过采取一定的有效措施，最大限度地消减沉积物和浑浊物从施工现场输送到表面水接受体。

控制沉积物是通过将土壤进行围挡以确保它们在现场沉淀，防止损坏其他接收水域。沉积物控制可以通过安装淤泥围栏、堆围护堤或过滤设施以及沉降控制池等。

5.12.3 目标 Objectives

对施工现场进行实际分析，并确定保护目标。

5.12.4 责任 Responsibilities

承包商应制定特定场地计划来控制施工过程中对水质的侵蚀，并有效地管理径流，滞留泥沙沉淀物。全面落实计划并将责任分配给承包商现场经理。承包商现场经理负责确定潜在的侵蚀问题，并确定适当的侵蚀控制方法。

5.12.5 影响来源 Sources of Impact

施工侵蚀和沉积物的潜在原因对水质的负面影响包括以下内容：

（1）降水或基坑抽水过程中排放的地下水。

（2）土方施工作业过程中对地下水污染。

（3）化学品、生活污水系统以及废水存储（处理）区域对地表水造成的污染。

（4）对雨水、污水、石油、化学品、涂料、清洁剂、溶剂、含溶剂的产品、废旧物资等的不正确管理和处置。

（5）车辆或设备的不正确加油和维护保养活动。

5.12.6　缓解和控制 Mitigation and Control

（1）临时排水

施工现场的规划是把所有雨水和施工活动引起的地表径流按照项目临时雨水排放计划进行控制和排放。承包商应评估可能在暴风雨中易受侵蚀的地区，并在该地区实施适当的缓解措施。

（2）环境保护措施

开工前，关于燃料、化学品运输和储存相关环境的保护措施必须完全记录在案，并经过承包商现场经理批准。此外，承包商应实施侵蚀、沉淀及水污染预防控制措施。

（3）侵蚀和沉淀控制措施

如下所述的侵蚀和沉淀控制，将是场地平整和分级之后采取的首要措施，应定期检查这些措施，以确保有效性。

1）排水

工程地表排水路径将在合适时使用，以确保该地区的径流被引导到设定的雨水接收区域。应对可能由冲刷、泥沙淤积、通道阻塞和过度的交通造成的损坏进行定期检查和维修。

如果可能，应在排水管上安装集泥器栅栏用以控制片流，同时定期维修以使集泥器栅栏的底部始终处于被掩埋和锚定状态。

2）临时沉积池

临时沉积池可用于集合和去除施工区域产生的沉积物。在适当的情况下，根据承包商的评估，沉淀池可在施工过程中进行设置，并在适当地方予以保存，直到操作阶段的雨水控制系统实施完毕。泥沙应及时从临时沉淀池中移除，以维持充足的容纳能力。当沉淀池的容纳力降低 30% 左右的时候，才会实施。此外，有必要提供定期维护和检查，以便始终保持设施的完整性。

3）物料存储堆和土堆保护

储存地点设在平坦的地区以方便进入，并远离排水管道和排水渠道的位置，限制土堆的高度和坡度，以便在雨季时节减少雨水对松散材料的侵蚀。

4）施工现场和仓库

土方工程应以减少和减轻侵蚀可能性的方式进行，将挖掘和填充的区域建造成为适用的形状，以最大限度减少潜在的拦截雨水或施工用水的排放，管理除尘用水，设法阻止径流到达场地外围。

5）道路施工

道路设计将尽量减少路面的下降梯度片流，除了上述的侵蚀及治理措施外，已清理干净的地区应保持在一个粗糙的路况下，以吸收水和减少地表径流。

（4）水污染防治措施

1）地表水

a. 地表水收集系统应有足够收纳容积，以充分控制收集径流雨水。

b. 将有害物质储存在密封的容器内，并放置在远离堤岸的安全区域。

c. 现场储存适当的泄漏控制设备以备不时之需。

d. 任何有害物质泄漏区域的内部或外部控制区应尽可能及时地清理和修复。

e. 散装燃料和油或化学品应存储在指定区域。该区域应内衬低渗透性材料（如混凝土或高密度聚乙烯），并且容量是储存在该区域最大容器容量的110%。

f. 车辆加油和维修集中区应设置在具有相容性材料的非渗透性表面（如混凝土板），远离雨水排水路径，其径流被适当的排水和集水坑拦截。

2）地下水

所有无危害废物及危险品储存区及其他领域的潜在污染将被隔离，并使用适当的泄漏应急设备进行储存。

a. 实施规定程序进行定期和常规检查，尽量减少汽油，其他燃料或类似液体泄漏；

b. 在远离地下水路径指定的围堤区域内进行危险物质的处理、车辆维修和设备清洗；

c. 排水作业应按照当地环保法规的要求进行监测和排放限制。

5.12.7 检查、监测和报告 Inspection, Monitoring and Reporting

定期检查和监测所有的侵蚀，检查采取沉淀控制措施（排放、排水系统、池塘、水道）是否已经被妥善维护。设备维修记录由承包商HSE经理保存。

雨水控制检查需要在30mm降雨量或更大暴雨后48h内进行，应记录降雨后检查结果。如果发现不符合适用的环境要求的，以及当施工活动继续可能对环境产生不利影响的，应发出停止工作指示。雇主/项目管理承包商环境经理将采取适当的行动，并立即通知相关的承包商监督部门，在纠正措施获得批准之前，不得恢复施工作业。

承包商环境场地代表负责记录和归档，并及时向承包商现场经理提交环境文件。提交的文件应证明施工活动是否符合环境要求，并经过许可、授权和环境设计评审。

施工活动完成后，被开挖区域的土壤应尽快实施恢复稳定措施。排水沟和地面将酌情使用植被、砌石护坡、抛石、混凝土衬砌或其他适当方法进行修复和稳固，以减少疏松和没有植被覆盖的物质侵蚀。

5. 13 营地设施和监测程序 Camp Facilities and Monitoring Procedure

5. 13. 1 目的 Purpose

本程序对所有承包商提出营地生活的基本要求，以确保各自员工居住的营地或宿舍拥有基本必需品，确保员工健康和安全，以便能够在施工现场安全高效工作。营地设施监测的重点是对营地内员工健康造成潜在影响的，对项目现场安全和高效工作造成威胁的活动和状况进行控制。承包商有责任遵循当地公共卫生规范和项目 HSE 手册，采取有效的控制手段，消除餐厅、厨房、食物加工区、食物储存区、洗衣区、浴室及厕所、员工休息房间、医疗中心、警卫室、停车区、娱乐区和垃圾存放区等区域的危害。营地设施监测程序包括确定影响源、明确目标、制定缓解控制措施、监测报告和明确责任等内容。

5. 13. 2 影响来源 Sources of Impact

以下是在营地内常见的可能会对员工健康和安全造成影响的部分设施或场所和要素。承包商应根据项目实际情况，可在所列设施和场所的基础上，适当增加。

（1）食品加工和储存区。

（2）食品加工人员的医疗证明和个人卫生健康证明。

（3）食品加工人员服装。

（4）厨房器具器皿。

（5）食品卫生和安全。

（6）食品服务区。

（7）客房清洁、灭菌、消毒、照明。

（8）供暖、降温和通风。

（9）供水和污水处理。

（10）危险物品储存等。

5. 13. 3 责任 Responsibilities

承包商应确保营地每名员工都能在干净、健康、安全的环境中生活，并为其提供食物、住宿、娱乐、安保等基本需求和必需品。

5.13.4 目标 Objectives

承包商应建立切实可行的管理目标，并承诺关注员工的健康和安全，确保其能够在项目现场安全高效地完成工作，并保持健康的身体。

5.13.5 缓解和控制 Mitigation and Control

营地管理人员应采取消除、替换、工程控制、行政控制、配备个人防护装备（PPE）等安全措施，以消除营地里影响员工健康安全的可预见的或潜在的危险。

5.13.6 监测和报告 Monitoring and Reporting

承包商应建立营地设施监测团队和定期监测制度。监测团队包括营地经理、HSE经理、医生、医疗代表、餐饮代表和客户代理人。监测分为两种形式：一种是常规监测，实施前至少48h通知营地经理进行监测；另一种是突击检查，一般在项目后期实施。

监测后，应按照监测期间的观察意见做出监测结果，最终应出具监测报告。同时，进行审议或召开会议，向营地管理层通报所有监测结果，并且讨论确定整改方案。营地监督员应将所有监测结果、整改完成时间和整改责任人记录在案。监测报告正式本提交营地管理层，副本报给雇主/项目管理承包商。

营地设施检测表见表5-9。

营地设施检测表   表5-9

地点：	承包商：			日期：			
请相应打分	G: 良好　A: 一般　P: 较差 N/A: 不适用						
	G	A	P		G	A	P
厨房				排气罩无油			
整体清洁管理情况				清洁通风、工作有序			
杀虫剂管理				防溅挡板干净			
冰柜清洁管理				炉灶、烤箱、燃烧炉			
冰柜温度				锅干净			
制冷机清洁和秩序保持				格栅板			
制冷机温度				洗手池			
地板、墙壁、天花板				提供洗手皂或洗手液			

地点：			承包商：		日期：			
请相应打分	G: 良好　A: 一般　P: 较差 N/A: 不适用							
	G	A	P			G	A	P
厨房				容器产生噪声				
提供干手器或纸巾				容器使用后得到清洁				
门适当关闭				垃圾区域管理				
空气幕整洁有序				清洁时间表				
排水系统				空调				
屠宰场/家禽/鱼区				**面包店**				
准备区				设备				
设备正常工作				质量				
照明				清洁度				
彩色编码砧板				制冷机清洁				
彩色编码刀把				制冷机温度				
地板、墙壁、天花板				**医务室**				
刀具管理情况				墙壁、地板和天花板				
冰柜清洁和保持				灯光照明				
冰柜测温和温度记录				桌椅				
制冷机清洁和秩序保持				空调				
制冷机温度				洗手槽				
空调				医疗废物				
沙拉/蔬菜准备区				消防设备				
准备区				**人员**				
工作区设备				合格的卫生教育				
照明				个人卫生				
彩色编码砧板				没有割伤、擦伤及疾病				
彩色编码刀把				干净的制服				
空调				佩戴首饰				
急救箱				封闭式鞋子				
消防设备				头发束在合适位置				
应急照明出口				使用帽子				
烟雾报警器				按要求佩戴手套				
垃圾与废物				精神状态				
垃圾容器有盖子				防护服				
集装箱有标签				工作态度				
较小的容器有衬层				地板安全环保				

地点:		承包商:		日期:				
请相应打分	G: 良好　A: 一般　P: 较差 N/A: 不适用							
	G	A	P			G	A	P
进餐				厕所门保持关闭				
遵循菜谱				厕所和坐便干净整洁				
食物准备				通风				
开胃拼盘				储物柜				
热腾腾的饭菜				**化学品储存区**				
水果和糖果				搁置状态				
包含调理食品				空调				
食物样本				灯光照明				
调味品密封包装				清洁度				
准备的食物温度				MSDS（化学品安全技术说明书）				
洗碗区				**食堂**				
工作条件				清洁时间表				
洗碗机				墙壁、地板、天花板				
使用清洁剂				桌子、椅子				
搁置位置				餐饮服务台温度表				
设备清洗				服务柜台				
每次使用后清洗表面				果汁和制冰机				
烹饪设备清洗				烤箱和冰淇淋机				
器皿和餐具消毒				冰箱				
有东西覆盖存储器皿				餐盘				
清洁图表或时间表				餐具				
洗衣店				调味品				
设备				灯光照明				
质量				空调				
洗涤剂				消防设备				
排水				正确的运输				
空调				适当的包装				
消防设备				质量				
清洁图表或时间表				数量充足				
厕所和更衣设施				食品有效期				
洗手台干净				仓库管理				
提供卫生间和纸巾				搁置状态				
提供洗手皂或清洗液				食品分离				

地点:				承包商:	日期:			
请相应打分				G: 良好　A: 一般　P: 较差 N/A: 不适用				
	G	A	P			G	A	P
食堂				消防设备				
温度				地板				
清洁度				**公共营区**				
害虫防控				外部区域干净整洁				
娱乐活动（高级及初级）				提供垃圾桶				
墙壁、地板、天花板				灯光照明				
灯光照明				引导标识				
电视				视窗				
椅子和沙发				厕所				
服务柜台，咖啡服务				清洁时间表				
体育器材				**办公室**				
垃圾筐保持干净				墙壁、地板、天花板				
规则与条例				灯光照明				
消防系统				桌椅				
提供卫生间和纸巾				咖啡区				
提供洗手皂或清洗液				提供卫生间和纸巾				
镜子				提供香皂或清洗液				
厕所门保持关闭				镜子				
厕所和坐便的清洁				厕所门关闭				
清洁图表或时间表				厕所和坐便干净整洁				
空调				镜子				
消防设备				废纸筐				
公用浴室				消防系统				
淋浴				清洁图表或时间表				
厕所				空调				
使用清洁剂				**害虫防控**				
盥洗室				诱饵				
排水渠道				检查和规律性				
提供卫生间、纸和毛巾				MSDS（化学品安全技术说明书）				
提供洗手皂或清洗液				记录				
镜子				**房间**				
清洁图表和时间表				墙壁、地板、天花板				

地点:		承包商:		日期:			
请相应打分		G: 良好　A: 一般　P: 较差 N/A: 不适用					
	G	A	P			G	A	P

	G	A	P		G	A	P
房间				淋浴			
床单、枕头、被子				厕所			
床垫、毯子				洗手槽			
毛巾				镜子			
空调				清洁			
灯光照明				**门卫室**			
衣柜、桌椅				墙壁、地板、天花板			
电冰箱				桌、椅			
纸篓				空调			
消防设备				垃圾筐			

备注
行动报告
建议

检查人	姓名	签字	日期
营地经理			
HSE 经理			
医疗代表			
餐饮（O&M）经理			
雇主/PMC HSE 经理			

附录 1

主要管理程序及作业文件清单

List of Main Management Procedure and Operation Documents

——HSE 管理体系—概述

——HSE 管理体系—目录

——HSE 管理体系—执行

——入场管理和培训

——办公场所 HSE 要求

——承包商选择和管理

——承包商和分包商 HSE 文件要求清单

——HSE 沟通

——惩罚程序

——奖励程序

——旅行安全

——包机

——应急管理

——应急体系生存性分析报告

——工伤管理及赔偿

——事故报告及调查

——项目启动—HSE 程序

——现场 HSE 计划书

——工作许可

——工艺安全管理

——班前工作计划和风险分析

——检查、评估和审核

——安全观察与沟通

——预防药物滥用程序

——安全工时管理

——记录管理和文件控制

——项目 HSE 报告

——安保管理

——工业卫生和职业健康

——现场执行阶段健康管理

——项目启动前的医疗检查

——离职后工作相关问卷

——个人防护用品（PPE）

——环境管理

——业务可持续性手册

——业务可持续性标准

——业务可持续性组织和评级体系

——安全完整性等级分配

——安全完整性等级核实

——HSE 变更管理

——HSE 行动方案

——工作安全分析（JSA）

——项目 HSE 要求及规范

附录 2

HSE 职责样表

HSE Responsibilities Form

HSE Health Safety and Environment

项目名称：	项目地点：	项目编号/合同编号：
员工：	雇主：	日期：

作为员工，你应该：

- 在你所知的范围内安全地工作。
- 如出现危险情况，立即纠正或向你的上级主管和 HSE 经理汇报。
- 提供监管信息，从而改善项目现场的 HSE 条件。
- 遵守关于项目现场的规定、要求和下达的 HSE 指示。
- 理解项目现场的 HSE 目的和目标。
- 正确穿戴安全防护用具或防护用品。
- 参加预定的 HSE 培训课程并掌握培训内容。
- 关心工作班组中的其他成员—尤其是帮工的安全。我们期待你的经验指导和从你的经验中获益。
- 在操作工具和设备前了解其使用说明和操作规程知识。

特别注意新员工，他们可能不了解所有规定，需要你帮助他们在项目现场中安全工作。

与班组长或主管讨论你认为不安全的工作。如果你仍然不能确定你执行一项任务的安全性，则应与更高级别主管讨论这个问题（一直到项目经理、现场经理或 HSE 经理），直到你认为该任务或工作程序是安全的。

你可能会因为不安全的行为而受到上级主管的纪律处分，可能包括解雇。在安全问题上，我们绝不容许任何冒险行为！禁止不安全的行为！

我们在业内是最安全的企业，这是因为我们项目或现场中的每个工作人员都具有高水平 HSE 意识。

姓名：

社保或身份证号：

岗位：

通过以下的签名，我确认我已经阅读并理解上述规定的 HSE 职责。

签名：

项目名称:	项目地点:	项目编号/合同编号:
主管:	雇主:	日期:

作为主管,你应该:

- 掌握事故预防过程和项目 HSE 要求等综合知识。
- 落实在项目中或现场执行事故预防过程和安全作业规程的职责。
- 确保每个员工已经接受 HSE 入场培训、员工手册和 HSE 要求,或为承包商员工提供承包商或分包商 HSE 要求手册,并签署确认收到该手册。
- 向你直接管理的员工解释有关作业的规定、要求和程序,并确保每个员工理解这些规定、要求和程序。
- 严格执行 HSE 规定、要求和程序。
- 坚持对不安全行为的零容忍。
- 监督对新员工的指导和培训。
- 监督员工表现,确保其执行安全作业规程。
- 负责使用和保养个人防护装置、设备和安全设施。
- 告知直接主管或 HSE 经理存在的 HSE 危险工作区和所需要提供的特别援助。
- 在你的工作区进行常规、有组织的检查。
- 出席和参加主管 HSE 会议。
- 对你管理的员工召开项目程序所需的事故预防班前会。
- 对所有导致,或可能导致人身伤害或财产损失的事故立即报告。
- 协助事故调查,并立即在所需的表格上提交报告。
- 详细分析作业,以发布作业安全分析,并建立安全作业规程。
- 参与制定部门或项目的 HSE 规章制度。
- 现场纠正 HSE 危险。
- 坚持持续使用工作安全分析(JSA)。

现场主管、班组长和总班组长应阅读和签署本表格,确认接受和理解上述的 HSE 职责。

姓名:

社保或身份证号:

岗位:

通过以下的签名,我确认我已经阅读并理解上述规定的 HSE 职责。

签名:

附录 3

工作安全分析表

Job Safety Analysis（JSA）

项目号：	任务订单/合同编号：	日期：
准备方：		
公司名称：		
项目地点：		作业区域：
工作描述：		

	第一紧急联系人	项目 HSE 管理人员
紧急联系人		
紧急联系号码		

具体工作地点：

任务前是否进行介绍： 是 □ 否□

HSE 程序参考： □公司程序 □项目具体程序

潜在威胁认知					
	是	否		是	否
1. 放射区域工作√●■	☐	☐	16. 有害物质/材料√	☐	☐
2. 危险废物操作√●	☐	☐	17. 危害呼吸系统√	☐	☐
3. 密闭空间√●■	☐	☐	18. 噪声暴露√	☐	☐
4. 高温作业√●	☐	☐	19. 极端温度√	☐	☐
5. 屋顶作业√●■	☐	☐	20. 整体提升与钻机√■	☐	☐
6. 坠落威胁（>1.8m）√●■	☐	☐	21. 重复动作	☐	☐
7. 挖掘作业●■	☐	☐	22. 位置威胁	☐	☐
8. 梯子与脚手架√●■	☐	☐	23. 相同位置	☐	☐
9. 升降机√●■	☐	☐	24. 生物或害虫	☐	☐
10. 重型设备√■	☐	☐	25. 昆虫	☐	☐
11. 锁与标签√●■	☐	☐	26. 标识和路障	☐	☐
12. 场地和车辆交通√	☐	☐	27. 尖锐物体	☐	☐
13. 触电威胁√●■	☐	☐	28. 含有六价铬化合物	☐	☐
14. 石棉接触√●■	☐	☐	29. 格栅、地板和护栏拆除√●■	☐	☐
15. 铅制品√●■	☐	☐		☐	☐
√= 需要正式或特殊培训					
●= 需要许可证					
■= 具备资质的人员或能胜任的合格人员					

危害因素—确定可能适用于工作的所有内容	
工作要求	个人能力
□时间压力	□接受新工作能力
□高工作量（记忆需求）	□缺乏知识
□同时多任务能力	□接受新技术能力
□重复单调的动作	□不准确的沟通习惯
□无法挽回的行为	□缺乏熟练和缺乏经验
□解释的要求	□解决模糊的问题的能力
□不明确的目标、角色和责任	□对于关键任务"危险的"态度
□标准不明确	□疾病、疲劳
工作环境	人类本性
□干扰	□压力
□改变或背离常规工作习惯	□习惯模式
□混淆显示或控制	□假设（不准确的心理画面）
□解决方法、工具	□自负自满
□隐藏的系统响应	□心态
□意料之外的设备条件	□不准确的风险感知（乐观的心态）
□缺乏替代指示	□思维捷径（偏见）
□个性冲突	□有限的短期记忆
特定危险分析和安全工作要求	
已知或潜在危险，包括上面标明的"是"，请进一步评估，并在随后的页面中确定具体措施。 这一讨论必须包括工作活动的危险识别、存在的具体危害、安全工作要求和控制（包括对 PPE 的危害评估和修改），以减轻或控制危险	

项目号:	任务订单/合同编号:	日期:

主管签字_____ 日期_____ HSE 经理签字_____ 日期_____ 工业卫生管理员签字_____ 日期_____

现场巡检：

现场巡查在工作前完成。

理想情况下，这项审查由员工实际执行。

在巡检过程中，确认和验证工作范围，包括完成任务所需的材料和专用工具。

巡检应考虑可能影响工作环境和工作场所因素的关键步骤。

应通过改进清单来考虑巡检的一致性和彻底性。

应以巡检为契机，观察员工身体条件的限制，特别是关键步骤是否妨碍任务的执行。

现场巡检的结果应以文件形式备案。

工作安全分析：

员工完成此项任务的资质是必需的，但不是唯一的。

将任务分给合适的员工，为管理者评估任务的风险、复杂性和频率。

根据任务的风险和复杂性，应该考虑经验、熟练程度、个人准备和先前辨识的危害因素，以及工作频率。

应考虑员工的心理、身体和情感因素。

任务前简报：

员工应该了解所要完成具体任务和应该避免的威胁。

应该讨论确定可能产生的负面后果或者任务的阻碍。

主管和员工需要避免可能发生的意外

工作活动	存在的危险	必要的安全措施

HSE 相关事宜	
检查你所在地区的作业活动并评估安全措施	
石棉接触	除草设备
沥青	铅材料暴露
任务参与员工	升降机
路障	上锁、挂牌
水泥混凝土	海上作业
化学物质接触	物料储存
密闭空间	水槽、管道试验
起重机械	夹点
拆线	火药驱动装置
电路	电源线
排放控制	电动工具
设备检验	加压设备
侵蚀	呼吸系统防护
挖掘工作	索具
易燃材料	毒物
护栏拆除	交通管理
磨削	车辆、交通工具
风险沟通	废水
重型设备	天气条件
高压清洗	高处作业
带压开孔	寒冷条件下工作
清洁	动火作业
HSE 团队参与	尖锐物品、工具
昆虫	其他
梯子、支架	
涉及的员工	
姓名	岗位

作业后安全分析	
班组长:	
日期:	时间:
有人受伤或发生意外事件:　　□是　　□否	
如果有人受伤或发生意外事件,原因是:	
报告 HSE 部门:　　□是　　□否	
工作区域清洁、无杂物:　　□是　　□否	
今天的作业有什么问题:	
我们做些什么可以提高工作表现:	
其他问题:	
队长签字:	
HSE 经理签字:	
参与管理者签字:	

附录 **4**

安全工作分配单

Safety Task Assignment（STA）

每一项日常工作均需要一份 STA。在工作期间要将此份 STA 贴在显著的位置。每一名参加此项工作的工作人员都要签署此 STA。在任务结束后，将 STA 上交给管理人员。如果发生任何偏离安全工作程序的情况，工作必须立即停止	
工长：	日期：
工作任务地点：	
工作任务描述：	
员工姓名	工作卡号
STA 说明： 1）列出工作中的步骤 2）列出工作步骤可能出现的危险 3）列出消除这些危险的安全工作措施	
工作步骤：	
个人防护用品的要求：	

坠落保护	☐全身式安全带　　　　☐其他
手套	☐皮制　　☐焊接　　☐耐化学物质　　☐乳胶　　☐其他
眼和脸部	☐带侧护翼的安全眼镜　　☐护目镜　　☐焊接面罩　　☐防护眼罩　　☐防护面罩
呼吸保护器	☐合格的　　☐呼吸器种类
脚	☐钢包头安全鞋　　☐橡胶靴
头	☐安全帽
听力	☐耳塞　　　　☐耳罩
服装	☐耐化学　　　☐阻燃　　　☐反光背心

其他所需个人防护用品：	
员工所需的上岗证或资质证书：	
起重机操作员	☐
叉车驾驶员	☐
移动设备操作员	☐
车辆驾驶员	☐
火药射钉工具操作员	☐
合格人员（开挖、密闭空间、脚手架、危险材料、重型设备）	☐
危险废弃物处理人员	☐
重型设备指挥人员	☐
其他（请详细注明）	☐
危险因素：	

所需程序或许可证:	
动火作业	☐
上锁加标签	☐
开挖作业	☐
高处作业	☐
密闭空间作业	☐
吊装作业	☐
管线打开或带压开孔	☐
脚手架作业	☐
射线探伤作业	☐
水压或气压试验	☐
其他（请详细注明）：	

HSE 问题：请回答"是""不是"或者"不适用"	
HSE 部门是否应该参与此项工作的计划？	是☐ 不是☐ 不适用☐
天气状况是否会对此项工作的安全造成影响？	是☐ 不是☐ 不适用☐
所有工具、梯子、吊装工具和安全设备都已经检查？	是☐ 不是☐ 不适用☐
所有脚手架和梯子是否已经检查？	是☐ 不是☐ 不适用☐
所有脚手架标签已经签字？	是☐ 不是☐ 不适用☐
是否有所需的监火人或密闭空间监护人？	是☐ 不是☐ 不适用☐
你是否知道如何求救？	是☐ 不是☐ 不适用☐
是否会实施适当的文明施工措施？	是☐ 不是☐ 不适用☐
是否已经划定需防坠落区域并安装了坠落防护装置？	是☐ 不是☐ 不适用☐
易燃、可燃材料是否已经分类隔离存放？	是☐ 不是☐ 不适用☐
重型设备操作区域周围是否设置围护？	是☐ 不是☐ 不适用☐
重型设备操作员是否注意到附近人员位置？	是☐ 不是☐ 不适用☐
是否所有在重型设备附近工作的人员都接受了重型设备事故预防培训？	是☐ 不是☐ 不适用☐
是否有管理和处理废物制度？	是☐ 不是☐ 不适用☐
是否有污水排放控制措施？	是☐ 不是☐ 不适用☐

个人 HSE 原则：计划每项作业　预测突发事件　使用适当工具　正确地使用工具 隔离设备　识别危害　减轻危害　保护自己　保护他人

记录或建议：	
安全工作完成后总结（工长填写）	
工长：	日期：
1. 今天是否有人受伤或出现意外事故。	是☐ 没有☐ 不适用☐

如果是，请解释：		
2. 是否向 HSE 部门报告？		是□ 没有□ 不适用□
3. 今天的工作中遇到什么问题？		
4. 我们如何能提高工作表现？		
5. 其他所关注的：		
审核人：	队长：	HSE 部门：
员工姓名		工作卡号

图书在版编目（CIP）数据

国际工程 HSE 管理实用手册 ＝ HSE MANAGEMENT
MANUAL FOR INTERNATIONAL PROJECTS / 李森主编. —
北京：中国建筑工业出版社，2021.7
ISBN 978-7-112-26309-7

Ⅰ. ①国… Ⅱ. ①李… Ⅲ. ①国际承包工程-工程管
理-手册 Ⅳ. ①F746.18-62

中国版本图书馆 CIP 数据核字（2021）第 140430 号

责任编辑：万 李 张 磊
责任校对：芦欣甜

国际工程 HSE 管理实用手册
HSE MANAGEMENT MANUAL FOR INTERNATIONAL PROJECTS
李 森 主编
＊
中国建筑工业出版社出版、发行(北京海淀三里河路 9 号)
各地新华书店、建筑书店经销
北京鸿文瀚海文化传媒有限公司制版
北京同文印刷有限责任公司印刷
＊
开本：787 毫米×1092 毫米 1/16 印张：16¾ 字数：320 千字
2021 年 8 月第一版 2021 年 8 月第一次印刷
定价：**58.00** 元
ISBN 978-7-112-26309-7
（37800）